SEMINARIUM MINUS
MEDUANENSE

Ego infra scriptus, Superior Minoris Seminarii Meduanensis, attestor *Joseph Flamen* in scholâ *Septimanarum* auditorem hocce Præmium *Memoriæ et Recitationi* meritum ac consecutum esse, in solemni præmiorum distributione.

Christi anno 189 , die Julii.

F. LIVACHE.
Can. hon.

Typis A. NEZAN, Meduana.

LES MENSONGES

DE

L'HISTOIRE

Grand in-8°. 3ᵉ série.

CHRISTOPHE COLOMB

CHARLES BUET

LES MENSONGES DE L'HISTOIRE

TROISIÈME SÉRIE

L'ANTIPAPE FÉLIX.
LA CONQUÊTE DE CHYPRE ET LA MAISON DE SAVOIE.
LA PREMIÈRE AMBASSADE DE BAYARD.
LES COLLABORATEURS DE CHRISTOPHE COLOMB.
HISTOIRE D'UN ARCHEVÊQUE. — LA JEUNESSE DE RICHELIEU.
PHILIPPE II, ANTONIO PEREZ ET L'INQUISITION.

LIBRAIRIE DE J. LEFORT

IMPRIMEUR ÉDITEUR

LILLE
rue Charles de Muyssart, 24

PARIS
rue des Saints-Pères, 30

Propriété et droit de traduction réservés.

L'ANTIPAPE FÉLIX

Au Baron Antonio MANNO

Président de la Royale Députation d'Histoire d'Italie.

L'ANTIPAPE FÉLIX

Fulsit lux mundo : cessit Felix Nicolao.

I

Si l'on passe en revue la série des princes de la maison de Savoie, on est tout d'abord étonné du grand nombre d'hommes supérieurs qu'on y rencontre. Ce n'est pourtant pas là le trait le plus saillant de cette famille. Ce qui est vraiment singulier, c'est qu'on n'y découvre pas un seul de ces princes incapables, voluptueux, fainéants ou étourdis, qui semblent prendre à tâche de détruire les progrès accomplis par leurs prédécesseurs et de préparer à leurs héritiers l'ingrate besogne de ramener les hommes et les choses au point où les uns ou les autres étaient parvenus deux générations auparavant. Tous les princes de la maison de Savoie ne sont pas également grands par l'esprit ou par le caractère, mais aucun n'est entièrement dépourvu des qualités qui constituent un bon prince (1).

Amédée VIII, premier duc de Savoie, mérite un éloge plus complet ; Æneas-Sylvius Piccolomini a pu dire de

(1) La princesse Christine Trivulzio Belgiojoso, *Histoire de la maison de Savoie.*

lui qu'il eût été le plus grand prince de son temps, sans l'ambition qui le porta à briguer les dignités ecclésiastiques.

Amédée naquit au château de Chambéry le 4 septembre 1384, du comte Rouge, Amédée VII, et de Bonne de Berry. Il avait à peine sept ans lorsque la mort prématurée de son père l'appela au rang suprême. Son gouverneur, homme juste et sévère, était Oddon de Villars, de cette antique famille qui étalait orgueilleusement cette devise :

« Point de plus, peu de pairs, prou de pires. »

La minorité du jeune prince fut troublée par des luttes de famille qui faillirent devenir désastreuses. Par son testament, le comte Rouge laissait la tutelle de son héritier, non point à sa femme Bonne de Berry, mais à sa mère, Bonne de Bourbon. Blessée dans son orgueil plus encore peut-être que dans ses sentiments maternels, puisqu'elle se préparait à convoler à une seconde union avec Bernard d'Armagnac, Bonne de Berry prétendit frustrer de ses droits la noble veuve du comte Vert, aïeule du jeune Amédée VIII. Elle avait parmi ses partisans tous les seigneurs, fauteurs habituels de désordres, qui profitaient de toute agitation pour s'agrandir, et particulièrement les sires de la Chambre et de Miolans.

Il fallut recourir pour trancher le différend à l'intervention officieuse de princes étrangers; l'on peut néanmoins reprocher à Bonne de Bourbon d'avoir accordé une part trop considérable d'influence à ses parents français, en les appelant à son aide. Charles VI, les ducs de Bourgogne, de Berry et d'Orléans, envoyèrent à Chambéry les évêques de Noyon et de Châlons, les seigneurs de Coucy, de la Trémouille et de Gyac. Louis, duc de Bourbon, y vint en personne, et après de longs pourparlers, qu'entravèrent souvent de sérieuses difficultés, il fut résolu que Bonne de Bourbon conserverait la régence, avec un conseil composé du prince d'Achaïe, des sires de Villars, de Beaujeu, de Montjouvet, de Gruyères, de la Baume, de Pierre Colomb, prieur de Saint-Pierre de Mâcon, et de Guichard Marchand, docteur ès lois. Il fut stipulé en outre que le jeune comte Amédée VIII concluerait à Châlons-sur-Saône, le jour de Saint-Michel de cette année 1393, le mariage depuis longtemps projeté entre lui et la princesse Marie, fille de Philippe-le-Hardi, duc de Bourgogne, et de Marguerite de France.

Lorsque le moment d'exécuter cette clause du traité fut venu, les princes français se rendirent à Tournus et firent prier la régente de Savoie d'y amener le jeune comte. Oddon de Villars exigea d'eux, au préalable, la promesse par écrit, avec serment, qu'ils ne retiendraient point le prince, et qu'ils le renverraient aussitôt après le mariage accompli. De leur côté, les syndics de Chambéry obtinrent de Bonne de Berry, qui devait accompagner son fils, une promesse semblable.

Mais, les contrats passés, au lieu de ramener Amédée en Savoie, sa mère le retint en Bresse, et il fallut que deux ambassades vinssent au nom des syndics lui rappeler ses engagements. Elle ne put résister davantage et revint. Seulement les ducs de Bourgogne et de Berry avaient placé auprès du jeune prince des hommes qui leur étaient absolument dévoués et qui l'élevaient suivant leurs ordres, de telle sorte que l'autorité de la régente, purement nominale, allait s'amoindrissant de jour en jour. Le peuple de Savoie supportait impatiemment ces maîtres étrangers, usurpateurs d'un pouvoir qui ne leur appartenait à aucun titre, si bien que le duc de Bourgogne, en présence du mécontentement général, crut devoir écrire aux « prélats, chevaliers, bannerets, justiciers, officiers, bourgeois, et communes de la Savoie, » une lettre où il se justifiait en ces termes : *Et pour ce qu'il nous a esté rapporté que aulcuns ont publié que nous avions intention de faire partir notre fils* (Amédée), *de le mener avecques nous et de mettre sur ses subjets tailles impositions et aultres servitudes non accoutumées, nous vous signifions que nous nous tenons malcontens de ceux qui ont semé de telles paroles, etc.* (1).

La régence finit en 1398, Amédée ayant atteint sa quatorzième année. Bonne de Bourbon fit régler son douaire, non sans difficultés, et se retira à Mâcon où elle passa le reste de ses jours. Quant à Bonne de Berry, elle avait épousé, l'année qui suivit son veuvage, Bernard d'Armagnac, comte de Fézenzac et de Rodez, et quelques discussions s'étant élevées entre elle et les conseillers de son fils au sujet de son douaire, elle y renonça moyennant la somme énorme de 192,000 florins d'or.

En 1401, Amédée, accompagné d'une suite nombreuse et brillante de seigneurs, se rendit à Paris pour y recevoir l'épouse que son père lui destinait dès son berceau. Le mariage fut célébré avec une grande solennité au château de Bicêtre, en présence de Charles VI, du roi de Sicile, des ducs de Bourgogne, de Bourbon, de Bretagne, de Bavière et de Clarence. Marie de Bourgogne reçut une dot de 100,000 florins d'or. Elle fut conduite jusqu'au Pont-de-Vesle par le prince d'Orange, de la maison de Châlons, qui la remit aux comtes de Valpergue et de Saint-Martin, lesquels l'escortèrent jusqu'à Chambéry, où on lui fit une réception magnifique.

C'est à Paris qu'Amédée VIII recueillit un héritage convoité depuis de longues années par ses ancêtres, celui des comtes de Genève. Genève et son territoire appartenaient à deux maîtres : l'évêque et le comte. Une déclaration de l'assemblée générale du peuple genevois en 1428, dit que : « Depuis plus de quatre cents ans, la ville de Genève avec ses faubourgs, son territoire et sa banlieue, est sous le haut domaine et sous la pleine et entière juridiction de l'évêque, et le peuple se plaît à reconnaître aujourd'hui, comme l'ont fait ses ancêtres,

---

(1) Lettre du 24 juillet 1395, *Livre vert* des Archives municipales de Chambéry (A).

la domination et la puissance de l'Église de Genève et de son évêque. » D'une très curieuse charte de 1224, citée par Spon (1) « il conste que la seigneurie et la justice de la ville, la police des marchés, la perception des bans ou amendes, la faculté de battre monnaie, appartenaient à l'évêque seul. En 1153, l'évêque Ardutius de Faucigny avait obtenu de l'empereur Frédéric Barberousse un diplôme confirmatif de tous ses droits. Toute justice venait de l'évêque, comme souverain, et il avait à ce titre le droit de faire grâce. Les causes civiles étaient portées devant un lieutenant laïque, le vidame, qui recevait sa mission de lui. On ne pouvait plaider à son tribunal que verbalement, et en langue connue ou en patois ; le latin et les écritures étaient formellement exclus (2). »

Les comtes de Savoie avaient déjà tenté à diverses reprises de déposséder les évêques de ces droits et de l'autorité qu'ils en recevaient. Ainsi, en 1287, à la mort de Robert de Genève, Amédée V s'empara du château de l'Ile, forteresse communale de la cité, et après les débats sans nombre, sous le coup d'une excommunication fulminée contre lui par le successeur de Robert, Guillaume de Duingt, une convention passée à Asti intervint, et le comte obtint le château de l'Ile et l'investiture du vidomnat.

Le comté de Genève étant, par héritage, tombé aux mains d'Oddon de Villars, le gouverneur d'Amédée VIII, cédant enfin aux sollicitations de son royal élève, à l'intervention du dauphin de France et du cardinal de Thurey, fit cession pleine, complète et définitive de ses droits sur Genève à Amédée, par acte passé à Paris, en l'hôtel de Nesle, le 5 août 1401, et moyennant la somme de 45,000 florins d'or.

Quelque temps après son mariage, Amédée VIII prit part à la guerre que Jean de Bourgogne fit aux Liégeois, qui, révoltés contre leur évêque, l'assiégeaient dans

---

(1) Spon, *Histoire de Genève*, preuves, n° 51.
(2) Magnin, *Histoire de l'Établissement de la Réforme à Genève*, liv. I, chap. 1.

Maestricht. Lors de la fameuse querelle entre Armagnacs et Bourguignons, il vint à Paris avec six cents hommes d'armes et parvint à négocier le traité de Bicêtre. Il eut également part au traité de Bourges qui mit fin à la guerre entre le dauphin et les ducs d'Orléans et de Berry. Deux mille Savoyards, commandés par le seigneur de Viry, combattirent dans les rangs français à la funeste bataille d'Azincourt.

De retour en Savoie, Amédée s'occupa de réformes nécessaires et de fondations chevaleresques.

Son aïeul, le comte Vert, avait institué, en 1350, la Compagnie du *Cygne-Noir*, association offensive et défensive entre chevaliers qui s'engageaient à porter, brodé sur leurs vêtements, un écu *d'argent au cygne de sable becqué et membré de gueules*. Quelques années plus tard, cette compagnie ayant cessé d'exister, il institua l'ordre du *Collier*, qu'il composa de quinze chevaliers, en l'honneur des quinze mystères joyeux du Rosaire, et quand il mourut, il légua son collier d'or, « large de trois doigts avec ces lettres FERT et des entrelacs, » aux religieux de l'abbaye d'Hautecombe. Il bâtit la chartreuse de Pierre-Châtel dont les moines devaient célébrer chaque jour quinze messes pour le repos de son âme.

Ce fut cet ordre du Collier qu'Amédée VIII reconstitua, avec une pompe et une solennité inouïes. Il tint chapitre à Pierre-Châtel et promut chevaliers du Collier Louis de Savoie, prince de la Morée, Oddon de Villars, Jean de la Baume-Montrevel, maréchal de France, Antoine de Grolée, Jean de Lugny de cette famille qui avait pour devise : *Il n'est oiseau de bon nid qui n'ait plume de Lugny;* Jean de la Chambre, Girard de Ternier et Humbert de Villars.

A la même époque, Amédée fonda le monastère de Ripaille, sans se douter qu'il en partirait un jour pour aller usurper le trône de Pierre. Par acte passé à Thonon, *in camera paramenti*, Amédée céda aux chanoines Augustins, pour l'ériger en prieuré, son manoir de Ripaille, sur la rive du lac Léman, avec toutes ses dépendances contenues dans l'enceinte des remparts ou clôtures, et tout autour une étendue de terrain « de quarante pieds de comte. » Le prieuré devait être composé de quinze chanoines réguliers, soumis à la règle de Saint-Augustin, à l'habit et aux statuts de l'abbaye de Saint-Maurice d'Agaune, au diocèse de Sion (1).

Sigismond, margrave de Brandebourg, élu empereur d'Allemagne, alla se faire couronner, selon l'usage, à Aix-la-Chapelle, où le comte de Savoie lui envoya pour ambassadeurs François de Miez, évêque de Genève, et Jacques, prieur d'Ambronay. L'empereur étant venu en Italie, Amédée VIII le reçut à Rivoli et le fit accompagner par ses plus illustres chevaliers.

En 1414, Sigismond convoqua le concile de Constance dans le but de mettre un terme au déplorable schisme qui divisait l'Église. On sait que trois Papes régnaient alors en même temps, reconnus chacun par quelques-uns des souverains chrétiens : à Rome, c'était Grégoire XII, élu en 1406 ; à Avignon, Pierre de Lune, sous le nom de Benoît XIII ; et enfin Balthazar Cossa, élu en 1410 par le concile de Pise, irrégulièrement formé, et qui portait le nom de Jean XXIII (2). Trois patriarches, vingt-deux cardinaux, vingt archevêques, près de cent évêques, une foule immense de prêtres et de princes se rendirent à Constance. Le comte de Savoie y envoya une ambassade ayant pour chef Gaspard de Montmayeur, maréchal de Savoie.

L'avis unanime du concile fut que les trois Papes devaient abdiquer. Jean XXIII et Grégoire XII y consentirent. Benoît XIII, qui refusa, fut solennellement déposé, et le conclave élut Othon Colonna, qui prit le nom de Martin V.

C'est en se rendant à Constance que l'empereur Sigis-

---

(1) *Notice historique sur Ripaille en Chablais*, par M. Lecoy de la Marche.
(2) J. Chantrel, *Histoire populaire des Papes*, t. III, p. 678.

mond s'arrêta en Savoie. Il voulut consulter Amédée, en la sagesse duquel il avait grande confiance. Il se souvenait aussi du faste que son feudataire avait déployé à son premier voyage.

Alors, en effet, Amédée avait fait préparer à Seyssel, pour conduire l'empereur à Avignon, huit grandes barques dont un peintre genevois, Pierre Nitard, décora les deux principales où furent dressés deux lits splendides. Il avait offert de magnifiques présents à son impérial suzerain et à sa suite : à Sigismond, une vaisselle de vermeil composée de cinquante-six pièces; au comte de Hongrie, trois pièces de damas noir broché d'or, à cinquante écus la pièce; au vice-chancelier, six gobelets d'argent ; aux autres personnages, pour plus de sept cent cinquante écus de présents (1).

Sigismond, par lettres patentes, données à Chambéry le 19 février 1416, érigea la Savoie en duché. Ce document se termine par ces mots : « Si quelque téméraire osait attaquer le présent décret d'illustration, érection, sublimation et décoration, outre notre indignation la plus grave, il encourrait l'amende de mille marcs d'or très pur, applicable moitié à notre trésor impérial, moitié à celui des successeurs des ducs susdits. »

Les fêtes, les joûtes, les tournois, qui accompagnèrent cette cérémonie, durent être splendides, car la cour de Savoie était à cette époque une des plus brillantes de l'Europe. Si aucun chroniqueur contemporain n'en a laissé la description, on sait néanmoins que de grands préparatifs avaient été faits au château de Chambéry pour recevoir l'empereur; qu'Amédée VIII fit venir d'Italie le peintre Grégoire Bono pour décorer les salles, et — détail curieux — ce même Bono, attaché au service du prince pour *tout* ce qui concernait son art, fut

---

(1) Comptes des trésoriers généraux, aux archives de la Chambre des Comptes. Chapitre relatif au voyage de Sigismond, roi des Romains, de Seyssel à Avignon, et chapitre intitulé : *Ci se contiennent des livrées faites du commandement de Monseigneur par Guigonnet Maréchaux, trésorier général de Savoie, à Lyon, le premier jour du moys d'aoust l'an MCCCXV.*

obligé, dix ans plus tard, de peindre les chapeaux des juifs condamnés à mort.

On sait aussi qu'un superbe festin eut lieu dans la grande salle de la demeure ducale. Des seigneurs, armés de toutes pièces et montés sur leurs chevaux de bataille, apportaient les mets sur la table et servaient les hôtes augustes du suzerain. Les viandes étaient dorées, ornées de banderolles; on servit, au dessert, un gigantesque gâteau représentant la carte en relief des États de Savoie, et la plus haute sommité des Alpes en miniature qui s'y élevaient avec leurs forêts et leurs glaciers, supportait une couronne ducale.

Il y eut, au Verney, un tournoi auquel prit part toute la noblesse.

En guise de don de joyeux avènement, Amédée fit une bonne action que l'histoire doit mentionner à sa louange. La ville de Morat, au pays de Vaud, ayant été détruite par un incendie, le duc, pour permettre à ses habitants de la rebâtir, leur accorda la jouissance du lac pour cinq ans, un impôt de douze deniers par chariot de vin, les exempta de tous péages en ses États pour dix ans, et de tout cens pour quinze.

Les fêtes, d'ailleurs, succédèrent aux fêtes. Le pape Martin IV traversa la Savoie, le duc lui fit un accueil somptueux à Genève, et le fit escorter en grande pompe jusqu'à Saint-Jean-de-Maurienne, où l'évêque, Amédée de Montmayeur, le reçut avec faste.

Cette première période du règne d'Amédée VIII fut signalée par de petites guerres qu'il entreprit pour vaincre les résistances de quelques grands vassaux. Il fit alliance avec Berne et Fribourg. Il acheta de Jean Galéas Visconti la vallée de Domo d'Ossola qui lui ouvrait une entrée en Lombardie. Héritier des comtes de Genève, il ajoute encore à son patrimoine et à ses États, la ville de Verceil, tout le Piémont, la succession considérable de Louis, prince d'Achaïe, son cousin, si bien que, selon l'expression d'un historien allemand, *la maison de Savoie régnait alors du lac de Neuchâtel à la Méditerranée.*

II

Lorsqu'on étudie l'histoire des républiques italiennes au moyen âge, on est épouvanté de la série de crimes qui la compose, des luttes sans merci, des révolutions sanglantes, des trahisons de toute sorte, qui se reproduisent dans chacune de ses pages. Quoi de plus effrayant que les annales de la dynastie des Visconti à Milan? Ce ne sont que meurtres et forfaits pires encore que l'homicide. Marco Visconti est assassiné par son neveu Azzo; Lucchino, par sa femme, Isabelle de Fiesque; Matthieu, par ses frères; Barnabo, par son neveu Jean Galéas; enfin Jean-Marie, qui empoisonna sa mère et qui nourrissait ses chiens avec de la chair humaine, fut tué par son cousin Astorre. Philippe-Marie Visconti, fils de Jean Galéas et frère de Jean-Marie, succéda à celui-ci en 1412. Il épousa la veuve de son frère, Béatrix de Tenda, qu'il fit décapiter peu de temps après. Si laid qu'il n'osait pas se montrer au jour, si lâche qu'il tremblait au bruit du tonnerre, on l'avait surnommé *la couleuvre,* par allusion au serpent dévorant un enfant, armoiries de sa famille.

Il avait pour capitaine un aventurier, le fameux condottiere François Bussone Carmagnola, qui détruisit les nombreuses petites républiques formées dans le Milanais à la mort de Jean Galéas, soumit Gênes à la domination de son maître, et l'assista si bien dans ses visées ambitieuses que l'ambassadeur florentin, qui courait le monde à la recherche d'alliés qui pussent renverser le Visconti, pouvait dire au grand Conseil de Venise : « Votre lenteur, en sacrifiant Gênes, a fait Philippe duc de Lombardie ; en sacrifiant Florence, vous allez le rendre roi d'Italie ; prenez garde, s'il nous conquiert, que nous ne le fassions empereur ! »

Philippe avait, en effet, pris Gênes dont il fit doge Carmagnola, s'était emparé d'Imola et de Forli, en Romagne, et déclarait tout haut qu'il prétendait ceindre son front de la couronne des rois lombards. Il eut l'ingratitude de dépouiller de ses biens Carmagnola qui, sans scrupule, passa au service de Venise, employa tous ses efforts à créer des ennemis à son ancien maître, et décida le doge Foscari à conclure un traité d'alliance avec Florence, le duc de Ferrare, le roi d'Aragon et le duc de Savoie. Celui-ci devait rester maître de toutes les conquêtes qu'il ferait à l'ouest de Milan. Philippe n'avait pour capitaines que des condottieri, Carlo Malatesta, Nicolas Picinno, et François Sforza qui ne prévoyait pas encore qu'il succéderait un jour à son prince.

Le duc de Savoie réunit une armée comme peu de souverains en possédaient alors. Elle comptait treize cents soixante-sept lances, chacune de trois hommes, chevalier, coutelier et page. L'armée réunissait environ quatorze mille hommes, sous l'autorité de Mainfroy de Saluces, maréchal de Savoie. Elle avait de l'artillerie, dirigée par les bombardiers Pyrillino de Magnadello, Jean de Berne, Martin du Terrain, Barduriat, Matthieu de Cremet, Matthieu de Liérois et Beaudoin de Lucys, qui recevaient vingt florins à titre de salaire mensuel. Une grosse couleuvrine, appelée *Madame Amédée*, fut transportée d'Avigliano à Yvrée, avec la *Landinette*, bombarde qui lançait un boulet de pierre de cent quatre-vingt-dix livres, construite par Pierre Landinet de Chambéry. Cette pièce historique fut depuis lors refondue à Bourg, en 1443, par Jean Giles, maître bombardier de Mâcon. « Soixante hommes, dit le texte du compte de Jean de Maréchal, trésorier général de Savoie, vaquoient depuis dix heures devant mydi iusques près neuf heures devant minuy et à mener les souffles pour fere fondre le métal. »

La campagne s'ouvrit. Les troupes savoyardes envahirent toute la province de Verceil et les pays limitrophes du Tessin. Carmagnola emporta Brescia d'assaut et vainquit les Milanais à Macola. Aussitôt Visconti fit porter au duc de Savoie des propositions de paix que celui-ci accepta, pour empêcher la sérénissime république de Venise de recueillir tout le fruit d'une guerre à laquelle elle ne s'était associée que pour augmenter sa puissance. Le pape Martin V, à l'exemple des pontifes ses prédécesseurs, médiateurs nés des princes chrétiens, usa de son influence. Il envoya à Venise un légat, le cardinal Abbagatti, qui intervint dans les négociations, et le 30 décembre 1426, un traité fut conclu entre le légat, Henri de Colombier et Pierre Marchand, députés d'Amédée VIII; Paul Cornaro, procurateur de Saint-Marc, Dandolo et Micheli, mandataires du doge; Renaud Albizzi et Strozzi, envoyés florentins, et Philippe Pieraux, commandeur de Saint-Antoine, représentant le duc de Milan. Ce traité donnait à Amédée tout ce qu'il avait conquis en Lombardie, aux Vénitiens, Brescia, Valcamogna et une partie du Cremonais.

Mais Philippe Visconti négocia secrètement avec le roi d'Aragon et refusa de tenir ses engagements. Les Vénitiens envoyèrent Contarini au duc de Savoie pour le presser de déclarer la guerre de nouveau, et dès que ses anciens confédérés eurent repris les hostilités, le duc chargea le héraut de Savoie de porter son défi au duc de Milan. Le maréchal de Saluces vainquit les troupes milanaises de Lancelot Guiniggi, et la paix fut de nouveau proposée pour la seconde fois. Elle fut conclue à Turin le 2 décembre 1421, et sa principale clause fut que Philippe-Marie Visconti épouserait Marie de Savoie, fille d'Amédée VIII.

Le duc de Milan fit demander en grande solennité la main de Marie de Savoie, par les ambassadeurs Barthélemy Capra, archevêque de Milan, le prieur de Saint-Antoine, Louis Crotti et François Gallina. Ces personnages furent reçus avec de telles cérémonies au château de Chambéry, que le duc Amédée emprunta la vaisselle d'argent de l'évêque de Lausanne, que Guillaume de Renty, fourrier de la cour, alla chercher. La jeune princesse eut en dot cent mille florins d'or et un trousseau, dont l'inventaire a été conservé. Elle fut accompagnée à Milan par une suite royale.

L'année 1428 fut funeste à Amédée VIII. Une peste effroyable, sur laquelle n'existe aucun document, ravagea ses États, et la duchesse Marie fut une des victimes du fléau. L'épidémie sévit à Turin avec une telle fureur que l'on dut transporter à Quiers, petite ville du Piémont, l'université fondée en 1405 par le prince d'Achaïe.

Amédée s'occupait dès cette époque d'améliorer les lois et de constituer une nouvelle organisation judiciaire.

Pierre, le Petit Charlemagne, avait établi des juges chargés de régler les différends de ses sujets immédiats et des vassaux dont les seigneurs ne possédaient pas la juridiction *omnimode* (1). Le comte Aymon institua, en 1329, un conseil résidant à Chambéry, tribunal suprême modelé sur les parlements français (2), et plaça à la tête de l'ordre judiciaire un chef qui fut le chancelier de Savoie. Sous Amédée VIII, la Savoie était divisée en circonscriptions ayant chacune un juge ; ces juges, qui siégeaient à Chambéry, Bourg, Salins en Tarentaise, Bonneville, Saint-Maurice d'Agaune, Rossillon en Bugey et Annecy, étaient assistés de procureurs fiscaux remplissant l'office de ministère public. Les châtelains, derniers officiers de l'ordre judiciaire, correspondaient à nos juges de paix. Mais l'archevêque de Tarentaise, les évêques de Maurienne, de Genève, de Lyon, de Lausanne,

---

(1) Burnier, *Hist. du Sénat de Savoie*.
(2) Capré, *Traité de la Chambre des Comptes de Savoie*.

d'Aoste, plusieurs chefs d'abbayes avaient le droit de rendre la justice, ainsi que beaucoup de seigneurs laïques, des villes et des bourgs libres.

Amédée VIII voulut une réforme et chargea le chancelier Jean de Beaufort et Nicod Festi, de Sallanches, son secrétaire, de rédiger un code complet de législation qui, sous le titre de *Statuta Sabaudiæ,* fut proclamé avec une grande solennité le 17 juin 1430, devant une foule immense, et en présence d'un grand nombre de personnages illustres (1).

Les *Statuta Sabaudiæ* étaient divisés en cinq livres. Le premier contenait une profession de foi catholique, suivie des lois relatives au culte, à la police ecclésiastique et à la tolérance des juifs. Le second, spécifiant les devoirs des princes, des grands officiers de l'État et de la cour criminelle, commençait par ce préambule, si plein de nobles enseignements, et animé par un esprit si chrétien : « Pour acquitter notre dette envers nos chers enfants et successeurs, nous leur recommandons du fond du cœur, et avec les plus vifs sentiments de sollicitude paternelle, d'imiter nos illustres ancêtres par leur attachement à la foi catholique. Qu'ils observent avec humilité les préceptes divins, qu'ils évitent l'orgueil, l'avarice et la luxure, qu'ils aiment la justice et s'exercent à la pratique des vertus. Ils doivent être modérés dans la perception des tributs, réfréner les mouvements de la vengeance et se montrer miséricordieux. Dans l'intérêt de leurs sujets, qu'ils recherchent la paix et évitent les guerres injustes. Qu'ils s'entourent de conseillers sages et prudents, afin que la Savoie continue à mériter l'étymologie de *Salva via* qu'on lui donne parmi nous et à l'étranger. » Le troisième livre renfermait de nombreux règlements de police ; le quatrième, un tarif des hono-

---

(1) Le manuscrit autographe des *Statuta,* au dire de Grillet, se trouvait au commencement de ce siècle dans les archives du sénateur Viallet de Montbel. Ils furent imprimés pour la première fois à Turin, par Jean Fabre de Sangres, en 1476, puis à Turin et à Genève en 1513, et à Bourg-en-Bresse en 1775. Voy. Grillet, *Dictionnaire historique du mont Blanc et du Léman.*

raires dus aux officiers judiciaires ; le cinquième, enfin, une série de lois somptuaires.

L'organisation de la justice créée par Amédée VIII était complète. Le conseil ducal, composé du chancelier garde des sceaux, de deux collatéraux, docteurs en droit, et de seigneurs laïques, connaissait des causes des barons et des hauts seigneurs, des contestations entre les communes et les villes, des procès *des pauvres qui avaient des adversaires puissants*, enfin de toutes les affaires ayant parcouru les degrés inférieurs de juridiction. Dans les affaires étrangères à la politique, le chancelier et ses collatéraux seuls avaient le droit de siéger, et les autres conseillers ne possédaient pas voix délibérative. Ce conseil ducal se réunissait tous les matins, entendait d'abord la messe, expédiait ensuite les affaires diplomatiques, celles du patrimoine ducal, et enfin les requêtes de grâce et de justice (1). Venait ensuite le conseil résident de Chambéry, simple cour de justice, exerçant la même juridiction que le conseil ducal, à ceci près qu'il ne connaissait que des causes à lui déférées par un accord des parties ou par délégation souveraine. Les appels de ces deux conseils, au lieu d'être portés, comme avant le comte Aymon, par devant la Chambre Impériale, étaient jugés chaque année dans la réunion solennelle des assises ou *Auditorium generale*. Ces assises, semblables à celles que les comtes de Champagne tenaient à Troyes, étaient présidées par le prince. Amédée VIII avait coutume de dire que « des deux oreilles du souverain, il en faut une ouverte à l'accusateur et l'autre à l'accusé. « Ces grandes réunions où l'on déployait une pompe extraordinaire, dit M. Eugène Burnier, et qui étaient toujours précédées ou suivies de cérémonies religieuses, avaient un but conforme à la politique intérieure de la maison de Savoie. On voit nos premiers princes chercher tout d'abord à consolider leur pouvoir en rabaissant l'orgueil des barons, qui prétendaient traiter d'égal à égal avec leur

---

(1) Burnier, *Hist. du Sénat de Savoie.*

maître. Dans la séance des Grands Jours (ou *Assises*), le comte exigeait indistinctement de tous ses sujets un serment d'hommage et fidélité. Tous les rangs semblaient un moment confondus devant la majesté suprême; le noble et le roturier, le magistrat et le prêtre, courbaient la tête sous le même sceptre. A cette première humiliation s'en ajoutait une plus poignante encore pour les possesseurs de grands fiefs; c'était le compte qu'ils devaient rendre de leur administration judiciaire, compte parfois terrible, quand la main qui dirigeait l'État était assez ferme pour oser punir. Les rôles étaient changés; le juge ordinaire comparaissait comme prévenu, et son humble justiciable soutenait l'accusation. Après un court examen de l'affaire, le comte rendait publiquement à chacun selon ses œuvres. »

Amédée VIII conserva les avocats fiscaux institués dès le XIIIe siècle, pour défendre les intérêts du domaine des personnes privilégiées, des pupilles et des mineurs. Il confirma en outre l'admirable institution de l'avocat des pauvres. « De crainte que le défaut de ressources pécuniaires n'empêche les personnes pauvres et misérables de faire valoir leurs droits par devant nos conseils, dit-il au chapitre IV, livre II, nous voulons qu'un avocat général des pauvres réside continuellement dans notre ville de Chambéry, et qu'on choisisse pour cette affaire un homme capable et de grande probité. Il défendra les causes des gens dénués de fortune par devant nos conseils, nos tribunaux inférieurs et même les tribunaux ecclésiastiques. Il sera payé par nous et n'exigera des parties aucun salaire (1). »

Amédée fit plus encore pour la cause de la civilisation. Il supprima le jugement de Dieu, ou duel judiciaire en matière criminelle. En matière civile, cette institution, d'origine allemande, était supprimée de fait depuis 1382. Il abolit également l'usage des épices,

---

(1) L'avocat des pauvres existe encore dans les pays gouvernés par la maison de Savoie, il a existé en Savoie jusqu'à l'année 1860.

cadeaux faits par les plaideurs aux juges, déclarant que ceux-ci, recevant un salaire, doivent exercer leur charge *gratis et cum omni puritate.*

Les lois somptuaires, utopie que d'autres souverains poursuivirent avant et après lui, contiennent de curieux détails. En voici un exemple : « Le costume du souverain sera la robe longue de soie, de velours, de drap d'or, le bonnet d'hermine, les perles et pierreries. — Les barons useront de ces choses avec discrétion et ne porteront de pierres précieuses que sur leurs armes et à leurs doigts. — Défense aux bannerets de porter drap d'or, brocart, hermine, et chaîne d'or d'un poids excédant six marcs. — Les vavasseurs seront plus discrets, et leurs épouses, plus simplement vêtues que celles des bannerets, et celles de ceux-ci que les épouses des barons. — Permis aux docteurs chevaliers de porter damas et fourrures de ventre de martre; défense aux simples docteurs de porter habits à bandes tailladées, à crevés, à franges, à bords galonnés, traînant à terre ou plus courts que jusqu'aux genoux. — Défense aux bourgeois de porter plus d'un demi-marc d'argent en chaîne et d'autres fourrures que la fouine et le putois, ni écarlate, ni satin, ni souliers à bec. — Les artisans ne porteront point d'ornement et le simple capuchon; les paysans auront l'habit court, de gros tissus à huit gros l'aune, et l'étoffe du capuchon à douze gros au plus, etc. »

Enfin le duc conclut, à la même époque, un concordat avec les évêques de Savoie, pour fixer les limites de la compétence des tribunaux ecclésiastiques et laïques.

On ignore quels furent les termes de ce concordat; mais on a des raisons de croire qu'Amédée, si grande que fût sa sagesse, voulut empiéter sur le domaine spirituel et provoqua des réformes, car le pape Martin V députa l'archevêque de Tarentaise et l'évêque de Maurienne, pour enquérir sur la réformation de la patrie cismontane (1).

---

(1) *Degli statuti d'Amedeo VIII° e d'un concordato del medesimo conchiuso coi vescovi di Savoia nel 1430,* par M. Cibrario.

L'œuvre d'Amédée VIII en tant que législateur est absolument remarquable. Elle dénote un esprit très élevé et très supérieur aux préjugés de son temps ; une grande sollicitude pour les pauvres, les déshérités et les humbles; un désir puissant d'abattre la féodalité, ce qui est le caractère principal du travail politique des princes savoyards ; une connaissance profonde des hommes qui l'entouraient, et desquels il estimait surtout le mérite et la probité. Amédée ne voulait point abaisser la noblesse, institution dont il comprenait la nécessité et l'utilité, comme rouage, pour ainsi dire fondamental, de l'organisation sociale. Mais il voulait refréner les prétentions de ce corps et le soumettre aux lois.

Toutes ses dispositions législatives tendent à la réalisation efficace de cet axiome qui est un principe : *Jus suum cuique tribuere*. Le sentiment qui apparaît comme la base de cette œuvre qui est immense, quelle qu'ait été l'infériorité politique de la Savoie vis-à-vis des États plus vastes et plus puissants, est celui d'une foi absolue. Les réformes, si on s'en rapporte à une époque régie encore par des lois barbares, furent merveilleuses, et l'on conçoit que le chroniqueur Olivier de la Marche ait pu tracer ce portrait court, mais complet, d'Amédée VIII : « Il publia des lois si sages, que la Savoie, sous son règne, fut le pays le plus riche, le plus sûr et le plus plantureux de son voisinage. »

III

Après le procès criminel fait aux prétendus empoisonneurs du comte Rouge, et qui se dénoua si malheureusement par la mort du vieux Grandson sur la lice de Bourg-en-Bresse, le procès qui eut le plus grand retentissement sous le règne d'Amédée VIII, avant la réforme judiciaire, fut celui de Jean Lageret, docteur en droit, membre des conseils du prince, qui fut décapité aux fourches patibulaires de Chambéry, le 24 septembre 1417, après avoir été promené lié sur un char d'infamie, par toutes les rues de la ville. Ses biens furent confisqués et donnés à Jean de Compey, seigneur de Gruffy, à l'exception de deux cents florins d'or que la veuve du supplicié, Marguerite de Duingt de la Val d'Isère, avait apportés en dot à son mari, et qu'on lui restitua. Ce qui est étrange, c'est qu'on n'a jamais su de quel crime était convaincu Lageret.

Mais une affaire bien plus grave surgit trois ans après la promulgation des *Statuta Sabaudiæ*.

Parmi les seigneurs qui entretenaient des intelligences avec les ennemis d'Amédée VIII, et en particulier avec Louis de Châlons, prince d'Orange, et Charles de Bourbon, comte de Clermont, qui venaient de battre les troupes d'Amédée à Crémieux, et de soutenir la révolte de François de la Pallu Varembon, se trouvaient deux gentilshommes de grands chemins, qui détroussaient les passants, rançonnaient les voyageurs, vivaient enfin d'exactions, de rapine, de vols et de meurtres. C'étaient Aynard de Cordon, seigneur des Marches et de la Barre, et Antoine de Sure, dit le *Gallois*.

En juillet 1431, ils arrêtèrent sur la route, près de Saint-Symphorien d'Ozon, deux habitants d'Avignon : Hélie de Sade et de Rostaing de Venasque. Plainte fut portée au conseil résident qui prononça contre ces hommes pervers une sentence de confiscation de tous leurs biens, ordonnant en outre que leurs châteaux seraient rasés jusqu'aux fondements afin que les coupables ne pussent y trouver un asile. Le Gallois et Cordon, furieux, animés d'une haine violente contre ceux qu'ils nommaient leurs persécuteurs, formèrent un complot dans le but de s'emparer de la personne du duc de Savoie pour le livrer au comte de Clermont, son ennemi implacable. Ils s'en ouvrirent à Jacques de Chabannes, qui se chargea de faire approuver ce projet par le comte de Clermont. Celui-ci, en effet, accepta la responsabilité morale de ces odieux desseins.

Les autres complices des conspirateurs furent un homme d'armes de Cordon, nommé Salidot, Cagnon de la Mollière, bailli de Beaujeu, et un capitaine d'aventures, Guillaume Régnaut. Ils eurent plusieurs conciliabules à Trévoux et à Crémieux. Voici quel était leur plan : Amédée VIII devait se rendre, pendant le carême de 1433, à la Chartreuse de Pierre-Châtel où allaient être célébrées les obsèques solennelles du maréchal de Montmayeur, chevalier du Collier. Aynard de Cordon était chargé de faire construire à Seyssel une barque pontée que l'on amarrerait sur le Rhône au port de Pierre-Châtel. Antoine de Sure, à la tête de douze hommes déterminés, tous dûment déguisés, pénétreraient dans le monastère, sous prétexte d'assister à la cérémonie funèbre. Alors un homme d'armes, revêtu des insignes des abbés et se faisant annoncer comme le supérieur des bénédictins de l'île Barbe, près Lyon, se présenterait à la porte de la Chartreuse, avec une escorte de vingt cavaliers, commandés par Salidot. A un moment donné, les cavaliers de Salidot et les hommes d'armes de le Gallois s'empareraient du duc et de ses principaux officiers ; on les jetterait dans la barque préparée par Cordon, et on les conduirait hors des États de Savoie.

Le comte de Clermont promettait à Antoine de Sure 50,000 écus, plus la somme que paieraient les prisonniers à titre de rançon. Mais ce prince réfléchit à la gravité d'une telle action, à la lâcheté d'une semblable trahison, et revenant sur ses promesses, il fit savoir aux conjurés qu'il désavouait ce qu'il avait fait jusque-là et refusait de s'engager plus avant. Aynard de Cordon, auquel cette communication fut faite, songea à en tirer parti, et se résolut à vendre ses complices. Il écrivit à Claude du Saix, président de la Chambre des comptes, qui ne voulut point l'entendre. Alors il partit le 4 octobre pour Poncins où résidait un secrétaire du duc, Guillaume Bolomier, et y arriva le même jour avec frère André de Sellons, prieur d'Anthon. Ils descendirent à l'hôtellerie de la Fleur-de-Lys, et firent prier Bolomier qui était à la messe de les y rejoindre sur-le-champ. Bolomier vint, écrivit l'aveu des dénonciateurs, le signa et repartit.

Antoine de Sure ne fut arrêté qu'au mois de janvier par Pierre de la Baume. Il fut écroué au château d'Annecy, puis transporté à celui d'Evian sous la garde d'Eustache de Sales. Antoine de Dragons et Rodolphe de Fésigny, membres du conseil résident, firent l'enquête.

Mis à la torture, le Gallois avoua tout. Convaincu d'avoir, *afflante diabolico spiritu*, conspiré contre son souverain, il fut condamné à avoir la tête tranchée aux fourches patibulaires de Thonon, et son corps à être coupé en quatre parties, lesquelles seraient exposées dans les villes de Chambéry, Bourg, Saint-Maurice et Moudon, « afin d'inspirer l'horreur d'un si exécrable forfait. » La sentence, prononcée le 21 octobre 1434, fut exécutée le même jour. Le Gallois fut décapité par les bourreaux de Genève et d'Aubonne qui reçurent, avec leur salaire, chacun une paire de gants. Les biens d'Antoine de Sure furent confisqués. Jean Gacon, commissaire ducal, mit vingt jours à en faire l'inventaire. La seigneurie de Sure fut donnée à Guillaume Bolomier.

Quant à Aynard de Cordon, on ne sait ce qu'il devint.

Cette triste affaire inspira à Amédée VIII le désir de la retraite. Le dernier acte de sa vie publique fut son intervention au congrès d'Arras, où il envoya son maître d'hôtel Amédée Massette, et Jacques de Loriol, juge-maje de Bresse, pour ménager la paix entre le roi de France, le roi d'Angleterre et le duc de Bourgogne. Pogge et Blondus, secrétaire d'Eugène IV, disent que ces goûts de retraite qu'Amédée manifestait, et qu'il mit à exécution, cachaient des visées presque sacrilèges, que déjà le duc songeait à briguer le souverain Pontificat, et que les troubles qui désolaient alors l'Église lui permettaient d'espérer le succès. Mais Amédée était réellement pieux ; fatigué des charges de son État, il aspirait au calme, au repos, et ces folles ambitions qui faillirent souiller la fin de sa carrière lui furent suggérées par de mauvais conseillers. Cependant il ne voulut pas abdiquer. Il résolut de fonder un nouvel ordre de chevalerie, de se retirer dans un monastère avec quelques compagnons, et d'abandonner à son fils Louis le gouvernement des États sur lesquels il régnait depuis quarante-trois ans.

Le duc fit bâtir, tout auprès du monastère des Augustins de Ripaille, un château dont voici la description : Sa façade principale, située au nord-est, du côté opposé à Thonon, était flanquée de sept tourelles d'escalier, rondes, alignées sur le même plan, distantes de vingt-neuf pieds de Savoie les unes des autres, couronnées d'un encorbellement crénelé et engagées à moitié dans la construction. Un logement uniforme était attenant à chacune d'elles, et le tout se reliait à l'intérieur par un long corridor. Leur hauteur, y compris la toiture conique qui les surmontait, était de cinquante-huit pieds. Mais la première du côté du lac était plus élevée, un peu plus large aussi, et contiguë à un grand pavillon carré qui formait comme la tête de ce long corps de bâtiments : c'était l'habitation du doyen, comprenant au premier étage une chapelle, une chambre à coucher, et enfin une grande salle. La façade postérieure donnait sur sept jardins, affectés à chacun des sept logements et séparés par un mur (1).

Il choisit ensuite six gentilshommes de son âge, auxquels il fit part de sa résolution, les priant de le suivre dans sa retraite. Tous y consentirent. C'étaient Henri de Colombier, seigneur de Vufflens, Claude du Saix, seigneur de Rivoire, Lambert Oddinet, président du conseil de Chambéry, François, seigneur de Bussy et d'Erya, Amédée de Champion, et Louis, seigneur de Chevelu. Tous avaient occupé les charges les plus importantes de l'État.

Amédée VIII institua, avec ces six personnages, l'ordre de Saint-Maurice, qui était à la fois religieux et militaire, et qui devait être, dans l'avenir, une sorte de conseil suprême, de *Sénat* suivant l'expression du P. Monod, chargé d'assister le duc de Savoie dans les circonstances difficiles. Avec cet esprit méthodique et ce souci de réglementation qui paraissent avoir été les traits distinctifs de son caractère, Amédée détermina les règles du nouvel ordre. Les chevaliers ermites de Saint-Maurice habiteraient le château neuf de Ripaille, soumis à la direction spirituelle des religieux de Saint-Augustin ; ils porteraient la barbe et les cheveux longs ; leur costume se composerait d'une ample tunique de drap mi-fin, de couleur gris-cendré, d'un manteau et d'un capuchon ; ils s'appuyeraient sur un bâton à bec de corbin, en bois

(1) Lecoy de la Marche.

noueux ; et le seul signe de leur haute dignité serait une croix d'or tréflée, suspendue par une chaîne de même métal sur leur poitrine. Cependant les chevaliers, qui ne faisaient aucun vœu, conservaient deux cents florins d'or chacun de revenu annuel, et le doyen en avait six cents.

Ces préparatifs achevés, Amédée convoqua à Ripaille, le 7 novembre 1434, une assemblée d'évêques, de prélats et de seigneurs, parmi lesquels Oger Morisetti de Conflans, évêque de Maurienne, François de Miez, évêque de Genève, Jean de Prangin, évêque de Lausanne, Georges de Saluces, évêque d'Aoste, Louis de Savoie d'Achaïe et Boniface de Chalant, maréchaux de Savoie, Jean de Beaufort, chancelier, Pierre Marchand, président du conseil, Guigonnet Maréchal, trésorier général, enfin les titulaires des grandes charges de la cour.

Les deux fils du duc, Louis comte de Genève, alors âgé de trente-deux ans, et Philippe de Savoie, ainsi que les autres princes de la famille ducale, étaient assis sur les marches du trône.

Amédée ouvrit la séance par un discours dans lequel, après avoir rappelé tout le bien qu'il avait fait à ses sujets, il annonça le projet qu'il avait formé de renoncer à la souveraineté et de se retirer dans la solitude pour y jouir du repos et de la tranquillité qu'il n'avait pu goûter au milieu des sollicitudes et des travaux de son long règne. Après ce discours prononcé avec une noble dignité, ayant fait approcher son fils Louis qui s'agenouilla à ses pieds, le duc le fit chevalier, en lui donnant l'accolade et lui ceignant l'épée, suspendit à son cou le grand collier de l'Ordre, le déclara prince de Piémont et lui remit la lieutenance générale de ses États. Ayant fait approcher ensuite Philippe, son fils cadet, il l'institua comte de Genève, à la place de son frère. Après ces cérémonies qui excitèrent une profonde émotion parmi les spectateurs, Amédée, s'adressant au nouveau prince du Piémont, lui donna les avis les plus touchants pour l'aider à bien gouverner. Il lui recommanda surtout d'être zélé pour l'honneur de Dieu, la défense de l'Église, de garder une foi inviolable dans les traités, de donner en toute occasion l'exemple d'une justice incorruptible, et de consulter, dans les affaires importantes de l'État, les lumières et l'expérience de son père et des six personnages qui allaient partager sa solitude. Le discours achevé, le vieux duc fit lire à haute voix, par son secrétaire, les patentes de lieutenant-général, donna sa bénédiction à ses deux fils et congédia l'assemblée toute pénétrée du spectacle solennel et touchant dont elle venait d'être témoin.

Le lendemain, il se retira dans les bâtiments de son ermitage avec ses six compagnons, et reçut le même jour, des mains du prieur, l'habit et le capuchon d'ermite (1).

On a dit que, dans sa solitude de Ripaille, il mena une vie désordonnée et couvrit d'opprobre sa vieillesse. Le mot *faire ripaille* est même passé dans la langue, et les écrivains du XVIIIe siècle, surtout Moréri, Ménage, le dictionnaire de Trévoux, Voltaire, ont travaillé de leur mieux à accréditer cette opinion que les premiers chevaliers de Saint-Maurice s'adonnaient aux plaisirs, couvrant leurs débauches du masque de l'hypocrisie. Toutes ces accusations, démenties par la vie entière d'Amédée VIII, ne reposent que sur une phrase de la chronique de Monstrelet, lequel, en sa qualité de Bourguignon, était l'ennemi de ce prince. « Et se faisoient, dit-il, lui et les siens, servir, en lieu de racines et de fontaine, du meilleur vin et des meilleures viandes qu'on pouvait recovrer. » En admettant même que ce méchant propos soit véridique, on y peut répondre qu'Amédée et ses compagnons n'avaient fait aucun vœu, qu'ils étaient âgés, et qu'en somme il leur était difficile de déroger à des habitudes de cinquante ans. Mais il est aujourd'hui prouvé que leur vie fut exempte de toute faiblesse indigne de leur caractère.

(1) Le chanoine Angleys, *Histoire du diocèse de Maurienne*.

Le grand acte que venait d'accomplir Amédée n'était point une abdication. Il conservait l'autorité suprême et le gouvernement de son État, dont il déléguait l'exercice au prince de Piémont. Plusieurs actes, impliquant encore la pleine possession du pouvoir, démontrent qu'Amédée n'abdiqua point à ce moment. Ainsi le 7 août 1435, il conclut à Ripaille le mariage de Louis, marquis de Saluces, avec Isabelle de Montferrat, à laquelle il fit un présent de noces de 15,000 florins d'or ; l'année suivante, à Thonon, il passa un traité avec le marquis de Montferrat ; en 1437, il donna un sauf-conduit à Jean Paléologue, empereur d'Orient, et au patriarche des Grecs, obligés de traverser ses États pour se rendre au concile de Bâle ; enfin, la même année, il conclut le mariage d'Aimée de Montferrat avec Jean de Lusignan, roi de Chypre, de Jérusalem et d'Arménie, qui fut célébré dans la chapelle de Ripaille.

Æneas-Sylvius Piccolomini, contemporain, dit qu'Amédée menait la conduite d'un religieux ; Raphaël Volaterra parle de la renommée de ses mortifications ; le moine Augustin Panvini, et le secrétaire ducal Jean Gobelin ont témoigné des vertus d'Amédée (1).

La grande faute, le crime qui ternit la gloire de ce prince, fut de briguer les dignités ecclésiastiques. Il fut antipape de bonne foi, a-t-on dit. C'est peut-être vrai. Mais ce qui est certain, c'est qu'il fit tout pour arriver à la papauté, et que son élection par le concile de Bâle fut le résultat d'intrigues dirigées par quelques-uns de ses sujets. Il se crut le véritable pape, le pape selon l'Église. Mais pour arriver à être ce pape, il mit en œuvre des moyens que l'histoire a le droit de réprouver, et il fit servir ses vertus à protéger et à satisfaire son ambition.

(1) M. Lecoy de la Marche a publié une excellente étude sur Amédée VIII, à Ripaille, dans la *Revue des questions historiques*.

IV

Depuis l'élection de Martin V, au concile de Constance, et la soumission de Grégoire XII et de Jean XXIII, abdicataires tous les deux pour le plus grand bien de l'Église, le schisme avait cessé, mais le Pontife romain luttait avec énergie contre les hérésies qui surgissaient partout et menaçaient de troubler encore la paix de la chrétienté. Le concile de Constance ayant statué qu'on assemblerait un autre concile général au bout de cinq ans, Martin V désigna la ville de Pavie pour l'y célébrer, et la peste étant survenue, on transporta le concile à Sienne, où il fut dissous, avec cette clause qu'il en serait tenu un autre à Bâle sept ans plus tard. Le concile devait s'occuper particulièrement de différentes réformes, de l'hérésie des Hussites déjà condamnée, et enfin du retour des grecs schismatiques à l'unité catholique, œuvre depuis longtemps commencée par les Paléologues et qui jusqu'alors n'avait eu encore aucun résultat certain. Quant aux Hussites, comme il arrive souvent que l'on blâme l'Église de les avoir frappés avec rigueur, bien qu'il soit avéré que lorsqu'ils les livrèrent au bras séculier, les Pères du concile de Bâle n'étaient plus en communion avec le Pape, il n'est pas inutile de rapporter ici quelles doctrines antisociales ces hérétiques prêchaient. Jean Huss « soutenait que, dès qu'un prince tombait dans une faute grave, ses sujets étaient déliés de leur promesse d'obéissance envers lui. Ses disciples poussèrent si loin l'intolérance, qu'ils voulaient qu'on punît de mort les excès dans le boire et le manger, l'usure, l'incontinence, le parjure, le fait de recevoir une récompense pour des messes ou des absolutions et de s'être rendu coupable d'un péché mortel quelconque. Ils mettaient comme condition à leur retour au catholicisme, qu'on détruirait tous les instituts littéraires ou scientifiques, et qu'on déclarerait païens et publicains les professeurs de beaux-arts (1). »

La bulle de Martin V indiquait la date du 3 mars 1431 pour l'ouverture du concile de Bâle, et le cardinal Julien Césarini, légat en Allemagne, était chargé de le présider au nom du Pape. Martin V mourut le 20 février, et le jour désigné pour l'ouverture du concile, le Sacré-Collège élut le cardinal Gabriel Gondolmerio de Venise, neveu de Grégoire XII, qui prit le nom d'Eugène IV.

Le 19 juillet, Jean de Poleman, chapelain du Pape et auditeur de son palais, et Jean de Raguse, docteur en théologie de la Faculté de Paris, procureur général de l'Ordre de Saint-Dominique, réunis à quelques prêtres, déclarèrent assemblé et ouvert le concile de Bâle. Le cardinal Julien Césarini y arriva vers le milieu de septembre, et, le 12 novembre, Eugène IV lui annonçait, par une bulle, qu'il était décidé à dissoudre le concile de Bâle et à le transférer à Bologne, où il le présiderait en personne. Ce fut la première cause du conflit qui s'éleva entre le concile et le Pape. Au mois de janvier suivant, les prélats assemblés à Bâle envoyèrent au Souverain-Pontife une ambassade avec mission de lui demander la révocation de son décret; et en même temps ils adressaient à tous les fidèles des lettres synodales signées de Philibert, évêque de Coutances, dans lesquelles ils déclaraient qu'ils continueraient de siéger envers et contre tous. Le 15 février, le concile affirma solennellement qu'il ne pouvait ni être dissous, ni transféré, ni différé par qui que ce fût, non pas même par le Pape.

(1) Cantù, *les Hérétiques d'Italie*.

Le 26 du même mois avait lieu à Bourges une assemblée d'évêques, qui prit parti pour le concile, ce que fit également l'Université de Paris. Elle enseignait qu'il fallait résister au Pape « de la même façon que saint Paul, qui était le modèle des docteurs, avait résisté à saint Pierre, qui était le modèle des pontifes.» L'empereur Sigismond se mit aussi du côté des prélats de Bâle contre Eugène IV. Ceux-là, à la quatrième session, proclamèrent que si celui-ci venait à mourir, l'élection de son successeur se ferait à Bâle. Au mois d'août, Jean Dupré, camérier pontifical, fut envoyé pour proposer des moyens de conciliation; il fut mis en prison. Bref, ces attentats contre la souveraineté et le pouvoir du chef de l'Église furent si fréquents et si graves, que le concile ne devint vraiment canonique qu'à partir de la seizième session, célébrée le 5 février 1434. Il fut alors présidé par Julien Césarini, cardinal de Saint-Ange; Jourdain des Ursins, cardinal de Sainte-Sabine; Pierre de Foix, cardinal d'Albano; Nicolas Albergatti, cardinal de Sainte-Croix; Angelotto Fosco, cardinal de Saint-Marc; l'archevêque de Tarente, l'évêque de Padoue et l'abbé de Sainte-Justine de Padoue.

Cependant le concile continua la guerre au Pontife romain; empiétements sur son autorité, déclarations erronées et fausses, querelles de détail, rien ne manqua, et cette assemblée turbulente fit autant de mal qu'elle en *voulut* faire. Durant la vingt-sixième session, tenue le 31 juillet 1437, le concile de Bâle, devenu un conciliabule schismatique, cita le Pape et les cardinaux à comparaître en personne ou par procureur dans le délai de soixante jours, et à la trentième session, 24 janvier 1438, il déclara le pape Eugène IV suspendu de toutes ses fonctions, tant au temporel qu'au spirituel, et manda aux rois, aux princes et à tous les ecclésiastiques de ne plus lui rendre obéissance. Le 24 mars suivant, il osa prononcer anathème contre le concile œcuménique ouvert à Ferrare et qui était le seul canonique.

En 1433, le duc de Savoie avait envoyé à Bâle Guillaume Didier, évêque de Belley, et Guy, prieur de Saint-Dominique de Chambéry. Mais nombre de prélats savoyards s'y rendirent ensuite. Le 20 juillet 1439, Amédée, qui avait des ambassadeurs aussi bien au conciliabule schismatique de Bâle, qu'au véritable concile général alors transporté de Ferrare à Florence, protesta solennellement, par devant Jean de Grolée, protonotaire apostolique, en présence de Claude du Saix et de Guillaume de Dolomieu, qu'il n'approuverait point ce que ses ambassadeurs, à Bâle, pourraient avoir fait contre l'obéissance qu'il devait à l'Église catholique, à laquelle il voulait demeurer perpétuellement uni et attaché. Ce qui n'empêcha nullement tous ceux de ses sujets qui participaient à la funeste assemblée de Bâle d'y préparer son élection. Le premier et le plus en vue, qui devint président du conciliabule, était Louis Alleman, fils de Jean, seigneur de Montgisson, et de Marie de Châtillon de Michaille. Né au château d'Arbent, en Bugey, en 1390, d'abord chanoine et comte de Lyon, puis abbé de Tournus, et enfin archevêque d'Arles, il fut nommé légat de la Marche et d'Ancône, créé cardinal du titre de Sainte-Cécile et vice-camerlingue de l'Église. Le plus zélé, après le cardinal d'Arles, était Louis de la Palu de Varembon, religieux bénédictin de l'abbaye de Tournus, devenu successivement chambrier du monastère d'Ambronay, garde du conclave au concile de Constance, puis élu évêque de Lausanne en 1432, et confirmé par les Pères de Bâle. La Palu souscrivit à toutes les mesures hostiles qui furent prises contre Eugène IV. Venaient ensuite François de Miez, évêque de Genève, Perceval de la Balme, évêque de Mondon, Guillaume Didier, évêque de Verceil, Georges de Saluces, évêque d'Aoste, Jean d'Arces, archevêque de Tarentaise, François Ducret, abbé d'Abondance et de Filly, garde du conclave, Rodolphe Sapientis, archiprêtre du chapitre des Machabées de Genève, Louis Parisis, licencié ès lois, chanoine de Genève et doyen de la cathédrale d'Annecy, Pierre Bolomier, abbé des Cisterciens d'Hautecombe, et Claude Pareti, abbé de Tamié. Il faut citer encore un des plus ardents partisans d'Amédée VIII, Jean de Ségovie, docteur en théologie de l'Université de Salamanque, archidiacre de Villaviciosa et député du roi d'Aragon. Il soutint avec ténacité cette fausse doctrine que le concile œcuménique est supérieur au Pape, la propagea et fut un de ceux qui la firent proclamer par le conciliabule. Cependant il s'opposa à ce que Eugène IV fût condamné comme hérétique. Choisi, avec Thomas de Courcelles et un abbé écossais, pour désigner parmi les Pères qui étaient présents au conciliabule, ceux qui devraient faire l'élection du nouveau Pape, il joua un rôle singulier dans toute cette affaire.

Ce fut dans sa trente-quatrième session, le 25 juin, que le conciliabule de Bâle, composé de trente-neuf prélats seulement, parmi lesquels ceux que nous venons d'énumérer, et avec eux le patriarche d'Aquilée, Aimon de Chissé, évêque de Nice, l'ancien évêque de Vence, les évêques de Grenoble, de Bâle, de Tricarico, « par un attentat sacrilège, dit Rorhbacher, déposa le pape Eugène IV comme désobéissant, opiniâtre, rebelle, violateur des canons, perturbateur de l'unité ecclésiastique, scandaleux, simoniaque, parjure, incorrigible, schismatique, hérétique, endurci, dissipateur des biens de l'Église, pernicieux et damnable. » Cette déposition était aussi sacrilège que nulle contre le Pape certain et légitime, reconnu par l'Église universelle. Le conciliabule défendait à quiconque de le reconnaître pour Pape, et déclarait les contrevenants déchus par le seul fait de toutes leurs dignités, soit ecclésiastiques, soit séculières, fussent-ils évêques, archevêques, patriarches, cardinaux, rois ou empereurs.

On proposa d'abord, pour remplacer Eugène IV, Jean d'Orléans, comte d'Angoulême et de Périgord, cousin du roi de France, prince de sainte vie et de grand renom. Mais il était jeune, et l'on fit adroitement des objections qui écartèrent ce candidat. Il fut alors question d'Amédée VIII, l'ermite de Ripaille. On fit valoir qu'il avait régné quarante ans « en grande piété et justice ; » qu'ayant remis les affaires de l'État aux mains de son fils, il vivait en religieux.

La raison majeure fut que, chef d'une maison souveraine puissante, ayant un pied en France, un pied en Italie, il aurait en sa faveur le prestige de son nom, l'éclat de sa dignité, et que par ses alliances il pourrait servir avantageusement l'Église. Il fut décidé que trois théologiens choisiraient vingt-quatre Pères du concile, qui seraient chargés de faire l'élection. Il y eut cinq tours de scrutin.

Amédée obtint seize voix au premier, dix-neuf au second, vingt et une au troisième. Il fut donc élu et, par décret du 15 novembre 1439, reconnu par les Pères. On lui envoya une ambassade de vingt-cinq personnages conduits par l'archevêque d'Arles, légat et président du concile, l'évêque de Lausanne et le comte de Thierstein, mandataire de l'empereur, pour lui notifier son élection. Amédée vint au-devant d'eux, accompagné des chevaliers de Saint-Maurice et de ses serviteurs. Il commença par refuser cette dignité usurpée de laquelle il se réputait indigne, « disant qu'il avait entièrement renoncé au monde et à ses pompes, qu'il n'y avait aucune apparence de s'y plonger et submerger plus avant qu'il n'y avait jamais été ; de plus qu'il n'était point idoine aux choses ecclésiastiques et qu'il avait toujours été un homme de guerre ; qu'il n'était aucunement pourvu aux saints ordres, tellement qu'un personnage qui n'est nourri dès son jeune âge en l'office et estat ecclésiastique, il est difficile qu'il soit jamais bienséant à cette fonction, et que jamais il n'en prend guère bien. Ainsi s'excusait fort bien ce bon seigneur. Toutefois estant conseillé par son chancelier Bolomier, et par les ambassadeurs du duc Philippe de Milan son gendre, et aussi sollicité par ses enfants, qui s'estimoyent bien heureux de veoir leur père estre proclamé Pape, en plein concile, se résolut enfin d'accepter, et avoir son élection pour aggréable, et y donna son consentement (1). »

Ce fut en versant des larmes amères qu'Amédée céda aux instances de son entourage. Il s'imposa le nom de Félix V. Le cardinal d'Arles le revêtit d'une simarre blanche, lui passa au doigt l'anneau pontifical. On le fit ensuite monter sur un trône, et les ambassadeurs de Bâle le saluèrent vicaire de Jésus-Christ. Tous ces actes étaient radicalement nuls et de nul effet. Amédée n'était qu'un antipape, un usurpateur, un rebelle excommunié. Il put croire de bonne foi que le concile qui l'élisait était légitime, il sut parfaitement, sans aucun doute, à quoi s'en tenir sur les moyens employés pour l'élever au trône de Saint-Pierre où il prenait la place du successeur véritable du prince des apôtres. Ces larmes qu'il versa, ces objections qu'il fit, et que le naïf Paradin rapporte avec une émotion sincère, furent un acte d'hypocrisie. Amédée connaissait d'avance l'issue des intrigues ourdies par ceux de ses sujets qui s'agitaient et manœuvraient au conciliabule dans un but que lui-même ne pouvait ignorer. Si donc cet antipape, souillant sa vieillesse jusque-là justement honorée, par une mauvaise action, par un péché dont les conséquences eussent pu être plus funestes encore à l'Église qu'elles ne le furent, ne se fût humilié pour implorer son pardon, l'histoire le présenterait comme une des figures les plus sombres de ce triste temps, comme l'un des coupables acteurs de ce drame qui bouleversait le monde chrétien. Ce qui l'a sauvé de l'opprobre, et ce qui permet de rendre hommage à ce qu'il fit de bien, ce fut l'exemple d'humilité qu'il donna plus tard.

Amédée prit les dispositions que lui imposait son nouveau titre. Le 6 décembre, à Ripaille, il fit son testament, en présence de l'évêque de Maurienne, du prieur de

(1) Guillaume Paradin, *Chronique de Savoye*.

Ripaille, des chevaliers de Saint-Maurice; il ordonna qu'après sa mort son corps serait inhumé à l'abbaye d'Hautecombe, et son cœur à Ripaille; il donna le comté de Romont à son frère naturel Humbert, recommanda ses amis et conseillers à son fils Louis, fit des legs à la duchesse de Milan et à la reine de Sicile, ses filles, et nomma exécuteurs de ses dernières volontés l'archevêque de Tarentaise, les évêques de Genève et de Lausanne. Après avoir choisi Claude du Saix, seigneur de Rivoire, comme doyen des chevaliers ermites de Saint-Maurice, il émancipa son fils Louis et abdiqua solennellement en sa faveur.

Il partit ensuite pour Bâle où il fit son entrée en grande pompe, suivi de trois cents gentilshommes savoyards, et de deux cents seigneurs ecclésiastiques à cheval, archevêques, évêques, abbés et prieurs.

L'antipape était sous le dais, monté sur une haquenée blanche caparaçonnée de velours cramoisi. Il portait une chape d'or battu ciselé et une tiare chargée de pierreries. Il fut conduit ainsi, à travers quatre mille cavaliers, cinquante mille piétons, jusqu'à l'église Notre-Dame où il donna la bénédiction. Les jours suivants, il fut promu aux ordres sacrés, et reçut ensuite du cardinal d'Arles la consécration épiscopale. Après cette cérémonie, il fut mené à une vaste estrade dressée devant la cathédrale; arrivé là, un cardinal diacre lui ôta la mitre épiscopale, un autre le revêtit des ornements pontificaux, et Louis Alleman le couronna de la tiare, aux acclamations de la multitude. Il fut alors conduit en procession, à l'église des frères prêcheurs. Le cortège, qui l'y accompagna, marchait dans cet ordre : les valisaires et officiers des cardinaux suivis des officiers de la maison papale; les parents et alliés des cardinaux; douze chevaucheurs d'écurie, portant chacun une banderolle rouge aux armes de Félix; les chefs échevins de la cité de Bâle, précédant le porte-enseigne de la ville; le procureur de la religion des frères chevaliers teutoniques, portant l'enseigne de l'ordre *d'argent à une croix de sable*, un chevalier savoyard soutenant l'étendard du Pape, et le procureur de l'ordre de Saint-Jean de Jérusalem venaient ensuite, tous trois armés de toutes pièces, sauf le casque, montés sur des chevaux bardés de fer; douze chevaux blancs « caparaçonnés de satin cramoisi avec franges et parfilures d'or, » quatre écuyers d'honneur portant chacun au sommet d'un bâton un chapeau cramoisi; les cubiculaires, les ambassadeurs laïques, les barons et les gentilshommes, chevauchant en avant du sous-diacre apostolique, portant la croix papale, et accompagné de deux huissiers à verges; douze hommes vêtus de rouge, ayant chacun un cierge allumé à la main, en avant d'une haquenée blanche sur laquelle était monté un évêque soutenant le Saint-Sacrement, et qui marchait à pas lents sous un poêle « fort richement estoffé. » Les secrétaires du concile, avec Æneas-Sylvius Piccolomini à leur tête, les avocats consistoriaux, les chantres, les clercs, les auditeurs de la chambre, les abbés, les évêques, les archevêques et les cardinaux, précédaient immédiatement l'antipape Félix « sur un cheval blanc, houssé de velours cramoisi, sur lequel huit grans seigneurs portoient le poêle à rechange. Autour du Pape estoient plusieurs gentils hommes en armes pour la garde de sa personne, et quelque peu après marchoit le mareschal de la court, portant un sac plein de monnoye, laquelle il gettoit sur le peuple, quand il voyait grande presse de gens, à ce que sa personne ne fust offensée de la presse. Et gettoit le dit argent à quartier tant loing qu'il pouvait pour plus reculer le peuple. Enfin y avoit une grande suite d'une infinité de gentils hommes d'Allemoigne, France, Italie, Espagne et Savoye (1). »

L'antipape célébra la sainte messe pour la première fois dans l'église Notre-Dame de Bâle. Ses fils, le duc de

(1) Paradin, XXXI, 305.

Savoie et le comte de Genève, firent office de servants, et à l'offrande offrirent, celui-ci un pain d'argent, celui-là un pain d'or; le comte de Thierstein et le marquis de Rothelin, chacun un baril d'argent. A son retour au palais, les rênes de sa monture furent tenues par Guillaume, marquis d'Hochberg, et par Conrad, seigneur de Wensperg. Au festin, auquel s'attablèrent plus de mille personnes, les princes de Savoie servirent d'échansons, le marquis de Saluces d'écuyer tranchant, et chaque prélat reçut une pièce d'or et deux d'argent.

V

Mais ce faste prodigieux et ces fêtes magnifiques cachaient une réelle et profonde misère. L'antipape ne possédait rien. Il fallait qu'il vécût et qu'il déployât toute la splendeur nécessaire à soutenir son rang usurpé. Dans sa session du 4 avril 1440, le concile détermina que le nouveau pontife pourrait exiger, pendant les cinq premières années de son pontificat, le cinquième du revenu de tous les bénéfices séculiers et réguliers, et pendant les années ultérieures, le dixième seulement (1). Mais comme Félix V n'était point reconnu partout, il fallut recourir à des expédients. Les chroniqueurs racontent qu'il dépouilla presque entièrement de son revenu l'évêque de Genève, François de Miez, après la mort duquel il se déclara administrateur des diocèses de Genève et de Lausanne, résidant alternativement dans l'une ou l'autre de ces villes. On dit même que le duc de Milan, sollicité par des amis de son beau-père de ne le point laisser dans cette pénurie, répondit : « Il m'a baillé une épouse sans dot, je lui ai donné un papat sans argent. »

On n'a que des données très vagues sur le règne de cet antipape ; les nations qui le reconnurent, du moins en partie, furent l'Allemagne, la Suisse, le duché de Milan, les États de Savoie, l'ordre Teutonique. Le roi Henri VI d'Angleterre écrivit de Windsor au concile de Bâle pour

(1) Fleury, *Histoire ecclésiastique.*

l'exhorter à ne pas se séparer d'Eugène IV (1). L'empereur Frédéric III, qui avait pourtant poussé à l'élection de Félix, et le roi de France, prirent d'un commun accord la résolution de garder la neutralité entre Félix V et Eugène IV, et en somme, la plus grande partie de la chrétienté resta fidèle à celui-ci. Les électeurs de l'Empire assemblèrent une diète à Wittemberg, pour chercher des moyens d'apaiser le schisme et faillirent tourner contre Eugène ; mais celui-ci leur ayant fait de menues concessions sans importance, ils restèrent dans le devoir.

En quatre promotions, Félix V créa vingt-sept cardinaux parmi lesquels plusieurs prélats de ses États qui avaient contribué à son élection : Louis de la Palu de Varembon, évêque de Lausanne, Barthélemy Visconti, évêque de Novare, l'évêque de Genève, Jean de Ségovie, l'archevêque de Tarentaise.

Le conciliabule de Bâle continua ses sessions, en même temps que le véritable concile œcuménique se tenait à Florence où eut lieu, avec grandes cérémonies, le retour de l'Église grecque à l'Église romaine, fait d'une grande importance et qui, malheureusement, ne tarda pas à être annulé par le fanatisme des schismatiques. Ils s'écriaient : « *Plutôt* le Turc que le Pape! » Ce souhait sacrilège fut exaucé, car bien peu d'années après, en 1453, Mahomet II s'emparait de Constantinople, et l'empereur Constantin Dragosès ayant disparu dans la mêlée, l'empire d'Orient sombra dans le sang et la boue. La basilique de Sainte-Sophie devint une mosquée, le croissant remplaça la croix, et ce fut la doctrine stupide et antisociale de Mahomet qui succéda à l'Évangile si pur et si doux du Sauveur des hommes, dans toute l'étendue de ce territoire dont les habitants préféraient la persécution des musulmans au joug léger du Vicaire de Jésus-Christ.

Cependant, peu à peu, la lumière se faisait et les

(1) Manuscrits de la Bibliothèque de Genève.

princes revenaient au véritable pontife, abandonnant l'antipape Félix. En passant à Genève, l'empereur Frédéric vit celui-ci et lui conseilla de déposer la tiare. Philippe Visconti, qui avait pris jusque-là le titre de Vicaire du concile de Bâle en Italie, se rallia à Eugène IV. La Corse rentra sous son obéissance; la France, la Castille, la Navarre, le Portugal, l'Écosse, l'Angleterre, la Suède, la Norwège, le Danemark, la Pologne, ne cessèrent pas de reconnaître l'autorité d'Eugène. Aussi celui-ci créa-t-il, en 1444, le dauphin de France, qui fut depuis Louis XI, général et grand gonfalonier de l'Église; Louis fit une expédition armée, arriva sous les murs de Bâle, battit un corps de troupes suisses et faillit mettre fin au fameux conciliabule.

Il eut le tort de ne pas profiter de sa victoire.

Eugène IV sentait sa fin approcher. Il tomba malade pendant les fêtes de Noël 1446, et mourut entre les bras de saint Antoine, dans la nuit du 22 février de l'année suivante, à l'âge de soixante-six ans, après un pontificat de seize années. Pontife aussi grand que malheureux, il avait toutes les qualités qui font aimer et respecter les grands, l'élévation de l'esprit, la fermeté du courage, la noblesse des goûts et des manières, la libéralité et la bienfaisance, le don de la parole, le talent des affaires, l'amour des lettres et des arts. Sa vie fut édifiante et régulière; il se montra très charitable pour les pauvres et très zélé pour l'extinction des sectes qu'il eut le bonheur de ramener en si grand nombre au centre de l'unité (1).

Eugène eut pour successeur Thomas de Sarzane, cardinal de Bologne, qui s'imposa le nom de Nicolas V, et dont le premier acte fut d'excommunier l'antipape Félix, en le déclarant hérétique et schismatique. Ce fut alors que le roi de France, Charles VII, fit une tentative pour amener la destruction du schisme; le duc de Savoie Louis, fils de Félix, résolut de l'y aider et de ramener

---

(1) Cheré, *Dictionnaire des Papes*. Chantrel, *Histoire populaire des Papes*.

son père à la vérité. Louis alla en conférer à Bourges avec le roi, et le résultat de leur entrevue fut la convocation à Lyon d'une assemblée où se trouvèrent l'archevêque d'Embrun et le seigneur de Malicorne pour le roi de France, l'évêque de Marseille pour le roi de Sicile, un ambassadeur du roi d'Angleterre, l'archevêque de Trêves et des députés de l'archevêque de Cologne et du duc de Saxe. De son côté, Félix V y envoya Louis Alleman, cardinal d'Arles, et Jean de Grolée, prévôt de Montjou. Cette conférence eut lieu en 1447. Trois des personnages qui y assistèrent se rendirent ensuite à Genève où était l'antipape et entrèrent en négociations avec lui. Il déclara qu'il renoncerait volontiers au pontificat sous certaines conditions, et voici celles qu'il posa : il convoquerait, de son autorité, un concile au milieu duquel il abdiquerait; mais avant sa renonciation, il publierait trois bulles : la première, pour rétablir les ecclésiastiques que ses deux compétiteurs auraient déposés et privés de leurs biens pour avoir tenu son parti; la seconde, pour lever les excommunications par lui formulées contre les fidèles, contre les villes ou communautés restées dans l'obédience d'Eugène et de Nicolas; la troisième, pour confirmer tous ses actes pendant le schisme. Cela fait et sa démission remise au concile, le concile élirait Nicolas V, et celui-ci confirmerait les actes de Félix, qui garderait le titre de Légat avec de grandes prérogatives.

Ces conditions parurent exagérées au roi de France; il craignait surtout que Nicolas ne voulût pas consentir à la convocation du concile et à sa propre réélection, lui qui était le Pape légitimement élu et reconnu par l'immense majorité des catholiques. Cependant, Nicolas V accepta, en principe, quitte à discuter les questions de détail. Le roi envoya à Félix Hélie de Pompadour, archidiacre de Carcassonne, pour l'informer que l'on consentait à la réunion d'un concile à Lausanne.

Aussitôt Félix transféra, de son autorité, le concile de

Bâle à Lausanne. Jacques Juvénal des Ursins, évêque de Poitiers, patriarche d'Antioche, Hélie de Pompadour, évêque d'Alais, le comte de Dunois, grand chambellan de France, Jacques Cœur, Thomas de Courcelles, Guy Bernard et Jean de Bourcier, y vinrent de la part du roi; le Dauphin y envoya l'archevêque d'Embrun et Gabriel de Vernex, seigneur de Forges, son maître d'hôtel. Le concile fut présidé par le cardinal Calandrini, qui députa douze cardinaux et douze prélats pour aller chercher l'antipape à Ripaille où il s'était retiré; le trajet se fit par eau, et, en débarquant au port de Lausanne, Félix fut accueilli par le légat qui était venu à sa rencontre avec toute l'assemblée. Puis, le concile réuni dans l'église Notre-Dame, les nonces pontificaux promirent à Félix, au nom de Nicolas V, de lui rapporter, à Genève, après son abdication, les trois bulles qu'il voulait publier lui-même pour rétablir ses partisans, lever les excommunications et confirmer ses actes. En revanche, Félix publia trois bulles datées du 9 avril 1449, dans le même sens et pour le même but; puis, séance tenante, l'antipape, revêtu de ses habits pontificaux, déclara que pour le repos de l'Église et pour faire cesser le schisme, à la prière des rois de France, d'Angleterre, de Sicile et du Dauphin du Viennois, il se démettait volontairement de la dignité papale, y renonçait, abdiquait tous ses droits, privilèges, etc.; il fit lire ensuite sa bulle de renonciation, datée du 7 des ides d'avril 1449.

Alors ayant dépouillé les ornements sacrés, il se retira, aux acclamations enthousiastes de tous les Pères du concile. Les cardinaux d'Arles, d'Arces, de Cornetto et de Saint-Marcel procédèrent ensuite à la réélection de Nicolas V, et le lendemain, le légat Calandrini prononça au nom du Pape et du concile : qu'Amédée de Savoie, ci-devant Pape sous le nom de Félix V, était créé cardinal-évêque du titre de Sainte-Sabine, légat apostolique et vicaire perpétuel du Saint-Siège romain, dans tous les États de la maison de Savoie, le Lyonnais, les diocèses de Bâle, Strasbourg, Constance, le Forez et Lyon ; qu'il aurait le premier rang dans l'Église après le Pape ; que lorsqu'il entrerait dans un lieu où serait le Pape, celui-ci serait tenu de le saluer et de l'embrasser ; qu'il pourrait porter les habits et les ornements pontificaux et garderait tous les honneurs et privilèges inhérents à la dignité du Pontife romain, à l'exception cependant de l'anneau du Pêcheur, du dais, du privilège de faire porter le Saint-Sacrement devant soi ; qu'il serait dispensé de comparoir en personne en la cour de Rome ; enfin qu'à sa requête tous les cardinaux créés par lui seraient confirmés.

Le lendemain, Amédée emmena à Ripaille le cardinal Calandrini et plusieurs prélats, et les traita splendidement pendant deux jours.

La nouvelle de ce grand acte fut porté à Rome par Jean de Grolée, prévôt de Montjou, et à Paris par le patriarche d'Antioche. Ce fut l'occasion de grandes réjouissances. Partout on répéta ce vers, qui fut écrit sur tous les murs, et vola de bouche en bouche : *Lux fulsit mundo, cessit Felix Nicolao.* Nicolas V adressa un bref à son ancien rival et le nomma administrateur des diocèses de Genève et de Lausanne, des monastères de Nantua, de Payerne, de Romainmoutiers et de Saint-Benigne.

Quelques jours après l'abdication d'Amédée, le pape Nicolas accordait, sur ses instantes prières, aux ducs de Savoie, le privilège de nommer aux bénéfices consistoriaux dans leurs États. Amédée, qui voulait miner la puissance temporelle des évêques de Genève, résigna son bénéfice en faveur de son petit-fils Pierre de Savoie, qui n'avait pas huit ans, et eut l'habileté d'arracher à Nicolas V une bulle qui autorisait cette résignation. Depuis lors plusieurs jeunes princes de la maison de Savoie succédèrent à leur aïeul et devinrent les instruments de cette politique poursuivie avec ténacité, qui fut depuis lors mise en œuvre contre le chef de l'Église lui-même. Jean-Louis, François, Philippe et Jean de Savoie, gouvernèrent leur diocèse moins en pasteurs qu'en souverains, et la belle proie que convoitait leur famille leur échappa pour tomber aux mains rebelles qui firent de Genève le foyer de la révolte et y préparèrent l'avènement du tyran Calvin.

Amédée mourut le 7 janvier 1415. Son corps fut transporté à Ripaille et y resta jusqu'en 1536, que les protestants bernois, ayant envahi le Chablais, violèrent sa sépulture et détruisirent son tombeau. Les ossements de cet homme, qui avait été duc et pape, furent recueillis parmi les dépouilles de son sépulcre et transportés à Turin, où la piété de ses descendants les fit enfermer dans un monument splendide.

Philippe de Bérgame a fait d'Amédée VIII cet éloge : « C'était un homme orné des plus belles vertus, plein de bonté, de piété, de religion, de justice, de magnanimité, de prudence. Il fut d'un esprit éclairé, doué des plus beaux dons naturels, intègre dans ses mœurs, religieux, clément envers ses sujets, vaillant à la guerre, sévère pour le mal. » Jean de Maire dit « qu'il trépassa en bonne estimation de sainteté. » Enfin la chronique d'Allemagne, Onuphre Panvinius, François de Gonzague, évêque de Mantoue, Étienne Pasquier, Jean-Baptiste Pigna, Chalcondyle, ne parlent d'Amédée qu'avec des louanges extraordinaires.

Singulière destinée, en effet, que celle de ce prince, dont le règne commença alors qu'il n'était qu'un petit enfant, et au milieu des troubles les plus violents; qui prit une part active à toutes les luttes qui agitèrent la société pendant la première moitié du XVe siècle; se fit nommer le Pacifique et fut, pendant quarante-trois ans, en guerre avec ses voisins ou avec ses vassaux; qui, de simple comte, devint duc, gardien des Alpes, agrandissant sans cesse ses domaines, étendant ses conquêtes, gagnant toujours et ne perdant jamais à ce jeu terrible de la politique; qui, de souverain d'un petit État, enclavé entre de vastes royaumes, devint Pape après avoir été ermite, abdiqua le pontificat, et redevint ermite!...

Et combien peu l'on connaît l'influence qu'il eut sur son temps, cet Amédée que Voltaire calomnie sottement, et auquel on reproche précisément ce qui fut son principal mérite : savoir s'arrêter à temps. Certes, si Amédée fut coupable, et il le fut du jour où il intrigua au concile de Bâle jusqu'au jour où il déposa la tiare, il eut du moins quarante longues années de gloire, et il sut se repentir, ce qui fait oublier bien des fautes. Expérimenté, prudent, habile, doux et conciliant, il fut certainement l'un des plus grands princes de son époque. Il mesura ses entreprises, non sur sa puissance, mais sur la justice. Il gouverna avec tant de sagesse et de probité qu'on l'appela le Salomon de son siècle.

LA CONQUÊTE DE CHYPRE

ET LA MAISON DE SAVOIE

Au Marquis DE FAVERGES

LA CONQUÊTE DE CHYPRE

ET LA MAISON DE SAVOIE

Située dans la partie la plus orientale de la Méditerranée, entre les côtes de l'Anatolie et celles de la Syrie, devant le golfe d'Alexandrette, l'île de Chypre mesure 9,500 kilomètres carrés et ne renferme que 180,000 habitants, grecs, mahométans, maronites, européens.

Avant 1870, Chypre faisait partie du *vilayet* des îles de l'Archipel. Elle forma ensuite, comme l'île de Crète, un vilayet séparé, se divisant en six *haïmakanliks* : Famagouste, comprenant Maussa, Messaria, Karpas; Larnaka, comprenant Limasol, Siscopi et Gilan; Baffa (l'ancienne Saphos), comprenant Cruscho, Scouli, Ewdim; Cerina, comprenant Letka et Morpha; Nicosie, comprenant Djermenkoï et Dagh Karassy.

Chypre ne renferme aucun diocèse catholique latin; les archevêques et évêques de Salamine, de Soli, de Tamasso, de Tremito, de Famagouste, d'Amathonte, de Karpas, de Citera, de Curio, de Citro, de Leuca, de Nicosie, de Némési, de Saphos, représentent les anciens sièges épiscopaux et sont titulaires *in partibus*. Mais il y a un archevêque de Chypre du rit syro-maronite; la hiérarchie grecque schismatique a pour chef un archevêque de Nicosie, chef indépendant de l'Église cypriote, et qui a pour suffragants les évêques de Larnaka, de Cerina et de Baffa.

L'église de Chypre fut fondée par saint Paul, qui y prêcha le premier l'évangile avec saint Barnabé. On tient, dit Moreri, que ce dernier y souffrit le martyre, et on rapporte que son corps y fut trouvé sous l'empire de Zénon, l'an 488, avec l'Évangile de saint Matthieu sur sa poitrine. L'évêque de Salamine était le métropolitain de Chypre et jouissait d'une autocéphalie qui lui avait été reconnue par le concile *in Trullo,* irrégulier dans la plupart de ses actes. On mentionne deux synodes de Chypre : l'un en 399, sous saint Épiphane, évêque de Salamine ; l'autre en 643. Le premier renouvela la condamnation des origénistes ; le second, celle des monothélites.

La description géographique de Chypre sera courte. L'île est située entre 34° 34' et 35° 40' de latitude nord ; 29° 58' et 32° 17' de longitude est. Ses côtes sinueuses forment les caps Saint-André, Salizano, Cormachiti, Tchiti et Gata. Une chaîne de montagnes boisées, assez hautes, traverse l'intérieur ; le point culminant est Sainte-Croix, l'ancien Olympe. Les cours d'eau ne sont que des torrents, qui d'ordinaire sont taris en été. Le climat est salubre. Les productions sont le coton, la térébenthine, les bois de constructions, les oranges, et surtout l'excellent vin si célèbre en Europe. Le règne minéral y fournit du cuivre, de l'amiante, du jaspe rouge, du cristal de roche (appelé *diamant de Saphos*). On y cultive le froment, le tabac, les fruits, le mûrier. Mais la fertilité actuelle de ce pays n'est pas comparable à celle qui le distinguait dans l'antiquité. C'était alors une terre privilégiée. Dans son voyage en Orient, Lamartine avoue le désenchantement qu'il y éprouva.

« Ce pays, qu'on m'avait vanté comme une oasis des îles de la Méditerranée, ressemble entièrement, dit-il, à toutes les îles pelées, ternes, nues de l'Archipel ; c'est la carcasse d'une de ces îles enchantées où l'antiquité avait placé la scène de ses cultes les plus poétiques. Il est vrai que, pressé d'arriver en Asie, je n'ai visité que de l'œil les sites éloignés et pittoresques dont cette île est, dit-on, remplie.

» L'île est fertile dans toutes ses parties ; oranges, olives, raisins, figues, vignes, cotons, tout y réussit, même la canne à sucre. Cette terre de promission, ce beau royaume pour un chevalier des croisades ou pour un compagnon de Bonaparte, nourrissait autrefois jusqu'à deux millions d'hommes ; il n'y reste que trente mille habitants grecs et quelques Turcs. »

Famagouste ou Salamine a été longtemps l'entrepôt général du commerce des mers de la Syrie ; elle a eu, un moment, autant d'habitants que Venise ou Constantinople ; elle occupe, d'ailleurs, la meilleure situation de l'île, soit au point de vue militaire, soit au point de vue commercial. Un de nos agents diplomatiques, M. G. d'Orset, a décrit fort bien cette région.

« Famagouste se présente encore admirablement du côté de la mer, dit-il, et je n'oublierai jamais la belle matinée de pêche qui me permit de voir pour la première fois, du pont d'un caïque, l'élégant panorama de ses ruines vermeilles, se dressant à côté des sables dorés de la grecque Salamine. Un quai vénitien, désert, mais encore intact, s'étend depuis le château des Lusignan, qui défend la passe, jusqu'à une grosse tour ronde dans laquelle s'ouvre la porte de la marine. Au-dessus campe le lion de saint Marc dans une grande dalle de marbre gris. On y lit encore en caractères dorés la date de son érection (1495), et le nom du gouverneur vénitien qui substitua son autorité à celle de Catherine Cornaro. Des trois cents églises que compta jadis Famagouste, il n'en reste que trente-deux. Les autres se trouvaient dans les faubourgs, où l'on cheminait constamment sous la verdure ; aujourd'hui on y enfonce jusqu'aux genoux dans le sable rouge *ammokoustou*, dont la ville a tiré le nom que les Grecs prononcent *ammokouste*. Parmi les églises encore debout, il faut signaler la cathédrale, qui est dédiée à saint Jacques. C'est un édifice d'un seul jet, du xiv° siècle, et le plus beau de tous ceux qu'aient construits en Orient les compagnies de francs maçons. Il a été coupé en deux par le canon, mais des artisans grecs l'ont réparé assez bien pour qu'on en pût faire une mosquée. Tout auprès se dresse une magnifique église du xii° siècle.

» Les fortifications vénitiennes de Famagouste font l'admiration de tous les gens du métier qui les ont visitées; presque toutes les innovations attribuées à Vauban s'y retrouvent avec les voûtes obliques de nos tunnels modernes et les coupes de pierre les plus hardies qu'on puisse imaginer. Elles ont été exécutées par un maçon grec du pays, qui a signé cette œuvre remarquable. Le port est fermé par une barrière naturelle de roches, derrière laquelle se trouve un banc de sable de plus d'une lieue de longueur. La rade, excellente en tout temps, est très facile à défendre par des feux croisés; il n'existe pas, dans toute la Syrie, d'aussi belle situation. Mais le port est ensablé, et les Turcs n'ont jamais voulu y laisser faire des réparations, craignant qu'on ne leur enlevât les trésors qui ont sombré avec la flotte vénitienne.

» Lors du fameux siège de 1571, et lorsque, après une capitulation honorable, la garnison, commandée par le patricien Bragadino, se préparait à se retirer avec armes et bagages, les Turcs violèrent honteusement cette capitulation. Ils massacrèrent les officiers vénitiens et firent mutiler les soldats. Les femmes grecques et vénitiennes, déjà embarquées sur les vaisseaux turcs, apprirent qu'on allait les conduire à Constantinople, où elles seraient vendues comme esclaves. Elles mirent alors le feu à la flotte, qui s'engloutit corps et biens dans la rade. Le général Bragadino subit un horrible supplice. On lui coupa le nez, les oreilles et les paupières; on le promena pendant trois jours sur un âne, et le quatrième, il fut écorché vif. Sa peau fut bourrée de paille et hissée à la corne de la galère capitane où elle resta pendant deux ans, puis elle fut rachetée par la famille Bragadino, qui fit à cette glorieuse dépouille de splendides funérailles. Ce fut le dernier épisode de ce drame, l'un des plus terribles du XVIe siècle.

» En partant de Larnaka, on traverse d'abord le petit village turc de Goschi, et on arrive à Louroutchina; puis on rencontre le couvent d'Hagia Vawara (Sainte-Barbe), habité par des moines grecs; Dali, l'antique Idalie, entourée de coteaux secs et dénudés, qui dominent la plaine verdoyante arrosée par la rivière d'Ialia.

» Du haut d'une éminence que couronne l'église d'Hagios Archangelos, on aperçoit enfin Nicosie. La vieille capitale des Lusignan est couchée dans la plaine, enveloppée comme d'une ceinture dans son enceinte bastionnée, couronnée de ses palmiers et de ses minarets, au milieu desquels dominent ceux qui surmontent les deux tours de l'ancienne cathédrale de Sainte-Sophie. Au delà de la ville, à gauche, à droite, partout, la vaste Messorée, couverte de moissons; à l'horizon du nord, les lignes grises, pointées çà et là de vert, des montagnes de Cérines et de Karpas. Encore quelques minutes, et nous dépassons la petite chapelle d'Hagia Parashevi, près de laquelle s'élevait, dit-on, la tente de Mustapha, lors du siège de Nicosie.

Nous nous arrêtons pour considérer encore l'ensemble de ce beau tableau. Les fortifications sont très distinctes; on reconnaît la forme étoilée de l'enceinte avec ses onze bastions triangulaires. C'est l'œuvre des Vénitiens, qui la construisirent en 1567, après avoir démoli l'ancienne, qu'ils trouvaient trop étendue pour le peu de troupes qu'ils pouvaient consacrer à la garnison de la capitale. Mais ils commirent la faute de ne pas garder au moins quelques ouvrages avancés sur les collines qui dominent la ville au sud et au sud-est, et ce fut justement en élevant ses batteries sur ces points abandonnés que Mustapha parvint à réduire la ville après quarante-cinq jours d'une résistance vaillamment soutenue. Nicosie fut emportée de vive force; l'ennemi y pénétra par un des bastions éventrés du sud, où le *baraïtor* (porte-drapeau) de la colonne d'assaut vint se faire tuer. Le rempart s'appelle aujourd'hui, à cet endroit, *Baraïtor;* le corps du porte-drapeau repose près de là sous un turbé, et on le vénère comme un saint.

» Sous les Lusignan, la ville renfermait un grand nombre d'églises. Il ne lui reste de sa splendeur passée que l'ancienne cathédrale de Sainte-Sophie, huit mosquées et quelques églises grecques, Nicosie étant la résidence d'un archevêque schismatique. Les pachas turcs habitaient le palais des rois, que l'inertie musulmane laissait tomber en ruines. »

Les premiers habitants de Chypre furent des Phéniciens, rameau sémitique et le plus intelligent de la race araméenne qui, succédant à une colonie d'Araméens, introduisirent dans l'île, avec leur civilisation, le culte d'Astarté, l'Aphrodite des Grecs, la Vénus des Romains. Ils fondèrent plusieurs villes, Amathonte, Saphos, Idalie. Après la guerre de Troie, plusieurs chefs helléniques s'établirent à Chypre : Teucer, Acamas, Agapénon, Praxandre de Théraphné y amenèrent des colonies d'Athéniens, d'Arcadiens, de Lacédémoniens, et l'émigration grecque, prenant une rapide extension, la population phénicienne ne tarda pas à être absorbée.

Neuf royaumes se formèrent, ayant pour sièges neuf villes importantes : Citium, Amathonte, Salamine, Curium, Saphos, Cerynia, Lapithos, Æpea, Chytros. Trente ports ouverts au commerce, des flottes importantes attestaient la puissance des neuf royaumes de Chypre, qui conservèrent cette prospérité et leur autonomie jusqu'au VIIe siècle avant notre ère. Cependant on parle d'une occupation assyrienne et d'une occupation momentanée sous le roi Sargon, père de Sennachérib. Vers l'an 550 avant Jésus-Christ, Chypre est envahie par Amasis, roi d'Égypte, et, pour échapper à son joug, se soumet, vingt-cinq ans plus tard, à Cambyse, roi des Perses, qui laisse aux neuf rois le gouvernement de leurs États en ne conservant que la suzeraineté. Puis, les Chypriotes, pendant deux siècles, prennent une part très vive à la lutte des Grecs contre les Perses. Ils se soumettent à Alexandre, retrouvent leur nationalité sous son sceptre, et retombent dans l'oppression, subjugués tour à tour par les généraux du Macédonien, qui se disputaient les lambeaux de son empire.

Chypre tombe enfin en partage à Ptolémée Soter ou Lagus, roi d'Égypte, et reste soumise pendant deux cents ans à la dynastie égyptienne des Lagides. Durant cette période, elle fut gouvernée par un lieutenant égyptien résidant à Salamine. Le sénat romain fit d'abord un royaume particulier de Chypre pour la séparer de l'Égypte, et, après y avoir laissé régner deux souverains, l'an 59 avant Jésus-Christ, il proclama la déchéance du roi Ptolémée, et déclara Chypre province romaine. L'occupation romaine acheva l'anéantissement politique de l'île. Un moment, cependant, la royauté chypriote, sans être affranchie, fut relevée d'abord par César pour Arsinoé, fille de Ptolémée Aulète, puis par Antoine pour Cléopâtre, sœur d'Arsinoé. Mais l'île revint peu à peu au domaine de l'empire, quand Octave, trente ans avant Jésus-Christ, mit fin à la monarchie d'Égypte.

Sous le Bas-Empire, et depuis la translation du pouvoir impérial à Constantinople, Chypre fut régie tantôt par des consulaires ou des conseillers, des stratèges et des présidents, tantôt par des ducs ou des catapans. Le pouvoir suprême, comprenant l'exercice des fonctions politiques, judiciaires et militaires, fut généralement partagé entre deux magistrats, l'un préposé aux affaires civiles, l'autre chargé du commandement des troupes et de la garde des châteaux forts. Souvent l'autorité fut concentrée dans les mains d'un seul dignitaire, qui était duc ou catapan.

Ces derniers noms, affectés aux gouverneurs de Chypre, comme à ceux de Naxos et de Candie, semblent indiquer que les commandants militaires, même quand ils partageaient avec un collègue la surintendance des îles, avaient toujours une situation prépondérante.

A diverses reprises, des tentatives furent faites pour reconstituer à Chypre un état indépendant ; mais tant que l'empire conserva une marine, ces soulèvements furent aisément comprimés.

Dès le règne d'Abou-Bekr, les Arabes avaient opéré quelques reconnaissances sur les côtes de Chypre. En 647, Moviah, général d'Othman, fit la conquête de l'île, et la soumit à un tribut annuel. La fille ou la veuve d'Abou-Bekr avait pris part, dit-on, à l'expédition. Morte à Chypre, elle fut inhumée à Larnaka, près du lac des Salines. Son tombeau, connu sous le nom de l'*immaret* ou *tekké de la sultane*, est entretenu soigneusement par les Turcs et attire toujours la piété des voyageurs musulmans. Sous Léon l'Isaurien (717-741), jusque vers la fin du viiie siècle, Chypre appartint aux empereurs, et l'islamisme y reparut sous Haroun-al-Raschid, qui, pour punir une proclamation de Nicéphore, livra l'île au pillage et réduisit en esclavage ses habitants.

Reprise sous Basile le Macédonien et perdue peu après, Chypre ne resta définitivement à l'empire qu'à partir du règne de Nicéphore Phocas, quand l'empereur, vers l'an 966, après avoir chassé les Arabes de l'île de Crète, dégagea les côtes de la Cilicie et de la Syrie supérieure jusqu'au delà d'Antioche. L'île était déjà classée comme terre grecque dans l'organisation des thèmes ou divisions militaires, comme quinzième thème ou préfecture d'Orient. Durant cette période, comprise entre le milieu du xe siècle et la conquête latine à la fin du xiie, si l'île de Chypre ne fut pas exempte de troubles, du moins elle éprouva une incontestable amélioration. La population augmenta ;

une certaine aisance revint dans les villes; le développement de l'agriculture et du commerce attira les premiers Occidentaux qui se soient fixés dans ses ports. Quelques-uns des gouverneurs firent quelques tentatives d'indépendance. En 1042, le duc Théophile Erotique, dans les premières années du règne d'Alexis Comnène, et le duc Rhapsommatis, voulurent soulever l'île contre les empereurs.

En 1155, Renaud de Chatillon, prince d'Antioche, ne recevant pas une somme promise par l'empereur Manuel Comnène, pour avoir repoussé Tharos l'Arménien de la Basse-Cilicie, prit le parti, à l'instigation de Tharos lui-même, de se dédommager sur l'île de Chypre. Il vainquit Jean Comnène, parcourut l'île, la ravagea et rentra à Antioche avec un butin considérable.

Isaac Comnène, d'abord gouverneur de l'Arménie, avait voulu se rendre indépendant de cette province, lors de l'avènement d'Andronic Ier, son ennemi personnel. Il se réfugia à Chypre, et, pour y établir son autorité, il publia de fausses lettres impériales qui l'instituaient duc ou catapan de l'île. Il accabla d'impôts les habitants et commit toutes sortes d'exactions. Il se fit proclamer empereur de Chypre, et, dès lors, essaya par tous les moyens de nuire aux Latins, que la croisade de Philippe-Auguste avec Richard Cœur de Lion amenait dans le Levant. Richard débarqua à Limasol au mois de mai 1191; il avait eu quelques démêlés avec Isaac Comnène, qui avait tenté de s'emparer de sa sœur, la reine de Sicile, et de sa fiancée, jetées sur les côtes de Chypre par une violente tempête. Une entrevue eut lieu entre les deux souverains; Isaac, persuadé que ses forces étaient supérieures à celles du roi d'Angleterre, lui fit ordonner de quitter l'île. Pour toute réponse, Richard attaqua le prince grec et le mit en déroute.

Guy de Lusignan, prétendant au trône de Jérusalem, son frère Geoffroy à la Grand'Dent, Bohémond d'Autriche vinrent, sur ces entrefaites, rejoindre à Chypre le roi d'Angleterre, et la campagne contre Comnène commença. Guy de Lusignan enleva Famagouste; Richard marcha sur Nicosie, et, dans une bataille auprès du village de Tremithoussia, il fit Comnène prisonnier. Bref, en très peu de temps, la conquête du pays fut assurée.

Pendant que les princes alliés assiégeaient Saint-Jean-d'Acre et poursuivaient les opérations de leur croisade, malgré des obstacles inouïs, les Chypriotes, se soulevant contre les garnisons anglaises établies chez eux par Richard, proclamaient empereur un moine grec, parent d'Isaac; mais le lieutenant de Richard, Robert de Tornham, dispersa les rebelles, et le roi, pour pouvoir retirer ses troupes qu'il voulait concentrer à Saint-Jean-d'Acre, vendit Chypre à l'ordre du Temple, moyennant cent mille besants d'or (environ 950,000 francs de notre monnaie, ce qui représenterait aujourd'hui huit millions de francs). Une nouvelle révolte eut lieu contre les Templiers, et leur grand maître, Robert de Sablé, vint prier le roi d'Angleterre de reprendre l'île et de rendre l'argent qu'il avait reçu. Guy de Lusignan, éloigné pour toujours, par diverses compétitions, de la couronne de Jérusalem, proposa à Richard de se substituer aux Templiers comme acquéreur de leurs droits. Cet arrangement fut accepté, et la propriété de Chypre fut transférée à Lusignan, aux conditions mêmes du précédent marché.

Guy de Lusignan s'installa à Chypre, mais il ne prit pas le titre de roi, et son successeur même ne s'intitula d'abord que seigneur de Chypre. Il distribua des fiefs, constitua une noblesse, fit des concessions de terre; par des mesures libérales, il attira et parvint à fixer, au milieu des populations mélangées de Chypre, les premiers représentants d'une nation nouvelle presque entièrement européenne et généralement française, dévouée à sa politique par la communauté de race, de religion et d'intérêts.

Sur cette première base s'éleva et se développa peu

à peu le nouvel ordre social, qui dura à Chypre près de trois siècles, en conservant toujours, au milieu de ses modifications, l'esprit et les principes de la féodalité française d'où il était sorti.

Les Chypriotes furent complètement asservis par les Francs. Mais cette mesure ne put atteindre d'une manière uniforme et ravaler au même niveau de sujétion tous les individus de la race indigène, l'ancien primat, le possesseur des terres, le riche marchand des villes et le pauvre laboureur de la campagne. Les mêmes distinctions sociales, que la naissance et la fortune avaient perpétuées à Chypre depuis l'antiquité et pendant toute la durée du gouvernement byzantin, continuèrent à exister après l'introduction du régime féodal ; seulement toutes les classes supérieures furent, par le fait même de l'établissement du nouveau système, rabaissées d'un degré.

La mort surprit Guy de Lusignan dans la force de l'âge, au mois d'avril de l'année 1194, treize mois après avoir enlevé Saladin à l'islamisme. Guy avait porté le titre de roi de Jérusalem pendant six ans, depuis son couronnement, en 1186, jusqu'à l'élection de Henri de Champagne, en 1192; il possédait seulement depuis vingt-trois mois la seigneurie de l'île de Chypre. Ce prince n'avait en lui rien de ce qui fait les caractères ou les rois éminents. Il ne serait pas juste toutefois de lui refuser la résolution, la bravoure et la circonspection. A sa mort, l'établissement des Latins à Chypre se trouvait encore dans un état très incomplet; la société n'y était pas encore constituée, quoique la prise de possession fût irrévocablement consommée.

Guy, en mourant, avait choisi pour lui succéder dans la seigneurie de l'île de Chypre son frère aîné, Geoffroy, qui n'accepta pas l'héritage fraternel, désireux qu'il était de revenir en France. Chypre passa donc à Amaury de Lusignan, comte de Jaffa et connétable de Jérusalem, qui avait été créé par Guy comte de Paphos. Le premier acte d'Amaury fut de reprendre une partie des donations de son frère, à cause des empiétements des possesseurs de fiefs, et il se vit bientôt maître de propriétés considérables que sa vigilante administration sut faire valoir en les augmentant encore.

Amaury de Lusignan eut soin tout d'abord de rétablir dans son État la hiérarchie catholique. Sur sa demande, le pape Célestin III créa un archevêché latin à Nicosie, et trois évêchés, ses suffragants, dans les villes de Paphos, Limasol et Famagouste, où résidaient déjà des évêques grecs.

A chacun de ces évêchés furent affectées les terres et les dîmes nécessaires à l'entretien de l'évêque et de son église. L'Église chypriote ne jouit pas, sous les Lusignan, de l'entière autocéphalie qu'elle avait eue sous les ducs byzantins; elle fut, en diverses circonstances, soumise à la visite du patriarche latin de Jérusalem. En même temps l'Église grecque conservait ses quatorze évêchés, son rite et ses propriétés presque entières.

Amaury pensa ensuite à faire ériger sa seigneurie de Chypre en royaume; il résolut de demander la couronne royale à l'empereur d'Allemagne, qui était, aux yeux des princes latins, le successeur des empereurs de Rome. Il lui envoya donc, en 1195, une ambassade pour solliciter l'investiture et lui rendre l'hommage féodal. L'hommage d'Amaury fut accepté, et l'empereur Henri envoya par avance les archevêques de Trani et de Brindes porter le sceptre royal au prince, se réservant de poser lui-même le diadème sur la tête du nouveau roi, lorsqu'il se rendrait en Syrie. Mais il tomba malade et ne put prendre le commandement de l'armée; il députa le chancelier de l'empire, Conrad, évêque d'Hidelsheim, qu'il chargea de couronner le roi de Chypre. La cérémonie du couronnement se fit à Nicosie en 1197, au milieu d'un grand concours de noblesse et de peuple.

Les principales familles de la noblesse chypriote, qu furent d'abord associées à l'établissement des Lusignan, étaient les Embriaco originaires de Gênes, seigneurs de Giblet, l'ancienne *Byblos;* les seigneurs d'Ibelin, dont le chef avait été un cadet du comte de Chartres, et qui occupaient en Terre-Sainte les seigneuries de Beyrouth, de Jaffa, d'Arsur et d'Ascalon ; les Babin, les Gaurèle, sires d'Antioche.

Après l'abandon total de la Palestine, les Lusignan, restés rois titulaires de Jérusalem, reprirent, pour les perpétuer dans leur île, les titres des anciennes seigneuries de Terre-Sainte tombées en déshérence. Généralement les noms des grandes baronnies, les titres de prince d'Antioche et de comte de Tripoli, furent réservés aux enfants aînés des rois règnants. Les titres de prince de Galilée, de Tibériade ou de Tyr, de seigneur de Beyrouth et de Césarée furent conférés aux princes cadets, ou laissés à d'autres familles.

Amaury mourut le 1er avril 1205. Il laissait de son mariage avec Echive d'Ibelin Hugues, qui lui succéda; deux filles, Bourgogne, mariée à Gauthier de Montbéliard, connétable de Chypre; Héloïse, mariée à Eudes de Dampierre ; et de son second mariage avec la reine Isabelle de Jérusalem, Sybille, qui épousa Léon Ier, roi d'Arménie, et Mélissende, femme de Bohémond IV, prince d'Antioche.

Amaury, doué d'aptitudes supérieures, d'un esprit prévoyant et ferme, très versé dans la pratique des coutumes féodales d'Orient, était le roi accompli, tel qu'il le fallait dans les royaumes des croisés. Il favorisait beaucoup les établissements européens. On conserve de lui un diplôme dans lequel, voulant reconnaître aux yeux de la commune de Marseille l'assistance qu'il en avait reçue en hommes et en argent, il exempte leur commerce des droits de douane dans le royaume de Chypre, et leur donne un village de l'île en toute propriété.

Hugues n'avait que dix ans à la mort de son père. Il fut placé sous la tutelle et la régence de Gauthier de Montbéliard, qui régna de fait et non sans éclat. Hugues épousa, en 1308, à treize ans, Alix de Champagne; à sa majorité, il dépouilla son tuteur, envers lequel il se montra fort ingrat. Son gouvernement fut d'ailleurs ferme, sévère et parfois oppresseur. Il eut un conflit assez grave avec le Saint-Siège, au sujet de la nomination des évêques. Il mourut au sortir de l'adolescence, à Tripoli. Son successeur était un enfant de neuf mois, Henri. Ce fut donc la reine Alix qui prit les rênes de l'État. Elle associa à la régence son oncle Philippe d'Ibelin; mais elle se retira en Syrie, en 1228, mécontente d'avoir partagé le pouvoir. Dès qu'Henri de Lusignan eut accompli sa dixième année, les seigneurs d'Ibelin, afin de se prémunir contre des influences dangereuses pour leur crédit, le firent couronner à Nicosie par l'évêque Eustorge. Il épousa, en 1229, Alix, fille du marquis de Montferrat, qui mourut peu de temps après; en 1237, Stéphanie, sœur de Haïton I, roi d'Arménie; et en troisième noces, Plaisance d'Antioche, fille du prince Bohémond II. Saint Louis de France fit un séjour de plusieurs mois à Chypre, sous le règne d'Henri, qui mourut le 18 janvier 1253.

La reine Plaisance d'Antioche fut reconnue par les chevaliers chypriotes en qualité de tutrice et de régente de son fils, âgé de quelques mois seulement, et garda le pouvoir jusqu'à sa mort, arrivée en 1261. Hugues d'Antioche lui succéda auprès du jeune roi Hugues II, qui n'avait que neuf ans; il exerça une favorable influence sur le gouvernement et la fortune du pays, et son pupille étant mort sans postérité avant d'être majeur, il prit le nom de Lusignan et se fit sacrer roi le 25 décembre 1267. Il commençait donc la seconde branche de la dynastie des Lusignan, dont il était le plus rapproché parmi les héritiers mâles collatéraux. Hugues III fut reconnu roi de Jérusalem l'année qui suivit son avènement au trône de Chypre, et fut couronné à Tyr, en 1269, par l'évêque de Saint-Georges de Lydda, délégué spécial du patriarche. Son règne fut signalé par de hauts faits militaires. Il mourut le 26 mars 1284. Son fils Jean I régna à peine une année, et eut pour successeur son fils cadet Henri, fils d'Hugues III et d'Isabelle d'Ibelin. Hugues IV, Pierre Ier, Pierre II, Jacques, Jean II et Jean III continuèrent la dynastie des Lusignan jusqu'à la moitié du XVe siècle. Pendant ces trois siècles de possession, la monarchie chypriote fut constamment en guerre avec les conquérants de la Syrie et de la Palestine. Elle fut mêlée aux croisades à la chute de l'empire grec, aux événements multiples dont ces deux grands faits furent la conséquence; elle joua un rôle considérable dans les destinées du monde féodal.

La fin du XIIIe siècle fut signalée à Chypre par des révoltes, une révolution, et finalement le meurtre de l'usurpateur Amaury. Dès lors commença une période de divisions intestines et d'invasions étrangères. Ce fut pour consolider la puissance de son frère Jean II et conserver le trône à sa propre famille qu'Anne de Chypre, épouse de Louis, deuxième duc de Savoie, fit épouser à son fils puîné l'héritière des Lusignan, Charlotte, fils unique du roi de Chypre et d'Hélène Paléologue.

Louis de Savoie, qu'on appelle communément Louis II, pour le distinguer de son père, naquit à Genève au mois de juin 1431, et eut en apanage le comté de Genève. Il avait huit ans lorsque son mariage avec Annabelle Stuart, fille de Robert III, roi d'Écosse, et d'Annabelle Drummond, fut négocié par Lancelot de Luyrieux et le jurisconsulte Jacques de la Tour, qui amenèrent la jeune princesse en Savoie. Mais le roi Charles VII, pour des motifs dont l'histoire n'a pas pu pénétrer le secret, voulut empêcher cette alliance, et fit dire au duc par Andorrant Boré, bailli de Beaugency, que ce mariage ne lui agréait point. Louis, docile aux inspirations d'Anne de Chypre qui songeait à sa propre famille, prévint le roi d'Écosse, qui envoya l'évêque Weitern à Gannat, où se trouvait le roi et où arriva en même temps Jacques de Valpergue, l'un des conseillers de la duchesse. Ces deux personnages convinrent que chacun des souverains qu'ils représentaient rendrait à l'autre sa parole, à la condition pourtant que le duc de Savoie paierait 25,000 écus de dommages-intérêts à la fiancée, et pour les frais de sa conduite jusqu'en Écosse.

Précisément à la même époque, à quelques mois près, mourait Jean de Portugal, duc de Coïmbre, qui venait d'épouser Charlotte de Lusignan, fille unique et héritière du roi de Chypre et d'Hélène Paléologue. Et comme Charlotte devait succéder à son père, la loi salique n'ayant pas été introduite en Chypre, la duchesse de Savoie pensa aussitôt qu'aucune princesse ne pouvait, mieux que sa nièce, convenir à son fils. Elle fit sonder le roi Jean, qui répondit qu'il y était entièrement porté, parce qu'il n'avait point de princes en la chrétienté à qui il eût plus d'obligations qu'aux ducs de Savoie, de qui il avait été secouru pendant les plus grandes calamités de son royaume.

Il voulut même faire toutes les avances, et, à cet effet, dépêcha en Savoie Jean de Montolive, vicomte de Nicosie, maréchal de Chypre, et Oddet Bossat, gouverneur de la princesse. Les propositions de ces ambassadeurs furent reçues, et les articles du contrat arrêtés à Turin le 10 octobre 1458, en présence de l'archevêque de Tarse, des évêques de Nice et de Turin, de l'abbé de Filly, du marquis de Saluces, du chancelier de Savoie, du comte de la Chambre et d'Iblet de Montbel, seigneur de Frusasque. Par ce traité, le prince Louis quittait le titre de comte de Genève pour prendre celui de prince d'Antioche ; il était décidé que le jour de son mariage il serait reconnu roi de Chypre, de Jérusalem et d'Arménie par tous les barons de Chypre, au cas où son beau-père viendrait à mourir, et qu'enfin le royaume lui appartiendrait, au cas où sa femme irait de vie à trépas sans laisser de postérité. La dot constituée à la fiancée fut de dix mille ducats de rente. On ne pouvait exiger des conditions plus avantageuses, d'autant plus qu'au moment où le contrat fut signé en Piémont, le roi de Chypre rendait son âme à Dieu.

Le 1er décembre, en effet, Charlotte fut, selon les lois portées par les assises, couronnée solennellement dans la cathédrale de Nicosie. Ses sujets, impatients de voir leur nouveau roi, envoyèrent des ambassadeurs pour le prier d'avancer son départ. Louis II de Savoie s'embarqua donc à Venise avec une foule de gentils-hommes savoyards, Seyssel, Boringes, Allinges-Coudrée, Luyrieux, la Balme, Lornay, et à la tête desquels était Sibué de Loriol, à qui l'on avait imprudemment donné la charge de chancelier de Chypre. Louis et son brillant cortège débarquèrent à Nicosie au mois d'octobre 1459. Son mariage et son couronnement eurent lieu le 7 du même mois. Le duc et la duchesse de Savoie, au comble de la joie, firent part aussitôt à tous les princes chrétiens, leurs alliés, de cet heureux événement.

Mais leur fils ne jouit pas longtemps du pouvoir.

Jean II avait laissé un fils, Janus, né hors mariage, et par conséquent incapable de succéder. Ce prince, de pernicieuses inclinations et de mœurs farouches, affectait déjà, du vivant du roi son père, de porter lui-même, parmi ses partisans, le titre de roi. Il excita des désordres assez violents, tua de sa propre main le fils de la nourrice de la reine Hélène, fut chassé de la cour, y revint, et lorsque Charlotte et son mari eurent été couronnés, il perdit tout espoir d'être proclamé roi. Il voulait alors, ayant obtenu par surprise les ordres mineurs, suivre par ambition la carrière ecclésiastique, et fit demander au Pape d'être nommé archevêque de Nicosie.

Hélène et Charlotte, courroucées contre lui et d'ailleurs véritablement pieuses, écrivirent à Rome que ce serait un sacrilège que de mettre à la tête d'un diocèse un homme sanguinaire, un fanfaron d'impiété. Les lettres tombèrent, par trahison, aux mains de Janus, qui, sur le conseil du vénitien Marc Cornaro, partit aussitôt pour l'Égypte, afin d'obtenir du soudan Meleck-Ella d'être déclaré chef du royaume de Chypre, tributaire de l'infidèle. Averti de ce voyage et des desseins de son beau-frère, Louis de Savoie écrivit au grand maître de Rhodes et s'accorda avec lui pour envoyer au Soudan une ambassade composée de Philibert de Seyssel, savoyard, Pierre Podocataro, chypriote, et Jean de Delphin, commandeur de Nissaro. Ces ambassadeurs remontrèrent au prince arabe, qui les reçut fort bien, du reste, que l'héritage de Lusignan et de ses États n'appartenaient qu'à Charlotte, seule héritière légitime; et sans doute ils auraient obtenu pleine satisfaction, si le sultan Mahomet II n'avait écrit à Meleck-Ella qu'il entendait que Janus fût favorisé et non point Louis de Savoie, prince latin, et par conséquent ennemi implacable de l'islamisme.

De telle sorte que le prince égyptien, tremblant devant son maître, déclara de sa propre autorité que Janus était par lui reconnu seul roi de Chypre, viola le droit des gens en retenant prisonnier Podocataro, et donna à l'usurpateur une armée et une flotte. Janus fit une descente sur les côtes de Chypre. Épouvantés, Louis, Charlotte et leur cour abandonnèrent Nicosie et se retirèrent au château de Chérines. L'usurpateur entra dans la capitale, assiégea le château de Sigin, le prit par trahison ainsi que les forteresses de Paphos et de Simisso, et vint enfin mettre le siège devant Chérines, qui était la place la plus forte du royaume. Louis fit une tentative d'accommodement.

Il envoya proposer à Janus la principauté de Galilée, et au général musulman, son allié, une somme de 20,000 ducats, s'il consentait à se retirer. Janus refusa; mais l'Arabe cupide accepta et partit avec son armée, ne laissant à son allié que deux cents cavaliers et cinq cents piétons, commandés par le renégat Jean Pec. Le gouverneur de Chérines, Hector Chivides, ayant fait une sortie, fut fait prisonnier, et, séance tenante, décapité.

Louis, aux abois, commanda à une galère d'aller à Rhodes et de là en Savoie, pour demander du secours à son père. La galère partit, mais une tempête la fracassa avant qu'elle eût perdu de vue les côtes de l'île, et de ceux qui la montaient, ceux qui échappèrent au naufrage furent pris par l'ennemi. Enfin, Janus de Lusignan abandonna un moment Chérines pour se porter contre les Génois qui occupaient Famagouste et prenaient hautement partie pour son adversaire. La reine Charlotte profita de cette occasion. Elle s'échappa et gagna Rhodes, où elle fut magnifiquement reçue par le grand maître des chevaliers de Saint-Jean de Jérusalem, qui lui promit du secours. C'était au mois de février 1461. Le grand maître commença par parlementer. Il députa à Lusignan un de ses chevaliers, qui n'aboutit à aucun résultat. Heureusement que sur ces entrefaites huit cents Savoyards, sous les ordres de François de Langins, seigneur de Veygié, arrivèrent de Savoie, renforcés de quelques galères de Rhodes. La petite armée se dirigea vers Chérines, que l'usurpateur abandonna précipitamment.

Louis de Savoie crut les circonstances favorables et courut sur Nicosie, où son beau-frère s'était réfugié. Il tomba dans une embuscade et dut se replier sur Chérines, qui fut de nouveau investie. Alors Charlotte s'embarqua à Rhodes pour l'Italie. Elle voulait solliciter du secours du pape Pie II, qui était à Mantoue, et qui, en effet, lui donna quatre galères et deux navires chargés de blé et de vin, qu'elle ramena en Chypre et au moyen desquels elle put ravitailler Chérines. Cela ne suffisait point. Louis envoya un de ses gentilshommes au duc de Savoie, qui ne put rien faire, et s'adressa au roi d'Aragon.

La courageuse princesse repartit une seconde fois. Elle vint à Rome, où Pie II la reçut en grande pompe, et de là en Savoie, où elle n'eut de son beau-père que cette désolante réponse : « Cypriens et Cypriennes m'ont dévoré mon beau duché de Savoie! » Charlotte ne se découragea point ; ce qu'on refusait de lui donner, elle l'acheta. Le 18 juin 1462, en l'abbaye de Saint-Maurice, en Valais, elle conclut, avec le duc Louis et la duchesse Anne, un traité par lequel : 1º les stipulations de son contrat de mariage en faveur de son mari étaient confirmées ; 2º dans le cas où elle deviendrait veuve, sans enfants, et demeurerait reine de Chypre ou se remarierait, elle paierait au duc et à la duchesse 85,000 ducats, pour les indemniser des dépenses faites à Chypre; 3º dans le cas où son mari ou elle décéderaient sans lignée, le royaume de Chypre appartiendrait en toute propriété à Anne, duchesse de Savoie, et à ses successeurs. Cet acte signé, la vaillante souveraine reprit le chemin de Rome, laissant à Thonon, pour y recevoir les secours promis par le duc, Merle de Piossaque et le seigneur de Coudrée. Les préparatifs de l'armement que devait faire le duc traînèrent en longueur.

Le grand maître de Rhodes travaillait à préparer une transaction entre l'usurpateur et le roi Louis, et tous ses efforts restaient vains. Aussi, de retour auprès de lui, Charlotte envoya Florino, comte de Zaffo, à Constantinople, pour implorer l'appui de Mahomet II. Il échoua. Louis de Savoie et Charlotte, désespérant d'obtenir gain de cause, laissèrent dans Chérines une garnison gouvernée par Georges de Piossaque, gentilhomme piémontais, et se retirèrent sur Rhodes, où ils se trouvèrent dans une telle misère qu'ils durent emprunter de l'argent, sous la caution de leurs officiers; puis ils se séparèrent. Louis retourna en Savoie, moins pour faire une dernière tentative auprès de son père que pour chercher le repos.

Charlotte, infatigable, se résolut à combattre jusqu'au dernier moment. Elle resta à Rhodes, et envoya une nouvelle ambassade au soudan d'Égypte, dans l'espoir de le fléchir et de le tourner contre Janus de Lusignan. Et son dénuement était si grand, qu'elle écrivit à son mari que si elle « avait seulement 20,000 ducats, elle serait déjà en possession de son royaume; mais que la pauvreté l'accablait à un tel point, qu'elle ne pouvait rien achever de ce qu'elle entreprenait. Que si le roi de France n'y mettait remède, ils demeureraient tous deux sans royaume ni seigneurie, tellement que plutôt que demeurer à la merci d'autrui, elle croyait qu'il vaudrait mieux entrer dans un monastère que de vivre honteusement, et qu'elle le conjurait de hâter son retour pour venir la secourir. »

Le siège de Chérines durait encore. Charlotte avait remplacé Piossaque par un capitaine sicilien, Soron de Naves, qui fut assez infâme pour trahir la confiance de la souveraine. Il capitula lâchement et rendit sa forteresse ; en échange, il reçut la main d'une fille de Lusignan, avec le titre de prince d'Antioche.

La trahison livra donc le royaume de Chypre à l'usurpateur, au moment même où Louis de Savoie faisait lever une armée par Robert de Saint-Séverin, sous la caution du duc de Milan. Janus de Lusignan s'empressa d'écrire au Pape pour lui demander son investiture, et fit demander au despote de la Morée, André Paléologue, réfugié à Rome, la main de sa fille. Le Pape renvoya avec ignominie les mandataires de celui qu'il appelait un tyran, et le despote refusa d'entendre les propositions qu'on lui portait. Si bien que l'usurpateur épousa Catherine Cornaro, patricienne de Venise, que la Sérénissime République adopta pour fille et dota. Ce mariage eut lieu en 1470, et Lusignan n'y survécut que trois ans, ayant été empoisonné en 1473. Il laissait un fils posthume. Aussitôt Charlotte, qui habitait toujours Rhodes, fait écrire à Pierre Mocenigo, amiral de la flotte vénitienne, et au provéditeur Sorranzo, pour les prier de ne point employer leurs armes contre elle, à quoi les officiers de la République répondent qu'ils ne sont là que pour protéger, défendre et soutenir Catherine Cornaro, déclarée régente de Chypre. Alors Charlotte envoie Nicolin Miglias au soudan d'Égypte pour solliciter son intervention : le Soudan fait jeter Miglias en prison.

Louis de Savoie, informé de ces graves événements, députe à Rome Aymon de Montfalcon, prieur d'Anglefort, qui obtient de Sixte IV une lettre par les termes de laquelle Charlotte est reconnue seule reine de Chypre.

Un mouvement populaire fut tenté à Nicosie en faveur de Charlotte. Le peuple se souleva, massacra Bembo et Cornaro, oncles de la reine Catherine, soupçonnés d'avoir empoisonné Janus. Mais les Vénitiens, qui convoitaient Chypre, à ce point qu'ils interdirent à la Cornaro de se remarier afin de pouvoir hériter d'elle, étouffèrent la révolte, et désormais tout espoir fut perdu pour la dernière des Lusignan.

Il est certain que toutes ces intrigues furent l'œuvre du gouvernement de Venise, et on en démêle facilement la trame. C'est Marc Cornaro qui conseille à Janus d'aller implorer le secours du musulman. C'est une Cornaro qu'il épouse, et pour devenir héritière légale de cette Cornaro, Venise l'adopte et la dote, lui fait prohibition d'un second mariage dès qu'elle est veuve, et elle est veuve peu de temps après ses noces : le fils qu'elle met au monde ne vit que deux ans, et les chroniqueurs cypriotes affirment qu'il fut *empoisonné comme son père*. Catherine est emmenée dans les États de Venise, confinée au château d'Azola, en Trévisan, et là, elle cède tous ses droits à sa patrie.

Quant à Charlotte de Lusignan, après avoir passé quelque temps en Piémont, où elle essaya inutilement de lutter par voie diplomatique contre les prétentions de Venise, elle se retira à Rome. Le Pape lui donna un palais; elle y vécut treize ans dans la retraite.

Par son contrat de mariage et le traité de Saint-Maurice, le royaume de Chypre devait appartenir au duc de Savoie et à ses successeurs. Mais Charlotte, pour témoigner de sa reconnaissance envers la maison de Savoie, voulut confirmer d'une façon solennelle ces deux actes, et le 25 février 1485, en la basilique de Saint-Pierre de Rome, elle fit donation de tous ses biens et droits à Charles, duc régnant, en la personne de Jean de Varax, évêque de Belley, de Merle de Piossaque, amiral de Rhodes, de Philippe Chevrier, ses ambassadeurs et procureurs spéciaux, et en présence des cardinaux Julien et Dominique de la Rovere.

Veuve de Louis, mort à Ripaille, en 1482, elle mourut le 16 juillet 1487, et fut ensevelie à Saint-Pierre.

L'insigne faiblesse de Louis de Savoie, l'apathie de son père, les folles prodigalités de sa mère Anne, qui ruinait le trésor à donner fête sur fête au lieu d'assister sa bru dont le caractère était si chevaleresque; l'inertie des princes chrétiens, jaloux qu'il restât un vestige de la puissance des fondateurs de dynasties en Orient; l'habile et déloyale politique des Vénitiens : telles furent les causes qui anéantirent le dernier royaume chrétien établi dans le Levant. Les Turcs profitèrent de ces fautes, s'emparèrent de Chypre après une lutte opiniâtre, chassèrent de Rhodes les chevaliers de Saint-Jean, et affirmèrent dès lors leur puissance de telle sorte qu'ils furent, pendant trois siècles, une menace perpétuelle pour l'Europe.

Quelles conséquences aurait eues, au contraire, le maintien de la maison de Savoie à Chypre? Hélas! l'histoire pose de nombreux problèmes semblables à celui-ci, et que l'on est effrayé lorsque l'on considère de quelle cause minime, souvent presque invisible, dépendent les destinées des empires!

LA PREMIÈRE AMBASSADE
DE BAYARD

～～～～～～～～～

A Monsieur Théodore DE LA RIVE

―――――――――

LA PREMIÈRE AMBASSADE
DE BAYARD

L'invasion des Barbares submergea complètement l'organisation sociale et la civilisation païenne, en renversant l'édifice colossal de l'empire romain, et après une lutte plusieurs fois séculaire, et dont les contemporains se demandaient si le monde allait périr, une société nouvelle se constitua peu à peu, de par les efforts et le travail actif et continu de l'Église catholique, qui fut le grand agent civilisateur et le principal bienfaiteur de cette nouvelle civilisation basée sur les doctrines du christianisme. Le monde renaquit sous l'influence heureuse de cette révolution, la seule à laquelle il soit permis d'applaudir.

Il n'est donc pas extraordinaire que la reconnaissance des nations et la confiance des peuples aient, après ce moment de transition, élevé le clergé à un degré de puissance dont nous ne nous faisons, malgré les enseignements de l'histoire, qu'une idée restreinte.

« Lors de l'établissement de la monarchie des Francs, le comte et l'évêque remplacèrent les municipes romains dans une grande partie de leurs fonctions. Le comte était l'homme du roi, l'évêque était l'homme de la cité. Élu par les citoyens et présenté à la confirmation royale, il était par état le protecteur des faibles, il intervenait dans leurs causes, il les défendait contre l'oppression, il portait au pied du trône les prières et les doléances de sa cité, et rarement il essuyait des refus. L'invasion des barbares fut ainsi la cause occasionnelle de la grandeur politique des évêques (1). »

Un économiste contemporain confirme ces affirmations :

« Les Capitulaires de Charlemagne, dit-il, consacrent principalement le pouvoir de l'Église. Elle seule interviendra désormais en qualité de médiateur entre l'humanité et ses oppresseurs ; et son intervention vaut la peine d'être remarquée, puisque les Capitulaires ont fait loi en France jusqu'au règne de Philippe le Bel. Elle seule balancera la puissance des barons, et lui portera le coup fatal en se rangeant du côté du peuple (2). »

Il serait facile de multiplier ces citations qui montrent sous son véritable jour le rôle de l'Église, non seulement au moyen âge, mais encore dans les temps modernes ; son action sur la société, mal comprise ou plutôt méconnue par ses ennemis, est devenue l'objet de calomnies si nombreuses, parfois si habiles, que l'on fut un moment découragé de les combattre, et il fallut la plume acerbe et incisive de Joseph de Maistre, le travail assidu de toute son école, pour amener une réaction contre la mauvaise foi, l'ignorance volontaire, les déclamations haineuses de la plupart des historiens.

Nous voulons, dans cette modeste esquisse historique, présenter au lecteur un épisode ignoré de l'histoire de l'Église : le tableau d'une élection d'évêque à la fin du XVe siècle.

On verra quels maux le suffrage populaire, l'ingérence du pouvoir civil dans le domaine spirituel, causaient dès cette époque ; et ce nous sera une occasion de combattre, par un exemple, l'opinion, encore assez répandue de nos

---

(1) *Histoire administrative des communes de France*, par le baron Dupin.
(2) *Histoire de l'Économie politique en Europe*, par Ad. Blanqui, t. I, ch. XIII.

jours, que l'Église devrait laisser au peuple le choix de ses pasteurs; au souverain, la liberté de choisir les évêques, à défaut de l'élection populaire.

Ceux qui regrettent le mode antique sur lequel est basé ce récit, verront que l'Église a été sage en se réservant désormais la nomination aux dignités ecclésiastiques.

Lorsque tomba le second royaume de Bourgogne, plusieurs des diocèses qui en faisaient partie étaient déjà soumis à la souveraineté temporelle de leurs évêques, et notamment ceux de Vienne, Embrun, Tarentaise, Maurienne, Lausanne, Sion et Genève.

A quelle époque l'autorité des évêques, à Genève — qui est le théâtre du drame politique que nous allons raconter, — fut-elle substituée à celle des très anciens et très puissants comtes de Genève ?

Il y a bien une déclaration de l'assemblée générale du peuple genevois, en 1420, conçue en ces termes :

« Depuis plus de quatre cents ans, la ville de Genève, avec ses faubourgs, son territoire et sa banlieue, est sous le haut domaine et sous la pleine et entière juridiction de l'évêque : et le peuple se plaît à reconnaître aujourd'hui, comme l'ont fait ses ancêtres, la domination et la puissance de l'Église de Genève et de son évêque (1). »

Mais le premier document où apparaissent les traces de l'autorité temporelle de l'évêque, est une très curieuse charte, citée par Spon (2), relative aux contestations qui existaient en 1224, entre l'évêque Humbert de Grammont et le comte Aymon de Savoie.

De ce document il résulte que la seigneurie et la justice de la ville appartiennent à l'évêque seul, ainsi que la police des marchés, la perception des bans ou amendes, la faculté de battre monnaie.

Le différend entre Humbert et le comte fut réglé par un traité passé à Seyssel, et auquel se rapporte la charte

---

(1) Voyez Spon, *Histoire de Genève*, preuves, n° 51.
(2) *Ibid.*, n° 1.

ci-dessus indiquée, et qui stipulait que le comte ne pourrait bâtir aucun fort sans le consentement de l'évêque, à qui il ferait hommage « sans préférence et réserve d'aucun autre que de l'empereur (1). »

Ardutius de Faucigny, successeur de Grammont, obtint en 1153, de l'empereur Frédéric Barberousse, un diplôme confirmatif de tous ses droits, et le comte Amé, fils et successeur d'Aymon, se reconnut tenu à fidélité envers le prélat à la suite de querelles de juridiction.

Mais les comtes de Genève s'avisèrent d'un fort habile moyen de se transformer, de vassaux, en suzerains des évêques. La maison de Zœringhen possédait le vicariat impérial, l'avouerie et l'investiture des régales dans les trois diocèses de Genève, de Lausanne et de Sion.

Les comtes achetèrent ces droits aux ducs de Zœringhen, puis, forts de cet achat, s'emparèrent de l'autorité religieuse et temporelle et de tout ce qui constituait le pouvoir public, sans s'inquiéter nullement des bulles que fulminaient contre eux les Papes.

Ardutius se rendit aussitôt auprès de l'empereur, qui, par une sentence datée du 6 des ides de septembre 1162, annula d'abord la donation de l'investiture des régales et de l'avouerie impériale faite à Berthold IV, duc de Zœringhen, ensuite la vente passée au comte de Genève, et il remit l'évêque en possession de tous ses droits.

Voici donc comment furent établis, par la suite, les pouvoirs temporels de ces prélats :

« Toute justice émanait de l'évêque, comme souverain, et il avait à ce titre le droit de faire grâce. Les causes civiles étaient portées devant un lieutenant laïque, le vidomne, qui recevait sa mission de lui. On ne pouvait plaider à son tribunal que verbalement, et en langue romane ou en patois; le latin et les écritures étaient formellement exclus. Le tribunal supérieur à celui du vidomne était le conseil épiscopal, auquel il était toujours

---

(1) Besson, *Mémoires ecclésiastiques pour servir à l'histoire des diocèses d'Aoste, Maurienne, Tarentaise et Genève.*

permis d'en appeler. A cette cour étaient, en outre, dévolues de droit toutes les causes ecclésiastiques, et celles qui étaient pour une somme excédant la valeur de soixante sous. Du conseil épiscopal, on appelait au métropolitain, l'archevêque de Vienne, et, en dernière instance, au Pape. La justice criminelle était rendue dans la ville par des syndics, juges-nés de l'Église dans ce genre de causes (1). »

La commune de Genève remonte à des origines plongées dans la nuit des siècles.

Orderic Vital dit qu'elle fut établie par les évêques; mais il est beaucoup plus probable qu'elle provint des institutions municipales fondées par les Romains, et que les Bourguignons la respectèrent, comme eux et les Wisigoths firent dans toutes leurs conquêtes.

La commune genevoise était administrée par quatre syndics, assistés d'un conseil général, lequel, composé des chanoines de la cathédrale et de tous les chefs de famille, sans aucune distinction de rang ni de fortune, s'assemblait de droit deux fois l'année: le dimanche après la Saint-Martin, pour fixer le prix des denrées; le dimanche après la Purification, pour l'élection, par le peuple, des quatre syndics. La commune possédait sa milice; elle s'imposait et répartissait elle-même l'impôt; la police appartenait à l'évêque pendant le jour, aux syndics pendant la nuit, et le vidomne seul opérait les arrestations.

Enfin les ordonnances, qui se criaient à son de trompe dans les rues et carrefours, étaient précédées de ce protocole :

« On vous fait assavoir de la part du très révérend et très redouté seigneur, monseigneur l'Évêque et prince de Genève, de son vidomne et des syndics, conseil et prud'hommes de la ville, etc. »

La dualité des pouvoirs était établie : d'un côté, l'évêque, seigneur suzerain, administrant la justice,

(1) Magnin, *Histoire de l'Établissement de la Réforme à Genève*, liv. I, chap. I.

gouvernant, faisant battre monnaie ; de l'autre, la commune indépendante, soumise au suffrage populaire quant à son administration, établissant, répartissant et percevant elle-même les impôts ; si bien que l'ordre, la paix publique étaient garantis, autant que le peuvent comporter des institutions humaines.

Et ce qui démontre l'excellence de ce système, ce qui prouve à quel point les Genevois furent ingrats lorsqu'ils chassèrent leurs évêques pour admettre le gouvernement tyrannique des réformateurs, que suivit bientôt le despotisme sanglant et infâme de Calvin, ce sont les aveux des écrivains protestants :

« Libres sous la souveraineté plutôt nominale qu'effective d'un prince essentiellement et presque nécessairement pacifique, dit M. Gallife dans son remarquable ouvrage *Matériaux pour servir à l'histoire de Genève*, les Genevois en profitaient pour faire un commerce immense et très lucratif, qui les conduisait ordinairement, en peu d'années, à toutes les prérogatives et à toutes les jouissances de la noblesse féodale, car ils acquéraient des terres seigneuriales, et formaient des alliances illustres. La ville était d'ailleurs remplie de gentilshommes et de chevaliers des plus grandes maisons, qui tenaient à honneur ou à avantage de s'intituler citoyens de Genève. »

Dans le *Précis sur l'histoire de Genève*, M. James Fazy s'exprime en termes plus vigoureux encore :

« Pendant plus de huit cents ans, dit-il, l'accord entre la cause du peuple et celle de la religion fit de Genève une ville très avancée : les lois y étaient douces ; les violences qui déshonoraient d'autres pays y étaient moins répétées ; à peine si la torture y était appliquée. La confiscation des biens n'y existait pas, et il ne reste aucune trace dans cette période de ces procès monstrueux faits aux opinions, ou de ces supplices affreux infligés à des malheureux soupçonnés d'être en rapport avec les démons. »

La torture y était rarement appliquée, dit M. Fazy.

En effet, dans les causes criminelles, les syndics (il est curieux de retrouver, si avant dans les siècles, les institutions modernes !) les syndics devaient être assistés de quatre jurés élus par les citoyens, et l'article 13 des Franchises ordonnait que la torture, lorsqu'elle était donnée, le fût *non pas durement, mais au plus gracieusement qu'on peut.*

Et ne laissons pas échapper cette occasion de dire que, si la torture ne fut abolie en France que par Louis XVI, depuis longtemps les papes s'efforçaient de la supprimer, en en rendant l'application difficile par toute sorte de prohibitions. Ainsi Léon X ne la tolérait que pour les crimes majeurs ; Paul III ordonna qu'elle ne serait appliquée que sur de graves indices de culpabilité ; Pie IV voulut qu'avant de l'ordonner, les juges communiquassent à l'accusé toutes les pièces du procès, afin qu'il pût se défendre.

Enfin citons encore Sénebier, qui, en 1691, disait dans le *Journal de Genève* :

« La plupart de nos évêques s'intéressèrent avec chaleur et avec succès à Genève, et lui conservèrent ses droits, aux dépens de leurs revenus, qu'ils sacrifièrent. Il faut le dire avec reconnaissance : nous devons à plusieurs d'entre eux notre liberté temporelle. »

Eh bien ! que l'on compare aux huit premiers siècles de l'histoire de Genève, les trois siècles et demi qui se sont écoulés depuis que Pierre de la Baume, le dernier de ses pasteurs qui y résida, fut contraint de se retirer devant ses sujets révoltés ; que l'on compare au gouvernement sage et paternel des Fabre, des Compey, des Champion, les actes insensés de Calvin, les proscriptions, les supplices, les châtiments disproportionnés aux délits, les querelles religieuses, les émeutes, les guerres civiles, les échafauds toujours dressés, le bûcher de Servet, les potences élevées « pour qui dirait du mal de monsieur Calvin ! » Et que l'on examine l'état actuel de cette ville, repaire de tous les réfugiés politiques du monde, asile de tous les déclassés, et qui renouvelle, grâce à son gouvernement intolérant, les persécutions odieuses qui inaugurèrent le règne de l'hérésie calviniste, et l'on verra que l'histoire est, de tous les enseignements, le plus irréfutable; et l'on se persuadera que Genève ne devrait plus oser se parer de sa devise : *Post tenebras lux,* car ce n'est pas la lumière qui y règne, mais la tyrannie, qui est le contraire de la lumière....

Au double pouvoir épiscopal et communal s'adjoignit un troisième pouvoir, par suite de circonstances qu'il est nécessaire de rapporter, afin de faire bien comprendre l'épisode autour duquel nous groupons tous ces menus détails de l'histoire, trop négligés par les historiens.

Genève avait de redoutables voisins : les comtes, qui devinrent plus tard les ducs de Savoie.

Dès le XIIIᵉ siècle, elle eut à lutter contre le génie ambitieux de ces princes. En 1285, Amédée V le Grand déclara à ses bourgeois qu'il les prenait sous sa protection, et, le siège épiscopal ayant vaqué par la mort de Robert de Genève, Amédée s'empara du château de l'Ile, forteresse communale de la cité, et en expulsa non les gens de l'évêque, mais ceux du comte de Genève, qui l'occupaient aussi à titre de conquête (1).

D'ailleurs Amédée V possédait déjà dans la ville haute le château du Bourg de Four, acheté par le comte Pierre le Petit Charlemagne, son oncle, vers 1250. Le successeur de l'évêque Robert, Guillaume de Duingt, publia divers monitoires contre le comte de Savoie pour le forcer à rendre ce dont il s'était injustement saisi, et, ces actes de conciliation n'ayant produit aucun résultat, il l'excommunia par sentence du 10 janvier 1290, dont le comte appela au pape Nicolas IV. Après bien des débats, intervint une convention qui fut passée à Asti le 19 sep-

(1) V. Cibrario, *Della storia di Ginevra e di alcune fonti poco note della medesima.*

tembre 1290, et par laquelle, en échange des droits de pêche et de péage restitués par Amédée V à l'évêque, celui-ci accordait au prince le château de l'Ile et l'investiture du vidomnat.

Or, le vidomnat, qui avait été jusqu'alors inféodé aux comtes de Genève, était une charge importante. Le mot de *vidomne,* VICE DOMINUS, en désigne la grandeur.

« Les attributions du vidomne comprenaient : 1° la connaissance des causes purement personnelles et pécuniaires qui se décident sommairement et sans solennité ; 2° la punition des maléfices mineurs commis par les laïques, c'est-à-dire des infractions n'emportant ni la peine du sang ni celle de la confiscation des biens ; 3° l'instruction de toutes les procédures, également dirigées contre les laïques, à raison de quelque crime que ce fût, et partant le droit de faire arrêter les personnes ou de les relâcher sous bonne caution (1). »

Vers la fin du IV° siècle, la maison des comtes de Genève s'éteignit en la personne de Pierre, frère de l'antipape Clément VII, qui mourut sans enfants ; le fils de sa sœur Marie, Humbert de Thoire-Villars, seigneur de Rossillon et d'Annonay, fut son héritier testamentaire.

Cet Humbert mourut en 1400, laissant le comté de Genève à son oncle, Odo de Villars, seigneur de Baux, comte d'Avelino, qui, par titre daté de Paris, à l'hôtel de Nesles, le 5 août 1401, céda le comté de Genève et tous les droits afférents à cette seigneurie en Grésivaudan, Viennois et Dauphiné, à Amédée VIII, comte de Savoie, moyennant la seigneurie de Châteauneuf en Valromey, le rachat de celles de Lompnes et 45,000 écus d'or (2).

Le même comte Amédée VIII obtint du pape Martin V, en 1419, une bulle « en vertu de laquelle la souveraineté de Genève lui devait être transférée à la condition que

---

(1) *Des origines féodales dans les Alpes occidentales,* par Léon Ménabrea.

(2) Guichenon, *Histoire généalogique de la maison de Savoie.*

l'évêque de Genève, alors Jean de Pierrecise, y consentirait (1). »

Ce Jean de Pierrecise ou Jean de Rochetaillée, était un enfant du peuple parvenu aux plus hautes dignités de l'Église par son savoir et ses vertus. Ainsi il était, en même temps qu'évêque de Genève, patriarche de Constantinople, référendaire du Siège apostolique; il devint ensuite archevêque de Rouen, cardinal du titre de Saint-Laurent *in Lucinâ*, vice-chancelier de l'Église.

Jean de Rochetaillée convoqua le conseil de la commune de Genève et lui soumit la requête présentée par Amédée VIII (créé duc en 1416 par l'empereur Sigismond) et approuvée par le pape. L'assemblée, composée des syndics, du corps municipal, du chapitre, des curés des sept paroisses et de tous les représentants de la commune, formula la réponse suivante, qui fut votée à l'unanimité :

« Depuis plus de quatre siècles, Genève et ses dépendances ont toujours été, avec tous leurs habitants, sous l'entière autorité de l'Église et de l'évêque, qui en est le chef. Les habitants n'ont jamais été traités par lui, ainsi que leurs ancêtres, qu'avec douceur, bienveillance et bonté, et ils ont toujours été gouvernés dans un esprit de paix et de tranquillité. Ils ne peuvent, ne doivent et ne veulent reconnaître d'autre seigneur sans l'ordre exprès de l'évêque. Rien ne commande un tel échange, à une époque où les citoyens n'ont plus pour voisin que le duc de Savoie, prince ami de la justice, de l'ordre et de la paix, des prélats surtout et des ministres de l'Église, prudent, zélé catholique, et prêtant à la ville aussi bien qu'à son Église l'appui bienveillant et amical qu'elles ont toujours trouvé auprès de ses ancêtres. Pour eux (*les citoyens*), loin de consentir à aucun échange, ils sont décidés à vivre et à mourir, comme leurs pères, sous

---

(1) Amédée Roget, *Les Suisses et Genève*. L'évêque qu'il appelle Jean de Pierrecise, est évidemment Jean de Rochetaillée, successeur de Jean de Bertrand, transféré à l'archevêché de Tarentaise, et prédécesseur de Jean de Courtecuisse, d'abord évêque de Paris, puis de Genève.

l'autorité de l'Église de Genève ; et si l'évêque promet de ne jamais consentir à une aliénation quelconque, ils promettent, de leur côté, de l'aider envers et contre tous de leur soumission, de leurs conseils, de leurs biens et de leurs personnes (1). »

Quel spectacle ! un souverain faisant son peuple juge de sa souveraineté et l'appelant à en décider !... Ce fait est peut-être unique dans les fastes de l'histoire. Et quand on songe que les petits-fils de ces mêmes bourgeois — qui trouvaient la crosse pastorale un joug moins lourd que la glorieuse épée des chefs militaires, qui reconnaissaient les bienfaits sans nombre qu'ils avaient reçus d'une longue suite de pasteurs — se révoltèrent, moins d'un siècle plus tard, contre cette autorité si paternelle, secouèrent le joug léger ! Et pourquoi ? Pour s'abaisser et se prosterner sous la plume et sous le bâton d'un bourgeois picard, simoniaque, apostat, clerc sacrilège, et qui leur apportait, en échange de leurs libertés, un despotisme non seulement odieux, mais encore ridicule.

Ah ! combien Jean Calvin avait raison de mépriser ses ouailles genevoises et de s'enorgueillir d'un triomphe que rien ne saurait expliquer, si l'on niait l'influence de l'ordre surnaturel sur les révolutions de ce monde. On a dit de Genève qu'elle est la Rome protestante. Rome bien déchue, si l'on se rappelle cet axiome que l'on inscrivait sur les plans de cette ville, que l'on se répétait de l'un à l'autre dans tout son voisinage : « Ne connaissez Genève que pour l'abhorrer et la fuir ! »

Nous venons d'expliquer, avec autant de clarté que nous l'avons pu, la constitution politique de Genève ; nous avons montré quelles furent les origines des trois pouvoirs qui s'y réunissaient : l'évêque, la commune, le duc de Savoie. Il nous reste à dire quelques mots de l'histoire ecclésiastique de ce vaste diocèse, avant

(1) Magnin, V. *suprà*.

d'assister à l'élection de l'un de ses évêques, sujet propre de cette étude.

Le premier évêque de Genève fut saint Paracode, probablement Grec de nation, auquel le pape Victor Ier écrivit en 198, et qui assista au concile de Lyon, sous saint Irénée, en 191.

Le cardinal Jean de Brogny fut le quatre-vingtième successeur de Paracode, et son nom est un des plus illustres dans l'histoire de son temps.

Parmi les nombreux prélats qui furent intronisés sur ce siège qui datait des premiers temps du christianisme, il en est beaucoup qui mériteraient d'être plus connus : Aymon du Quart, Pierre de Cessens, Guillaume de Lornay, François de Miez, Guillaume de Marcossey jouèrent un rôle très grand dans l'histoire de l'Église universelle. Pour la plupart, ils étaient élus par le peuple, qui s'attachait à ne point choisir parmi les princes voisins, afin de ne pas se créer ce qu'on pourrait appeler une dynastie épiscopale. Cependant il arriva que la maison de Savoie usurpa ce privilège exorbitant d'imposer une série de membres de sa famille, et voici dans quelles circonstances.

On sait que, dans la primitive Église, les évêques étaient élus par tous les fidèles, et que, sous les Mérovingiens, le roi sanctionnait seul l'élection.

Au XIIe siècle, les chanoines tentèrent de s'emparer du droit d'élection ; le concile de Saint-Jean-de-Latran, en 1139, s'y opposa ; mais au commencement du siècle suivant, les chapitres eurent gain de cause. Lorsque le duc Amédée VIII, après avoir abdiqué le gouvernement du duché de Savoie et s'être retiré à Ripaille, fut élu pape au mois de novembre 1439 par le conciliabule de Bâle, et exalté sous le nom de Félix V, il créa son fils Louis lieutenant général de ses États et donna en apanage à son fils Philippe *les titres* de comte de Genève et de baron de Faucigny. Par ce titre seul de comte de Genève dont il apanageait son fils cadet, il voulait marquer ses droits politiques sur la ville qui, en 1419, sous Jean de Rochetaillée, avait refusé de se donner à lui.

Pendant la durée de son pontificat, François de Miez, religieux bénédictin, évêque de Genève depuis 1428, et cardinal du titre de Saint-Marcel, mourut.

Félix V se déclara aussitôt administrateur de l'évêché, en retint les revenus, et nomma pour son vicaire Jean de Grolée, prieur de Saint-Victor, vice-camérier du Siège apostolique. Eugène IV, le pontife déposé par le concile de Bâle, étant mort, le concile de Florence lui élut pour successeur le chartreux Thomas de Sarzane, qui s'imposa le nom de Nicolas V. Félix, quoique de bonne foi, n'était qu'un antipape, et, l'ayant compris, il se résolut, pour faire cesser le schisme, à se démettre du pontificat. On convoqua donc un concile à Lausanne, par ordre de Nicolas V et de l'empereur Frédéric. Le pape envoya le cardinal Calandrini pour le présider. Félix V, conduit en grande pompe à la cathédrale, le 15 mai 1449, revêtit ses habits pontificaux et, en présence d'un immense concours de population, promit et jura de reconnaître pour légitime Souverain Pontife, unique Vicaire de Jésus-Christ, le pape Nicolas V. Après quoi il quitta ses habits et revêtit ceux de simple prélat. Le cardinal-légat Calandrini publia ensuite à haute voix, de la part du pape et du concile, qu'Amédée, ci-devant duc de Savoie, puis Félix V, était et devait être reconnu cardinal-évêque du titre de Sainte-Sabine, légat perpétuel du Saint-Siège apostolique dans ses anciens États ; que dans les conciles, les congrégations, les assemblées publiques, il aurait toujours la première place après le pape ; que le pape se lèverait en sa présence, et lui donnerait l'accolade ; qu'il resterait administrateur des diocèses de Lausanne et de Genève ; qu'il garderait toutes les marques du pontife romain, à l'exception de l'anneau du pêcheur, du baisement des pieds et du privilège de faire porter devant lui le Saint Sacrement ; qu'enfin les vingt-trois cardinaux créés par lui seraient confirmés dans leur dignité (1).

C'est à ce moment que le pape permit aux ducs de Savoie de nommer aux bénéfices consistoriaux dans leurs États, c'est-à-dire aux archevêchés, évêchés, abbayes et prieurés de Savoie et de Piémont. C'était faciliter à ces princes le moyen de s'emparer tout à fait du pouvoir politique à Genève, et de se faire enfin les maîtres de cette ville, dont ils convoitaient la possession depuis si longtemps. Aussi, dès 1450, Amédée VIII se retira pour la seconde fois à Ripaille, et, de son autorité de légat d'abord, par une bulle arrachée à Nicolas V ensuite, il résigna l'évêché de Genève à son petit-fils Pierre de Savoie, fils de Louis Ier, duc de Savoie, et d'Anne de Chypre Lusignan. Pierre avait à peine huit ans; il était déjà protonotaire apostolique et abbé de Saint-André-de-Verceil.

On lui donna pour administrateur vicaire un Cypriote, Thomas de Sur, archevêque de Tarentaise. Pierre de Savoie mourut à quinze ans. Il eut pour successeur son propre frère, Jean-Louis de Savoie, protonotaire apostolique, administrateur perpétuel des abbayes d'Ivrée, de Staffarde, de Canobe, d'Ambronay, de Saint-Oyen-de-Joux, des prieurés de Contamines, de Payerne, de Nantua, des commanderies de Saint-Antoine et Saint-Dalmace de Turin. A sa mort, en 1482, le chapitre voulut rétablir l'ancienne discipline et écarter un prince savoyard. Il élut donc Urbain de Chevron, abbé de Tamié. Aussitôt le duc de Savoie envoya un ambassadeur aux chanoines pour leur signifier que, la nomination de l'évêque lui appartenant comme seigneur de Genève, il avait pourvu de ce bénéfice François de Savoie, archevêque d'Auch, frère du défunt. Le pape Sixte IV, auquel le différend fut soumis, voulut trancher la question sans favoriser aucune des

---

(1) Voyez l'étude historique, *L'Antipape Félix V*, que nous avons donnée *suprà*, p. 5.

deux parties, et nomma son neveu Dominique de la Rovère, déjà archevêque de Tarentaise et cardinal du titre de Saint-Clément, qui céda sa nomination à l'évêque de Turin.

Celui-ci, Jean de Compey, fils de Jean de Compey, seigneur de Gruffy et Prangins, ambassadeur en France, et d'Antoinette de la Palud Varembon, était abbé de Sixt, de Saint-Étienne-de-Verceil, d'Aulps et de Chesery, et grand chancelier de Savoie, charge dans laquelle il avait succédé en 1462 à Jacques de Valpergne.

Le débat fut alors circonscrit entre M. de Compey et M. de Chevron, l'archevêque d'Auch ayant jugé plus habile de se retirer. Chevron fut condamné en consistoire à Rome. Compey obtint les bulles d'institution canonique, vint à Genève, fut mal reçu. François de Savoie se fit aussitôt céder par Urbain de Chevron ses prétentions et alors se mit en mesure de prendre par la force ce qu'il n'avait pu avoir par le droit. Jean de Compey était à Genève depuis un an, lorsque, apprenant les intrigues de son compétiteur, il se résigna à lui céder la place *en fait*, se réservant de lutter contre lui, quand il y trouverait son avantage.

Il quitta donc la ville épiscopale « et s'en alla d'illec premièrement à Salanche où l'archevêque d'Aulx luy manda premièrement une ambassade pour luy dire que si luy vouloyt renoncer son droit de l'évêché, yl luy donneroit bonne récompense, mais de Compey ne s'y voulut oncques accorder. Pourquoy M. d'Aulx avec son nepveu le duc Charles (de Savoie) premier de ce nom usèrent d'autorité de prince et mirent garnison en l'évêché et au sceau, et aulssi aux chasteaulx appartenant à l'évêché. Et entends que les commissaires de cette affaire étoient Amé de Gingin, Amé de Grilly, gentilshommes de Savoie, Hanchin Coppin, citoïen de Genève, et Jehan Antoine Gamba du diocèse de Turin, car la bulle par laquelle Pape Sixte mist l'interdit à Genève les nomme ainsi (1). »

(1) François de Bonivard, *Chronique de Genève*, t. II, liv. II, chap. V.

Jean de Compey avait, en effet, porté ses plaintes à Rome. Le pape les fit examiner dans un consistoire, qui déclara Compey le seul légitime évêque de Genève, ordonna au métropolitain, l'archevêque de Vienne, de le rétablir, et de jeter l'interdit sur la ville en cas de résistance.

L'archevêque obéit ; mais, comme il se rendait à Genève, il fut arrêté sur la route par Philippe-Monsieur, comte de Bresse, frère de François de Savoie, qui protestait que, celui-ci se croyant justement le seul évêque institué canoniquement, il le défendrait envers et contre tous, même par la force. L'archevêque retourna donc sur ses pas, et, de retour à Vienne, fulmina l'interdit contre la ville de Genève, et envoya à tous les curés du diocèse l'ordre de le publier. Mais le cardinal Pierre de Foix, passant en Savoie, s'employa à accommoder ce différent. Il y réussit, en promettant à Jean de Compey une compensation. En effet, ce prélat fut nommé, la même année, archevêque de Tarentaise. Il succédait, chose étrange! sur ce siège, à son ancien compétiteur Urbain de Chevron-Villette. Le 25 juillet 1481, François de Savoie fit son entrée solennelle à Genève. Bonivard, le chroniqueur genevois, qui fut depuis l'un des premiers apostats qui embrassèrent la Réforme, nous en a laissé une description.

« Quant yl marcha sur le pont d'Arve, yl trouva sur icelluy diverses bestes sauvages et des chiens qui les chassoient, et au bout du pont sur ung chariot cinq tours. Au milieu en avoit une d'une lance de haut et au sommet d'icelle avoit ung tonneau enflambé de feu : lequel chariot marchoit tousjours devant luy jusques en Palaix. Et d'aultre cousté avoit de fort belles histoires et riches que commencèrent depuis le pont d'Arve jusques en sa maison devant Rive, montant par la rue Verdonne, tirant au Bourg de Four, et despuis le Bourg de Four tirant vers la maison de la ville, tirant jusques à la grandt porte de Saint-Pierre, et cela estoit tout historié.

Et quant yl fuct devant ladicte église, yl trouva les channoines qui le reçurent tous revestus de chappes de drap d'or et de soye, avec croix et reliques, comme en tel cas appartient. »

François de Savoie ne régna pas longtemps sur Genève; il mourut en 1490, à Turin, où il s'était rendu pour partager avec la duchesse Blanche de Montferrat, veuve de Charles Ier, la tutelle du jeune duc Charles-Jean-Amédée.

Ce fut à ce moment que se passa l'épisode peu connu que nous allons rapporter et qui doit justifier le titre de cette courte étude.

On n'a pas oublié sans doute que Genève subissait une triple domination : celle de l'évêque, celle de la commune et celle du duc de Savoie. Ce dernier prétendait avoir la nomination aux bénéfices, par conséquent le droit de désigner un successeur à l'évêque défunt; de son côté, le chapitre, pour repousser cette prétention, voulait élire le nouvel évêque ; enfin le peuple prenait aussi part à la lutte en soutenant la candidature de qui savait lui plaire. Le prévôt de la cathédrale de Genève était alors Guillaume de Fitignié; le chantre, révérend André de Malvendaz, prieur commendataire d'Aix et de Thonon, doyen d'Aubonne ; parmi les chanoines, plusieurs appartenaient à la noblesse de Savoie: Pierre de Viry, François de Sacconay, François de Charansonay, trois Lornay, Richard de Rossillon, Aymon de Divonne, Louis de Gerbaix.

Le duc de Savoie régnant était Charles II (Jean-Amédée), enfant encore à la mamelle, et pour qui gouvernaient sa mère Blanche de Montferrat, et surtout son grand-oncle le comte de Bresse.

C'est un caractère qui mériterait une étude spéciale, que celui de Philippe de Savoie, comte de Bresse, qui joua un rôle si actif dans l'histoire de son temps. Il est nécessaire que nous en disions ici quelques mots.

Cinquième fils du duc Louis et d'Anne de Chypre,

Philippe, né au château de Chambéry en 1438, fut appelé dans sa jeunesse Philippe-Monsieur et prit lui-même le nom de Philippe Sans-Terre, parce que, jusqu'à l'âge de vingt-deux ans, il n'eut aucun apanage ; « et ayant l'esprit tendu et aspirant à choses hautes, dit le naïf Guillaume Paradin, en sa *Chronique de Savoie*, fit quelques factions avec les gentilshommes et sujets de Savoie, à la domination et préjudice des droits de son père et de son frère aîné. En quoi il procéda tellement que tout le peuple et États de Savoie lui couraient après, ayant admiration de sa noble indole et de la gentillesse de son esprit d'autant qu'ils avaient en mépris la simplesse et somnolence de son frère Amé, qui semblait mieux un religieux, que prince nay au régime de République ou maniement des armes. »

Mais le duc Louis, son père, par patentes datées de Quiers, 26 février 1460, lui donna les seigneuries de Baugé, de la Valbonne et de Revermont avec le titre de comte, et l'envoya, l'année suivante, assister au sacre de Louis XI de France, à Reims.

Philippe de Bresse fut ensuite mêlé aux troubles qui agitèrent la Savoie à propos des favoris cypriotes de sa mère, la duchesse Anne de Chypre, et à l'expulsion desquels il contribua pour une large part.

C'est lui qui fit assassiner le maréchal de Saint-Sorlin, arrêter, juger et condamner Jacques de Valpergue, chancelier de Savoie, qui fut noyé dans le lac de Genève. Il retourna ensuite auprès du roi de France, qui, ayant épousé sa sœur Charlotte de Savoie, était son beau-frère ; mais Louis le fit arrêter, l'envoya au château de Loches et fit enfermer au donjon de Vincennes son maître d'hôtel et Louis de Genost, son écuyer. Le comte de Bresse resta prisonnier à Loches deux ans ; puis, après sa délivrance, il se mêla très activement aux affaires politiques et militaires de son temps. Sa devise peint son caractère : c'était un serpent ayant quitté sa dépouille, avec ce seul mot en exergue : PARATIOR. Il avait épousé en premières noces, Marguerite, fille de Charles, duc de Bourbon, grand chancelier de France, et d'Agnès de Bourgogne, et en secondes, Claudine de Brosse, fille de Jean, comte de Penthièvre, et de Nicole de Bretagne. Il fut le père de Louise de Savoie, mère de François Ier.

Tel était donc le prince qui gouvernait le duché de Savoie pendant la minorité de Charles-Jean-Amédée.

Quant à la duchesse régente, sa mère, voici le portrait qu'en trace Paradin : « Il n'y eut rien qui tant amena les rebelles à la raison, que la bonne conduite de Madame la duchesse, qui surpassait par miracle tout entendement féminin, se montrant douce et humble aux bons sujets, et terrible et formidable aux mutins et rebelles (1). »

Or, parmi les pages de Madame Blanche de Montferrat se trouvait un jeune garçon nommé Pierre du Terrail, seigneur de Bayard. Il était du Dauphiné et appartenait à une bonne famille d'antique lignage ; tous les Terrail moururent pauvres, a dit leur historiographe ; mais leurs successions à tous, de père en fils, s'ouvrirent sur le champ de bataille.

L'évêque de Grenoble, son oncle, de la maison des Alemans, le donna au duc de Savoie, Charles le Guerrier, dont la cour était une des plus brillantes et des plus chevaleresques de l'Europe.

« Le bon chevalier, dit le Loyal Serviteur, son biographe, fut page du duc Charles de Savoie l'espace de six mois ; il se fit tant aimer des grands et des petits que jamais jeune enfant ne le fut plus. Il était si serviable aux seigneurs et aux dames que c'était merveille. En aucune chose il n'y avait ni jeune page ni seigneur qui pût lui être comparé, car il contait, luttait et chevauchait le mieux possible ; aussi son maître le prit-il en aussi grand amour que s'il eût été son fils. »

Bayard, étant resté quelque temps encore auprès de la veuve de son maître, fut, quoiqu'il eût à peine seize

(1) Voyez notre roman historique *Philippe-Monsieur*.

ans, choisi pour aller à Genève diriger l'élection du successeur de François de Savoie. Deux candidats étaient en présence : Charles de Seyssel, supérieur des Antonins de Chambéry, candidat du chapitre, et Antoine Champion, parent de Jean Champion, maître d'hôtel du comte de Bresse, que protégeait spécialement celui-ci.

Charles de Seyssel appartenait à une famille illustre qui remontait au XIIe siècle et en laquelle s'était fondue la grande maison de la Chambre, de si haut lignage, qu'elle prenait pour devise : *Altissimus nos fundavit*. Il était le parent du maréchal de Seyssel, l'un des plus ardents ennemis, et de l'un des plus dangereux antagonistes du comte de Bresse, le comte de la Chambre (1).

Antoine Champion, s'il était d'extraction moins illustre et de naissance plus humble que son concurrent, occupait les plus éminentes charges de l'État. Cependant il était noble, car il portait, en son écu : *de gueules à un champion contourné et monté d'argent tenant une épée nue à la main droite de même*. Il avait été sénateur, puis premier président au Sénat de Savoie, et succéda en 1482, comme chancelier de Savoie, à Jean Clopet. Il fut aussi ambassadeur auprès des Suisses de la duchesse Yolande de France, sœur de Louis XI, régente durant la minorité de son fils Philibert le Chasseur. Il était marié et avait plusieurs enfants; mais, devenu veuf, il embrassa l'état ecclésiastique, fut créé protonotaire apostolique, et fut nommé ensuite à l'évêché de Mondovi. En 1491, il était donc évêque de Mondovi et

(1) Durant le cours du siècle suivant, plusieurs membres de la famille de Seyssel occupèrent d'importantes dignités dans l'Église. Claude de Seyssel d'Aix fut évêque de Marseille en 1515, puis archevêque de Turin en 1520. Philippe de la Chambre Seyssel, religieux bénédictin et abbé de Corbie, prieur de Nantua et de Léon, évêque de Boulogne, cardinal du titre de Saint-Martin *in montibus*, évêque de Belley; Antoine de Seyssel, évêque de Belley, doyen de Saint-Appollinaire de Meximieux; Charles de la Chambre Seyssel, abbé de Bonnevaux, évêque de Mondovi; Philippe de la Chambre Seyssel, prieur de Contamines, évêque d'Orange; Louis de la Chambre Seyssel, abbé de Vendôme, grand prieur d'Auvergne. Le père du cardinal Philippe était Louis, comte de la Chambre, vicomte de Maurienne, qui épousa : 1° Jeanne, fille de Louis de Châlons, prince d'Orange, et d'Éléonore d'Armagnac; 2° Anne de la Tour, veuve d'Alexandre Stuart, duc d'Albany, et fille de Bertrand de la Tour, comte de Boulogne et d'Auvergne, et de Louise de la Trémouille.

chancelier, car Amédée de Romagnan ne lui succéda dans ce dernier office qu'en 1495. Il était fort dévoué au comte de Bresse, qui probablement se réservait de le remplacer, plus tard, sur le siège de Genève, par quelque prince de sa maison.

Le petit seigneur de Bayard avait mission de recommander au chapitre Antoine Champion, le comte de Bresse tolérant pour cette fois que l'évêque de Genève fût élu, et nommé par le duc, celui-ci étant mineur. « Si y eut pour ce, dit Bonivard, grosses bendes et partialités, non-seulement à Genève mais par toutte la Savoie à cause qu'ils étoient tous deulx (les candidats) de grande aucthorité, le chancelier pour son office, jaçoit qu'il fut de basse main, de Seyssel à cause de la grandeur de sa maison. »

Aussi les chanoines furent-ils fort embarrassés et ne surent-ils auquel entendre. Ils ne voulaient pas perdre la faveur du prince, ils désiraient maintenir les droits du chapitre, et il leur semblait que ce fut par moquerie qu'on leur eût envoyé un ambassadeur de quinze ans, qui n'était pas encore hors de page.

Bayard, voyant qu'il se heurterait à mille obstacles s'il contrecarrait les secrets desseins des chanoines, feignit de se laisser gagner par eux, leur persuada de nommer Charles de Seyssel et expédia sur-le-champ un courrier à Philippe-Monsieur. Le conseil, qui était de cet avis, mais n'osait le dire, se rendit à la maison capitulaire et supplia les révérends seigneurs chanoines d'élire pour évêque « un homme agréable à Dieu et à la ville. »

Aussitôt le chapitre élut Charles de Seyssel. Mais trois jours plus tard survinrent des lettres de recommandation du comte de Bresse et de la duchesse régente en faveur du chancelier Champion. Presque en même temps, on apprenait par une lettre du roi de France, Charles VIII, qu'il se prononçait en faveur de Seyssel et priait les syndics de tenir la main à ce qu'il ne fût pas mécontenté. Le différend s'aggravait donc. Les syndics, ayant délibéré, se déclarèrent incompétents, ajoutant qu'ils étaient prêts à seconder le chapitre et à appuyer la décision à intervenir du pontife romain.

Le pape, Innocent VIII, écrivit à son tour aux syndics pour leur dire que son choix était tombé sur Antoine Champion et qu'il le nommait à l'évêché de Genève à la prière du comte Philippe et de la duchesse Blanche, et la bulle pontificale commençait ainsi : AD PRECES *dilectorum filiorum nobilium Ducisse et Philippi de Sabaudia transtulimus*, etc. Le pape revenait à deux fois sur cette considération. Il regrettait, assurait-il, de contrarier en cela les vues du roi de France ; mais il ne pouvait méconnaître des mérites d'un homme qui avait si bien servi les intérêts de la maison de Savoie (1).

Charles de Seyssel n'hésita pas à appeler ses partisans à le défendre par la force des armes. Son parent, le comte de la Chambre, son frère, le baron d'Aix, un grand nombre de gentilshommes du pays de Vaud et de la Savoie se réunirent avec une troupe de gens d'armes et il fut décidé qu'on livrerait bataille à tous ceux qui se présenteraient pour soutenir la cause d'Antoine Champion.

Que devint pendant ces débats le gentil seigneur de Bayard ? Il nous a été impossible de suivre son rôle de plus près dans cette singulière affaire, dont, au reste, aucun de ses historiens n'a jamais parlé. Ce qui ne fait pas un doute c'est que, s'il fut donné au roi Charles VIII par le duc Philippe, et non, comme on l'a dit, par le duc Charles, ce fut parce qu'il avait mal servi dans cette circonstance les intérêts qui lui étaient confiés.

En se faisant le tenant des ambitions de Seyssel, le comte de la Chambre n'obéissait pas seulement à des considérations de famille. Depuis longtemps déjà on réservait aux Piémontais les grandes charges de l'État et l'on en écartait les seigneurs savoyards. Bien plus, la

(1) L'abbé Fleury : Réfutation d'un chapitre de *Patria*, ouvrage du pasteur Gaberel (opuscule).

duchesse Blanche, pour échapper à l'influence de la cour de France, avait transporté la capitale de ses États de Chambéry à Turin. La Chambre donc emporta Chambéry d'assaut, marcha sur Genève et l'occupa sans coup férir. Aussitôt le comte de Bresse, à la tête d'un corps d'armée considérable, passa les monts, reprit Chambéry, et, suivant la même route que la Chambre, se dirigea sur Genève.

Les deux armées se rencontrèrent à Chancy, à peu de distance de la ville épiscopale. Un combat terrible s'engagea. Philippe de Savoie fut vainqueur, dispersa les troupes du grand vassal révolté, entra à Genève. Seyssel abandonna aussitôt ses prétentions. Mais le comte de Bresse alla assiéger le château d'Aix, s'en empara, et comme la Chambre s'était retiré en France, il lui fit raser tous ses châteaux; en outre le Sénat de Turin lui fit un procès comme criminel de lèse-majesté et le condamna à la confiscation de ses biens, sentence qui eût été promptement exécutée, si la Chambre n'avait obtenu sa grâce par l'intercession du roi de France.

Après que ces troubles furent apaisés, Antoine Champion envoya comme procureur à Genève Jean Arbalétrier, prévôt de Berne, qui présenta ses lettres de crédit, au nom de l'évêque, le 9 octobre 1491 et prit pour lui possession de l'évêché. Champion ne vint à Genève qu'en 1493. Le 12 avril de cette année, le conseil, impatient de connaître enfin son prince, députa à l'évêque le citoyen Léonard Acquinaz, porteur du message suivant :

« Pour ce que sy devant par plusieurs fois leur a rescript (Monseigneur l'évêque) qu'il voudroit visiter ses églises, cité et subjects, et donner ordre à sa justice et ses affaires, ont déclaré renvoyer le visiter, car ils n'ont nulles nouvelles seures de sa venue, laquelle leur est bien désirée et seroyt fort joyeuse. »

Le 17 mai, Champion annonça son arrivée, et la commune décida qu'il serait reçu avec le même cérémonial que son prédécesseur Jean de Compey.

Le 29 mai, il fit son entrée dans la ville, accompagné du comte de Bresse et d'une foule de grands personnages. Il alla prêter, dans la cathédrale de Saint-Pierre, le serment de respecter, comme ses prédécesseurs, les franchises de la cité. Les syndics, en cette année, étaient Pierre du Nant, Guigue Prévost, Michel Lingot, Pierre Gachet. Le comte de Bresse reçut à cette occasion un présent de malvoisie, dragées et torches.

Antoine Champion jouit paisiblement de son évêché jusqu'en 1495, qu'il mourut à Turin le 29 juillet.

Charles de Seyssel, « qui étoit ung bon hommeau, tendant plustost à simplicité que à finesse, » ne devint évêque de Genève qu'en l'an 1510, et voici comment :

A la mort de Champion, la duchesse Claudine de Brosse, femme de Philippe de Bresse, qui était devenu duc de Savoie par la mort de son neveu Charles-Jean-Amédée, fit prier le chapitre d'élire son cinquième fils, Philippe de Savoie, qui n'était âgé que de sept ans. Le chapitre obéit pour éviter les contestations qui s'étaient produites à la récente vacance. Alexandre II, en confirmant cette nomination, donna au trop jeune commendataire pour administrateur, Aymon de Montfalcon, évêque de Lausanne. A dix-huit ans, le jeune évêque combattit à la bataille d'Agnadel, et, comme il n'était point entré dans les ordres, il témoigna à son père le désir de quitter l'état ecclésiastique. Il se démit donc en faveur de Charles de Seyssel, et fut créé comte de Genève, le duc Philippe s'étant réservé le fief et la principale souveraineté de la ville.

Ainsi fut menée à bonne fin, moyennant un siècle de travail, la politique de la maison de Savoie vis-à-vis de Genève.

Ce Philippe, qui d'évêque devint un grand guerrier, fut créé duc de Nemours par son neveu François Ier, et de son mariage avec Louise d'Orléans Longueville naquit ce Jacques de Savoie, duc de Nemours, qui épousa la veuve du grand duc François de Guise, et de qui Brantôme a tracé ce portrait éloquent : « C'était un prince très beau, vaillant, accortable, bien disant, bien écrivant autant en rime qu'en prose. Il était pourvu d'un grand sens et esprit. Ses avis étaient les meilleurs au conseil. Il excellait en toutes sortes d'exercices, parfait en tout; *si bien que qui n'a vu Savoie-Nemours en ses gaies années, n'a rien vu ; et que qui l'a vu, le peut baptiser par tout le monde,* LA FLEUR DE LA CHEVALERIE. »

Quoique son but fût atteint, la maison de Savoie voulut consacrer le fait accompli, en nommant évêque de Genève, à la mort de Charles de Seyssel, en 1513, Jean de Savoie, prieur de Cilingy, qui céda au duc Charles III tous les droits et toute la juridiction temporelle qu'il avait dans Genève en qualité d'évêque; cette cession fut confirmée par le pape Léon X. Mais en mourant, ce prélat adressa à son futur successeur ces paroles significatives : *Si perveneris huic episcopatui noli, oro te, gressus meos insequi, nec ut ego feci, te gerere ; imo vero Civitatis libertatem conservare et defendere, ideo patior, et ultionem divinam percipio et sentio quæ mihi condonabit in purgatorio.*

Le successeur de Jean de Savoie fut, en effet, le dernier évêque qui résida à Genève et celui que chassèrent les huguenots : Pierre de la Baume-Montrevel, protonotaire apostolique, abbé commendataire de Saint-Oyen de Joux, de Saint-Just de Suze, de Notre-Dame de Pignerol, prieur de Lemenc et d'Arbois, chanoine-comte de Lyon, évêque de Tarse et coadjuteur, puis évêque de Genève.

LES COLLABORATEURS
DE CHRISTOPHE COLOMB

A Monsieur

François DESCOTES, Avocat.

LES COLLABORATEURS

DE CHRISTOPHE COLOMB

Lorsque les caravelles de Christophe Colomb abordèrent au continent américain, l'entreprise patronnée par la reine Isabelle changea subitement de caractère, et les plus chères espérances du marin génois se trouvèrent anéanties. Ce n'était pas, en effet, le Nouveau-Monde que cherchait le grand amiral de la mer Océane, c'était l'Ancien, le Cathay, le pays de l'or et des épices, où l'on pouvait recueillir, rien qu'en passant, des richesses immenses et des trésors inépuisables.

Ce but est clairement indiqué dans toutes les pièces officielles se rapportant à cette entreprise : Christophe Colomb voulait aborder aux Indes par l'ouest, et l'on pouvait juger « de la grandeur de ses espérances par le prix qu'il fixait à leur réalisation. » Avant même de tenter ce voyage, il devait être nommé vice-roi et gouverneur des îles et terre ferme à découvrir, et grand amiral de la mer Océane. En conséquence, il percevrait royalement la dîme de toutes les richesses, perles, diamants, or, argent, parfums, épices, fruits et productions quelconques découvertes ou exportées dans les régions soumises à son autorité.

Ferdinand d'Aragon entrait difficilement dans ces vues.

Si les résultats de l'expédition venaient à justifier les prévisions de cet étranger, lui en laisser la dîme constituait une trop grande récompense ; si au contraire les produits des découvertes ne répondaient pas à l'attente générale, les neuf dixièmes offerts à la couronne ne parviendraient jamais à couvrir les dépenses qui allaient être engagées. Dans les deux cas, la prudence conseillait de s'abstenir.

Isabelle la Catholique avait sur cette question des idées plus larges et des vues moins intéressées. Dans une conversation familière avec « les Rois, » Christophe Colomb leur avait livré son secret, qui, dit-il, « les fit sourire, » mais qui répondait trop bien à la politique de la reine de Castille pour ne pas la gagner immédiatement à cette cause.

Voici ce secret dans toute sa pieuse candeur :

Christophe Colomb était convaincu que la Providence lui avait réservé la mission d'annoncer l'Évangile aux nations encore étrangères à la civilisation chrétienne. Il se représentait son apostolat comme une sorte de confession de la foi accompagnée de dangers sans nombre et de périls de toute sorte. En retour de ces travaux incomparables et de ce martyre dont il espérait sortir miraculeusement sain et sauf, comme un nouveau saint Jean purifié par l'huile bouillante, le pauvre marin aspirait à une récompense qui l'aurait glorifié dès ce monde aux yeux de toute la chrétienté. Avec les trésors qu'il attendait de ses découvertes, il avait formé le projet de délivrer le Saint Sépulcre du joug des Musulmans, de rétablir le royaume chrétien de Jérusalem, et d'en faire hommage au pape avec une magnanimité qui tient à la fois d'une grandeur d'âme sublime et d'une naïveté enfantine. Son plan, car il avait déjà tracé les grandes lignes de cette entreprise, consistait à traiter d'abord à l'amiable du rachat de la Terre Sainte, puis, dans l'éventualité d'un échec, à lever à sa solde cinquante mille hommes d'infanterie et cinq mille chevaux, afin d'obtenir par la force et par les armes ce qu'il n'aurait pas réussi à se faire accorder par la diplomatie. Ensuite, après avoir fait hommage de sa conquête au Saint-Siège, il se serait déclaré satisfait « de l'honneur d'être le factionnaire de l'Église au seuil de cette terre miraculeuse où fut accomplie notre Rédemption. »

Mais la divine Providence, qui se sert des hommes « sans les consulter » et qui les emploie à la réalisation d'un plan surhumain « sans tenir compte de leurs illusions, » avait étendu le continent américain comme un obstacle infranchissable à travers les sublimes projets de Colomb. La route de l'ouest vers le vieux monde était barrée ; le Cathay se trouvait séparé de l'Espagne par un isthme, rien qu'un isthme, quelques lieues de terre entre l'Océan Atlantique et le grand Océan, un rien dans un infini, mais enfin un écueil sur lequel viendraient échouer toutes les aspirations, toutes les tentatives, tous les efforts d'un héros.

Les incidents des trois premières expéditions n'ayant pas permis d'aller jusqu'au but qu'on s'était proposé, une quatrième flottille fut accordée à l'amiral pour aller chercher et découvrir un détroit dans les parages de Honduras, Nicaragua, Costa-Rica et Panama. Christophe Colomb devançait son époque de quatre siècles : le détroit pourra bien exister de nos jours, mais seulement avec les proportions d'un canal, dont l'exploitation n'aura rien de commun ni avec les théories, ni avec les espérances, ni avec les aspirations du XVe siècle. Si le Nouveau-Monde livre passage à l'ancien vers l'Extrême-Orient, ce sera pour favoriser l'extension du commerce, bien plus que pour aider à la propagation de l'Évangile.

Dans l'ordre d'idées de Christophe Colomb, plusieurs de ses historiens sont allés plus loin et se sont plu à signaler ce fait que le dernier voyage de l'amiral, « entrepris afin d'ouvrir passage à la Croix sur l'immensité de l'Océan, » avait rencontré dans « les vents, les flots, les météores aqueux et ignés une opposition violente autant qu'exceptionnelle, » et ils ont été amenés à conclure que le Héraut de la Croix luttait en réalité contre « une force invisible... un suprême effort de l'ennemi du salut » qui s'opposait par tous les moyens en son pouvoir à la réalisation de cette sublime entreprise. « L'art ténébreux des nombreux magiciens de la côte » a été mis en scène ; « l'acharnement inouï des éléments » a été rapproché de l'obstination de l'Océan dans sa fureur » et de ces tempêtes inexplicables qui « épiaient » la sortie des caravelles « pour user » ensuite contre elles toutes leurs forces et les faire sombrer. D'où il résulte, et cette opinion tend à s'imposer, que Christophe Colomb doit être considéré comme « l'ambassadeur de Dieu. » Mais si les biographes, les chroniqueurs et les historiens dont il s'agit sont dans le vrai, s'ils reproduisent réellement, exactement et fidèlement la pensée de Christophe Colomb, si le caractère providentiel de sa mission ne peut pas être mis en doute, si le merveilleux même tient une place importante dans son entreprise, on est obligé d'avouer que les marins qui l'accompagnèrent, ne ressemblent en rien, quelques-uns au moins, à ceux dont parle Fénelon, qui viennent non pour enlever les richesses et répandre le sang des vaincus, mais pour offrir leur propre sang et communiquer le trésor céleste.

Il est à peine besoin d'ajouter que les collaborateurs de Christophe Colomb n'avaient aucune ressemblance avec l'idéal que le Cygne de Cambrai se faisait du missionnaire apostolique. Quant à l'intervention du merveilleux, on peut objecter qu'elle était inutile pour arrêter les caravelles espagnoles puisqu'elles se trouvaient en face d'un continent qui, de l'Océan glacial arctique, s'étend jusqu'aux limites de l'Océan glacial antarctique.

Brusquement arrêté dans sa marche vers l'ouest; forcé de laisser une partie de ses équipages sur une île jusque-là perdue dans la mer Ténébreuse ; amené par les circonstances à fonder une colonie avec des éléments disparates, des ressources insuffisantes et des hommes habitués à vivre en grands seigneurs ; venu pour récolter de l'or parmi les nations riches et puissantes, et ne rencontrant que des peuplades errantes et sans nom ; ayant promis le bien-être, la richesse et des trésors immenses aux nobles hidalgos qui l'accompagnaient, et ne pouvant leur offrir que des terres incultes, des travaux pénibles et un avenir incertain, Christophe Colomb se trouva tout à coup ramené à la réalité, aux prises avec les difficultés imprévues, en butte à toutes sortes de tribulations, exposé à des dangers sans nombre et dans l'impossibilité absolue de dominer cette situation.

C'est ainsi que la découverte du continent américain peut compter comme un désastre dans les projets et dans les grandes entreprises de cet homme extraordinaire. Toutes ses expéditions tendaient au delà de l'Amérique ; pendant la première, il cherchait une terre quelconque de l'ancien monde ; à la seconde, il prenait le rôle de civilisateur et entendait purger les îles des infâmes Caraïbes ; au début de la troisième, il gouvernait vers le sud, et, revenant à son idée première, cherchait un passage vers les Indes orientales ; son quatrième et dernier voyage fut exclusivement entrepris dans ce même but et ne se couvrait même plus d'aucun prétexte de colonisation. Les collaborateurs de Christophe Colomb n'avaient rien compris de son projet que l'idée d'amasser des trésors. Quelques-uns s'étaient laissé séduire par les chances qu'il leur offrait de faire fortune, d'autres n'avaient cédé qu'à la nécessité de se soumettre aux ordres royaux ; ni les uns, ni les autres ne songeaient à s'établir dans les îles à découvrir et à y jeter les fondements d'une véritable colonie. Aussi les déceptions, s'ajoutant au mécontentement général, occasionnèrent des complots, des rébellions et des luttes sanglantes dont la cause principale semble continuellement se résumer dans ce mot d'ordre égoïste : Chacun pour soi.

Au début de cette première navigation vers l'ouest, à travers la mer Ténébreuse, ce furent les deux armateurs

Gomez Rascon et Christoval Quintero qui personnifièrent cette opposition étroite dont ils n'osaient même avouer ouvertement le motif; ils avaient peur de l'inconnu.

Un commissaire royal avait fait saisir de vive force une caravelle qui leur appartenait en commun, une bonne voilière nommée *la Pinta*, qu'ils ne voulaient à aucun prix exposer aux dangers de cette aventure. Résister à l'ordre royal était impossible, s'y soustraire par un expédient leur parut moins dangereux et plus pratique; ils imaginèrent donc de disposer le gouvernail de leur caravelle de telle sorte que les pièces, en apparence bien emboîtées, devaient être désassemblées ou démontées à la première houle. Ce fut ce qui arriva malgré la précaution qu'avait prise l'amiral de surveiller par lui-même les préparatifs de l'expédition et de dénoncer la fourberie de ses associés.

Ces premiers traîtres, se jouant dès lors de la patience et de la longanimité de Colomb, s'embarquèrent avec lui et formèrent le premier noyau de rebelles que nous verrons bientôt à l'œuvre.

Martin-Alonzo Pinzon, l'aîné des trois frères qui avaient demandé les premiers à faire partie de l'expédition, prit le commandement de *la Pinta*. C'était un poste de confiance. Le navire placé sous ses ordres était le meilleur des trois qui composaient la flottille; et le résultat de l'expédition dépendait en grande partie de la manière dont Alonzo Pinzon seconderait l'amiral.

Pendant les premiers jours de la traversée, lorsque de fortes avaries se produisirent au gouvernail de cette caravelle, le capitaine se montra énergique contre Gomez Rascon et Christoval Quintero; son attitude ferme et résolue déjoua leur projet de rester en arrière, et l'on put, sans accident, se rendre aux Canaries.

Mais une fois que l'expédition eut atteint des parages complètement inconnus, quand les mécontents se trouvèrent en nombre, Martin Pinzon se mit à leur tête, prit ouvertement parti contre l'amiral et lui fit sentir en plusieurs circonstances qu'il était le maître de la situation; car, « sauf quelques officiers de la *Santa Maria*, les trois équipages composés de ses compatriotes étaient tout à lui. » Aussi ce fut lui, accompagné de ses deux frères, qui vint, dans la nuit du 10 octobre, les armes à la main, exiger de l'amiral l'ordre immédiat de retourner en arrière.

Plus tard, après la découverte, Martin-Alonzo, ne pouvant supporter qu'un étranger, qui sans lui n'aurait pu tenter son expédition, fût devenu amiral et vice-roi, voulut au moins chercher une compensation dans les trésors et les monceaux d'or natif qu'il s'imaginait toujours rencontrer un jour ou l'autre. En conséquence, dans la nuit du 21 au 22 novembre, par un temps clair et un vent doux et frais, il déserta avec sa caravelle et disparut bientôt à l'horizon. Il se rendait à l'embouchure du fleuve « de Grèce », où, contrairement à la défense de l'amiral, il trafiqua indignement de l'or avec les indigènes. Pendant seize jours il resta ainsi au mouillage, laissant sa caravelle dans une immobilité dangereuse qui favorisait l'œuvre de destruction que poursuivaient les tarières dans les bordages et la carène de la *Pinta*. Joignant ensuite la violence à la rapine, Alonzo Pinzon fit enlever de vive force quatre hommes et deux jeunes filles qu'il garda comme esclaves.

Ramené par les vents contraires et les courants dans les parages où l'amiral poursuivait ses découvertes, Alonzo Pinzon se replaça sous ses ordres et revint avec lui en Espagne. Enfin pendant les tempêtes qui assaillirent l'expédition à son retour, *la Pinta* fut poussée dans le golfe de Biscaye, tandis que l'amiral se voyait obligé de se réfugier dans le Tage.

Persuadé que la pauvre petite caravelle que montait Christophe Colomb avait infailliblement fait naufrage avec tous ceux qu'elle portait, Martin-Alonzo Pinzon couronna son étrange collaboration par la plus odieuse trahison. Il adressa aux rois une relation de la découverte, dont il s'attribuait tout l'honneur, et demanda l'autorisation d'aller à la cour rendre compte de l'expédition. Puis, en attendant la réponse qu'il espérait recevoir sans retard, il se rendit à Palos, sa ville natale, pour y jouir du triomphe qu'il s'était promis. Or l'amiral avait débarqué au même port quelques heures avant le traître qui fut obligé de fuir et de se cacher dans la crainte que justice publique ne fût faite de ses désertions, de ses violences, et de sa félonie. La Providence ne devait pas laisser du reste tous ces crimes impunis ; le triste et malheureux Pinzon, ne pouvant plus supporter son déshonneur, mourut l'année suivante abandonné et méprisé de tous, et surtout de ses compatriotes.

Les circonstances dans lesquelles se produisit le naufrage du vaisseau amiral auprès de l'île d'Haïti déterminèrent Christophe Colomb à y fonder le premier établissement colonial des Indes Occidentales. Ce n'était qu'un fortin défendu par des ouvrages en terre et avec l'artillerie du navire échoué, gardé par quarante-deux hommes choisis parmi les volontaires les plus solides et les mieux intentionnés, et enfin placé sous le commandement de Diego de Arana, un allié de l'amiral, qui avait toute confiance en lui, et auquel il délégua les pouvoirs les plus étendus. Cette avant-garde de l'ancien monde pouvait jouer un rôle important auprès des peuplades primitives dont elle était entourée, elle pouvait les amener à la civilisation par l'exemple, et commencer ainsi une régénération qui était dans les vues et dans les projets de « l'ambassadeur de Dieu. »

Malheureusement ce fut le contraire qui arriva. Diego de Arana ne savait pas ou ne pouvait pas se faire obéir. Tous ses hommes n'étaient préoccupés que de vivre à leur guise. A la grande stupéfaction des indigènes, ces étrangers, d'abord considérés comme des envoyés du ciel, se battaient entre eux dans des duels à mort pour la possession d'un peu d'or ou de quelques esclaves ; nulle justice dans leurs procédés, nulle retenue dans leurs mœurs, nulle bienveillance dans leur conduite vis-à-vis des malheureux Indiens; aussi lorsque le grand cacique de la Maison d'or osa leur déclarer la guerre, ce fut un soulèvement général. Le commandant du fortin ne réussissait même plus à en assurer la garde; du reste, il n'avait plus avec lui que dix hommes, les autres s'étaient dispersés dans l'île et y portaient partout le désordre, la ruine et la désolation. En une nuit, tous furent massacrés; ceux du fortin, surpris à l'improviste, n'eurent même pas le temps de se défendre, les autres furent tués dans les cabanes où ils se trouvaient. Telle fut la mission, tel fut le sort de cette première colonie.

Après l'expérience de cette première expédition, et avant même d'avoir pu soupçonner le désastre de sa colonie, Christophe Colomb s'était bien promis de ne plus emmener avec lui que des hommes sûrs et dévoués. Il croyait que ses succès lui assureraient, cette fois, une entière liberté d'organisation et d'action. Et cependant malgré des droits acquis et incontestables, malgré les assurances formelles et la protection avouée des rois, ces espérances si bien fondées s'évanouirent comme de frivoles illusions, et ces projets si raisonnables furent renversés par une coterie. Les collaborateurs de Christophe Colomb continuent à se tourner contre lui, ils compromettent son œuvre, et à partir de son deuxième voyage ils vont devenir légion. Leur centre est solidement établi dans les bureaux de la marine, leurs ramifications s'étendent partout, toutes les découvertes de l'amiral leur appartiennent.

Don Juan de Fonseca, archidiacre de Séville, ecclésiastique mondain, bureaucrate de vocation et d'instinct, frère de personnages considérables qui ont toute la confiance du roi, est à leur tête avec le titre d'Ordonnateur de la Marine. Juan de Soria, autre bureaucrate de race, dont la famille tenait héréditairement les comptes de l'Amirauté de Castille, lui était adjoint avec le titre de

Contrôleur général. Ces deux hommes accaparent immédiatement la direction des colonies. Rien ne s'y fera désormais sans eux, la volonté même des rois ne pourra s'affranchir ni de ce contrôle, ni de cet ordonnancement.

Pour faire preuve de zèle envers la couronne, pour se montrer intègre, austère et incorruptible dans le maniement des finances, et surtout pour détourner l'attention de l'amiral des « spéculations immorales et des connivences frauduleuses » dont l'ordonnateur et le contrôleur de la marine tiraient d'immenses profits, Juan de Soria refusa d'inscrire au nombre des équipages un seul domestique de l'amiral, attendu que sa qualité de chef de l'expédition l'autorisait à donner des ordres même pour le service de sa personne à tous ceux qui s'embarquaient avec lui, et qu'une bonne administration des intérêts de la couronne, « déjà obérée de tant d'autres dépenses, » ne pouvait tolérer une exigence aussi ruineuse.

En réalité, comme l'amiral se trouvait malade au moment de l'embarquement à Cadix et ne pouvait s'occuper de tous les détails de l'approvisionnement, Juan de Soria lui suscitait des embarras sur une question insignifiante, de manière à être complètement libre dans l'organisation de tout l'armement. Aussi quand la flotte eut quitté le port et se trouva en pleine mer, on dut constater que plus de trois cents passagers non autorisés à faire partie de l'expédition, avaient pris place sur les navires en se cachant parmi les caisses d'approvisionnement, les ballots de marchandises ou même à fond de cale.

De plus, lorsqu'au débarquement à l'Isabelle, on fit l'inspection des approvisionnements et des ressources de la nouvelle colonie, on reconnut que tout manquait et que rien n'avait été exécuté suivant les prescriptions royales. La plus grande partie du vin, logé dans de mauvaises futailles, avait coulé; « l'effectif des médicaments n'était pas en rapport avec l'état dressé par le médecin en chef ; les bestiaux de choix se trouvaient remplacés par d'autres de mauvaise race, et aux magnifiques chevaux passés en revue à Séville, on en avait substitué d'autres sans aucune valeur. » Telles étaient les plaintes formulées par l'amiral dans le mémoire qu'il fit remettre aux rois. Les bureaux de Séville y étaient accusés de fraudes honteuses ayant occasionné des souffrances inouïes et de cruels désenchantements.

Pour se justifier de ces accusations, Fonseca et ses partisans compromis avec lui, cherchèrent à les retourner contre l'amiral. Le mémoire les accusait de fraudes, d'injustices, de vols et de concussions, ils y répondirent en rappelant que Christophe Colomb avait présidé lui-même à l'armement de la flotte, et que tout avait été combiné d'après ses instructions, puis ils insinuèrent qu'en réalité cet étranger se trouvait au-dessous de la situation que sa fortune et la bonté des rois lui avaient faite, qu'il n'essayait de compromettre ceux qui lui étaient venus en aide que pour faire oublier son imprévoyance et ses insuccès, et qu'enfin ses réclamations formulées si tard et de si loin, pouvaient d'autant moins être admises qu'elles n'étaient appuyées d'aucune preuve, et que l'amiral était lui-même responsable dans cette affaire.

Un événement imprévu augmenta tout à coup la vraisemblance et le poids de ces accusations. Pedro Margarit, protégé de Christophe Colomb, l'un des officiers qu'il avait chargés de conduire une expédition dans l'intérieur de l'île, et le père Boïl, vicaire général des Indes, favori de Ferdinand, très recommandé dans les bureaux de la marine, avaient déserté la colonie et venaient d'arriver à la cour. Naturellement les ennemis de Christophe Colomb accaparèrent ces transfuges ; la haine des uns fit cause commune avec le ressentiment des autres.

Au lieu de procéder à l'exploration d'Hispaniola, ainsi

qu'il en avait reçu l'ordre, Pedro Margarit, abusant de l'autorité et des troupes qui lui avaient été confiées pour cette mission, était allé camper à dix lieues environ de l'Isabelle, la capitale de la colonie, et avait logé ses soldats dans les villages des Indiens. Affranchis de toute discipline et de tout exercice militaire, ces hommes s'étaient livrés à toutes sortes de rapines et de vols, « croyant faire beaucoup d'honneur aux Indiens en leur prenant leurs femmes, leurs provisions, leur or, et en consommant en quelques jours les vivres qui devaient suffire à ces infortunés pendant le tiers d'une année. »

Quand il eut ruiné tous les habitants de la Vega Real et fait maudire le nom espagnol dans cette contrée, cet officier, qui avait trahi l'honneur et s'était rendu indigne de la confiance que lui témoignait l'amiral, chercha un moyen de retourner en Castille. Parmi les mécontents qu'il sut rallier à son parti se trouvait le vicaire apostolique de la colonie, le trop célèbre Boïl.

Dès son arrivée dans l'île, le protégé de Ferdinand avait élevé la prétention de voir tous ses conseils aussi fidèlement suivis par l'amiral que par le roi. Boïl était un diplomate habile, trop convaincu de sa supériorité, et trop habitué à se faire obéir. Deux fois il avait demandé des mesures violentes contre le cacique Cuacanagari, compromis dans le massacre des Espagnols laissés dans l'île pendant la première expédition, deux fois Christophe Colomb avait refusé d'accéder à cette sorte de commandement. De là, le ressentiment de cet homme contre l'amiral.

Lorsque le danger de manquer de vivres obligea de rationner tous les colons, même les nobles hidalgos, lorsque les circonstances exigèrent que tous les membres de la colonie, même les volontaires qui n'étaient pas à la solde royale, prissent part aux travaux d'urgence pour la construction de l'Isabelle, Boïl censura publiquement les ordres de Colomb, qu'il taxait de cruauté et de tyrannie. Les gentilshommes, « aigris par leur prétendue humiliation » d'être soumis à un travail manuel, s'autorisèrent du vicaire apostolique en contrevenant aux ordres de l'amiral. Le dissentiment en vint au point que le vicaire apostolique, « mésusant de ses plus hauts pouvoirs spirituels, » frappa le vice-roi d'excommunication et mit l'église en interdit.

Il paraîtrait, du reste, que ce frère Bernard Boïl, religieux bénédictin, choisi par le roi en qualité de vicaire apostolique des Indes, n'était qu'un intrus dans ces hautes fonctions; la charge et la dignité dont il est ici question avaient été accordées par bulle pontificale au frère Bernard Boyl, religieux franciscain. Ferdinand ne voulut pas qu'une si légère différence d'orthographe entre deux noms et d'habit entre deux religieux pût être un obstacle à ses projets. Il préférait envoyer aux Indes un bénédictin bien connu de la cour, plutôt qu'un franciscain parfaitement ignoré de tous, surtout des courtisans. L'ampliation de la bulle adressée au père Boyl ne fut pas délivrée à l'autre Boïl, sous prétexte qu'il ne fallait pas exposer un titre original aux accidents des routes, et voilà comment le père Boïl fit partie de la seconde expédition vers l'ouest.

D'accord avec Pedro Margarit, son complice, et tous deux secondés par les hidalgos mécontents, qui avaient hâte de retourner en Castille, ils s'emparèrent de deux navires, à l'ancre dans le port de l'Isabelle, et s'évadèrent furtivement. A Séville, ils se présentèrent « comme échappés à une mort inévitable, dans cette île, où la riante verdure cachait des miasmes meurtriers pour des Européens, où la famine menaçait ceux qu'avait épargnés la fièvre, et où tous ces maux étaient aggravés par l'odieuse tyrannie de l'amiral et de ses frères. » Ils n'avaient quitté la colonie, disaient-ils, que par pur dévouement pour elle, et pour venir sans retard détromper les rois, persuadés que ce pays contenait de l'or, des aromates, des épices, tandis qu'il n'engendrait que la fièvre et des maux inconnus en Castille.

Cette affaire fut si bien conduite, et l'impression résultant de ces dénonciations tellement fâcheuse, que la reine Isabelle « voulut prudemment s'enquérir de la cause aux bureaux de la marine avant de décréter la mise en accusation de l'amiral. » Le juge instructeur, choisi par la reine « pour lui faire un rapport sur les faits incriminés, » fut Juan Aguado, intendant de la chapelle royale, qui avait déjà fait le voyage d'Hispaniola. Il s'était trouvé par conséquent sous les ordres de l'amiral, et avait quelque raison de s'en croire l'obligé. Isabelle conservait toute sa confiance à l'amiral ; en fixant son choix sur Aguado, elle n'avait d'autre but que d'adoucir autant que possible tout ce que cette mesure pouvait avoir de désagréable, de pénible et d'odieux pour un homme tel que Christophe Colomb. Malheureusement la reine avait compté sans l'ingratitude, si commune parmi les parvenus qui n'ont plus rien à attendre d'un protecteur, dont la fortune est passée et dont la disgrâce est à la veille de faire éclat. Durant son séjour auprès de l'ordonnateur général, Aguado avait reconnu l'influence de Fonseca sur le roi Ferdinand, et les dispositions du monarque envers l'amiral. Il comprit dès lors de quel côté il devait s'appuyer pour son avancement.

Aussi, dès son arrivée à Hispaniola, il parut tout occupé de suivre les instructions, non de la reine qui avait recommandé d'avoir toutes sortes d'égards pour l'amiral, mais de Fonseca dont les intentions et les intrigues n'avaient qu'un but, perdre Christophe Colomb dans l'esprit du roi et des courtisans. La tactique du commissaire royal consistait à pousser à bout de patience toutes les personnes dévouées au vice-roi, afin de l'amener lui-même à récuser ce juge et à se soustraire violemment à cette procédure. Aguado se réservait alors de constater, par un procès-verbal en règle, que don Christophe Colomb « avait manqué en sa personne au respect de l'autorité royale. »

Si habilement que fût conduite cette intrigue, l'amiral ne donna pas dans le piège, et Aguado n'eut plus d'autre ressource que « d'informer contre son ancien protecteur. » La marche de cette procédure est étrange, le commissaire royal agissant en tout comme s'il n'avait d'autre mission que de faire condamner le vice-roi.

Mais les circonstances servirent mieux le vice-roi que ses amis les plus dévoués. Un typhon détruisit toutes les caravelles espagnoles qui se trouvaient dans le port de l'Isabelle, et le juge royal se trouva le prisonnier de celui dont il venait instruire la cause; il ne lui était plus possible de retourner en Castille sans le secours et les bons offices de Colomb. La procédure, si laborieusement conduite, perdait ainsi toute actualité et toute chance d'aboutir. Le vice-roi ramenait lui-même son juge à la cour d'Espagne. Sa présence suffisait en effet pour lui reconquérir toute la bienveillance de la reine, imposer silence aux bureaux et commander un peu de retenue même à ceux qui s'étaient fait une loi d'obéir aux moindres désirs de Ferdinand.

A partir de cette époque, Christophe Colomb devient en quelque sorte étranger à l'organisation et aux progrès de la colonie. Son frère, don Barthélemy, en est le gouverneur suppléant avec le titre d'Adelantado; et l'un de leurs protégés, le grand juge de l'île, Roldan supplante bientôt aux noms des Rois ce représentant de l'autorité souveraine. Roldan usurpe tous les pouvoirs délégués à don Barthélemy, et se met en révolte ouverte contre lui, puis il s'installe avec ses partisans chez les indigènes qu'il accable de vexations et de mauvais traitements. Don Barthélemy, qui avait toutes les qualités du marin et du soldat, ne possédait aucune de celles qui distinguent les bons administrateurs. Roldan, au contraire, avait toutes les ambitions, toutes les ruses, qui sont la spécialité des hommes de loi, mais il savait dissimuler ses défauts sous une apparence de dévouement à la cause des colons. Entre l'Adelantado, personnifiant la droiture, et le grand juge perpétuant les traditions de la chicane, entre don Barthélemy et Roldan, la lutte était trop inégale pour que le succès fût un moment douteux. La majorité des Espagnols se sépara ouvertement de l'étranger autoritaire, et se rallia autour d'un compatriote dont on ne connaissait encore que la bienveillance.

A la suite de cette rébellion, le commandeur Bobadilla fut envoyé à Hispaniola pour y réorganiser le gouvernement et l'administration de la colonie ; il devait en conséquence instruire la cause des rebelles, les juger souverainement et les punir suivant toute la rigueur des lois. Ses pouvoirs étaient si étendus qu'il pouvait revendiquer « le gouvernement et la judicature des îles et terre ferme des Indes, prescrire à l'amiral et à ses frères ainsi qu'à toute personne relevant de leur autorité, d'opérer en ses mains la remise des forteresses, châteaux, magasins publics, arsenaux, munitions de guerre, chevaux, armes, troupeaux, en un mot de tout ce qui appartenait à la couronne. » Bobadilla pouvait renverser le vice-roi, prendre sa place et se constituer le restaurateur et le continuateur de l'œuvre de Christophe Colomb. L'occasion était trop belle pour qu'un ambitieux sans scrupule ne la mît pas à profit. Bobadilla commença son enquête par où il aurait pu la terminer. Il fit charger de fers l'amiral, l'Adelantado, et leur frère, le gouverneur de Saint-Domingue, puis il s'adjugea tous les pouvoirs et toutes les ressources de la colonie, qu'il gouverna dès lors absolument à sa guise, prenant ses collaborateurs parmi les partisans de Roldan, et se souciant fort peu des projets de l'amiral et de la volonté de la reine Isabelle.

A ce Bobadilla, dont l'indigne conduite envers l'amiral a été unanimement flétrie par tous les historiens, succéda comme administrateur temporaire chargé d'administrer les Indes pendant deux années seulement, don Nicolas de Ovando, commandeur de Olarez, bien vu à la cour, très goûté du roi et intimement lié avec l'ordonnateur général de la marine. Ici encore, nous retrouvons l'influence néfaste de Fonseca et ses perfides manœuvres contre l'amiral. Le premier émissaire des bureaux de la marine, Juan Aguado, avait simplement échoué dans sa mission pour s'être affranchi trop ouvertement de la légalité ; la cour n'avait pas même cru devoir s'occuper de l'enquête qu'il avait si maladroitement conduite. Bobadilla partit dans la suite avec des instructions plus catégoriques et des projets plus violents ; on lui enjoignait de traiter Christophe Colomb comme un criminel d'État et de le faire tomber si bas dans l'estime des rois que toute tentative de réhabilitation devînt impossible. Bobadilla traita cette affaire comme si le succès le plus complet lui était assuré d'avance ; il n'eut aucun égard pour la volonté de la reine, ni aucun respect pour cette dignité de vice-roi, qui donnait à Christophe Colomb un rang sans égal sur les marches du trône d'Espagne. Sa brutalité fut telle qu'il dut être désavoué, destitué et remplacé par un homme d'un caractère diamétralement opposé au sien. Don Nicolas de Ovando, profitant de l'expérience faite et des résultats acquis par ses deux prédécesseurs, évita soigneusement tout ce qui aurait pu le faire accuser d'illégalité ou de violence. Son unique soin fut d'assurer la tranquillité de la colonie et d'obtenir en retour la prolongation de ses pouvoirs.

Du reste, la situation avait été considérablement améliorée en sa faveur. On lui avait accordé le titre de gouverneur, bien plus honorable et bien plus solennel que celui de commissaire royal ; il avait ses gardes du corps et sa petite cour au lieu de quelques officiers subalternes ; et il laissait Christophe Colomb en Espagne, dans une disgrâce évidente que la bienveillance affectée des Rois ne parvenait pas à dissimuler. C'était là surtout le grand avantage d'Ovando : il arrivait en maître et prenait le gouvernement en souverain, tandis qu'Aguado et Bobadilla ne pouvaient s'autoriser que d'une mission de juges instructeurs.

Aussi lorsque Christophe Colomb, passant à Hispaniola pour son quatrième voyage d'exploration, demanda licence d'entrer dans le port de Saint-Domingue, Ovando refusa net et lui défendit formellement de descendre à terre et d'aborder sur un point quelconque de la côte. Il ne voulait pas compromettre en un jour le fruit de tant de luttes et de tant d'intrigues.

L'administration d'Hispaniola fut réglée d'après les mêmes principes. Ovando n'avait qu'un but : amasser de l'or. Il savait, en effet, qu'il ne resterait en faveur auprès de Ferdinand qu'à la condition de lui envoyer des trésors. Ce roi n'avait jamais compris les colonies que comme une source inépuisable de richesses pour la couronne ; les vastes idées de conquête religieuse de Christophe Colomb n'avaient pas eu le privilège de le séduire ni de le faire déroger en aucune circonstance à sa politique utilitaire.

Mais de plus, le protégé des bureaux de Séville entendait témoigner sa reconnaissance à Fonseca et autres en les faisant participer, autant que possible, à la fortune publique de l'Espagne. C'était l'unique moyen de se montrer digne de la haute bienveillance de si puissants protecteurs. Les arguments de ce poids et de cette valeur exerçaient alors une influence énorme sur cette royale bureaucratie.

Malheureusement pour Ovando, une horrible tempête anéantit complètement la flotte qui reconduisait en Espagne Roldan, Bobadilla et leurs complices ainsi que la plus riche cargaison d'or en pépites, en paillettes et en lingots qui se fût jamais vue. De plus, afin de réparer ce désastre et amasser de nouveaux trésors, les Indiens furent tellement maltraités qu'ils ne virent bientôt de salut que dans la révolte. Quelques rébellions amenèrent des répressions terribles, les haines de races y trouvèrent un nouvel aliment ; les Indiens exaspérés avaient-ils formé le complot de se débarrasser en un jour de tous ces étrangers, aucun document historique ne permet de l'affirmer; mais Ovando, inquiet et soupçonneux comme tous les tyrans, accepta facilement cette hypothèse, et pour prévenir toute tentative d'insurrection, il fit traîtreusement saisir, torturer et brûler vifs quatre-vingt-quatre seigneurs de la cour du cacique de Xaragua; des Indiens, venus en foule pour assister « aux jeux des soldats espagnols, » furent massacrés, et leur reine, « la noble et hospitalière Anacouana, la poétique et glorieuse Fleur-d'Or, » fut conduite à Saint-Domingue, jugée suivant les formes d'une procédure dérisoire, condamnée et exécutée publiquement d'après les ordres formels d'Ovando.

Nous voici bien loin de la réalisation des projets que formait Christophe Colomb au moment d'organiser sa première expédition vers l'ouest. Ce n'est pas la civilisation chrétienne que ce héros du Nouveau-Monde est venu apporter à Hispaniola, c'est la barbarie; ce n'est pas non plus la croix qu'il a fait triompher sur cette terre lointaine, c'est l'égoïsme, la cupidité et le vol. Au lieu de pratiquer la douceur et les vertus évangéliques, les premiers colons s'érigent en tyrans et commettent froidement le meurtre et l'assassinat. Le tableau de toutes ces horreurs fut le dernier souvenir que Christophe Colomb emporta d'Haïti. Le 12 septembre 1504, il quittait en effet, pour n'y plus revenir, son île presque déserte et sa colonie désolée. Ses belles espérances s'étaient évanouies comme un mirage, et la triste réalité lui restait seule avec son lugubre cortège de déceptions, d'injustices, de souffrances et de crimes.

En touchant au port où Christophe Colomb vient demander inutilement justice aux Rois et réparation à l'opinion publique, nous n'attendrons pas comme lui ce suprême affront que lui réservait Ferdinand, quand il lui proposa d'abdiquer son titre de vice-roi, de renoncer à son gouvernement perpétuel des colonies et d'en déshériter ses enfants pour une simple dotation qui mettrait ses derniers jours à l'abri de la pauvreté et de la misère.

Les petites infamies n'ont rien qui puisse faire ressortir un grand caractère, et les contrastes établis de si loin ne produisent pas l'effet qu'on pouvait en attendre.

Il est avéré, en effet, que Christophe Colomb, désillusionné de tout, brisé de fatigues et n'attendant plus de consolations que celles de l'autre vie, ni d'autre repos que celui de la tombe, se mit complètement en dehors des intrigues qui avaient si péniblement entravé sa carrière. Sans doute il revoyait souvent dans ses souvenirs l'image de cette reine Isabelle qui s'était si noblement associée à ses projets et qui l'avait si généreusement patronné; il aimait aussi à se rappeler l'intervention si efficace du moine, Juan de Marchena qui avait le premier compris un pauvre marin étranger, que les plus célèbres explorateurs refusaient de suivre vers l'ouest.

Peut-être entrevoyait-il encore la possibilité d'une croisade guerrière, non plus par lui, mais par son successeur, avec les ressources qu'il aurait contribué à lui procurer, puis conduite à la délivrance de Jérusalem et du Saint-Sépulcre. Mais la reine n'était plus; le père Juan Perez de Marchena s'était éteint dans sa solitude comme une lumière dans la nuit, ne laissant rien à la place qu'il occupait; les caravelles revenant d'Haïti ramenaient de l'or pour le roi, de l'or pour les bureaux de la marine, de l'or pour ceux des colons qui s'étaient montrés les plus cruels envers les Indiens, mais aucune d'elles ne s'était chargée de la part du vice-roi. Ovando continuait à gouverner pour son parti; personne ne se souciait du gouverneur perpétuel.

Entre le rêve et la réalité de l'entreprise de Christophe Colomb, il y a donc tout un monde; et ce monde, qui aurait dû être amené à la civilisation chrétienne par l'influence salutaire des Espagnols, fut ruiné, dévasté, dépeuplé par les principaux collaborateurs de « l'ambassadeur de Dieu. »

HISTOIRE D'UN ARCHEVÊQUE

Au Comte Charles BORROMÉO,

Gentilhomme d'Honneur de la Reine d'Italie.

HISTOIRE D'UN ARCHEVÊQUE

1538

L'histoire ecclésiastique n'offre pas de figure plus haute que celle de saint Charles Borromée, pas d'existence plus héroïque et plus féconde que la sienne. Le XVIᵉ siècle s'était soulevé contre l'Église au nom de la Réforme : saint Charles Borromée apparut comme la vraie réforme en personne, restaurant dans son vaste diocèse, et au delà, l'esprit du sacerdoce, et montrant que le vieux tronc du catholicisme pouvait se couronner encore de fleurs et de fruits, que Luther et Calvin n'avaient pas su faire naître. Grand évêque, conseiller et appui des papes dans l'œuvre difficile de l'achèvement et de la promulgation du concile de Trente, saint Charles témoigna surtout à son troupeau le zèle le plus ardent et le dévouement le plus entier : sa conduite pendant la peste de Milan l'a rendu cher et vénérable à ceux même qui ne partagent pas sa foi (1).

Le 2 octobre 1538, la noble comtesse Borroméo, Marguerite de Médicis, sœur du marquis de Médicis et du cardinal Jean-Ange, qui devint le pape Pie IV, donnait le jour à un fils qui fut appelé Charles, et qui naquit dans une salle du château d'Arona, appelée la *Chambre*

---

(1) *Le P. Augustin Largent*, de l'Oratoire.

des trois lacs, parce que de ses fenêtres on avait trois points de vue différents sur le lac Majeur.

Dans la nuit même de la naissance de ce grand saint, les officiers du château virent planer sur les tours un météore lumineux, dont les clartés étaient resplendissantes. C'était là un de ces signes dont Dieu se plaît parfois à accompagner la naissance des saints illustres, pour préparer le monde aux grandes choses qu'il a le dessein d'opérer par eux.

Le comte Gilbert Borromée eut, outre Charles, un fils qui épousa une sœur du duc d'Urbin, et quatre filles dont l'une fut mariée à un prince de la maison de Gonzague.

A peine au sortir de l'enfance, Charles reçut la tonsure et prit l'habit ecclésiastique, selon un usage qui était alors en vigueur, et qui a heureusement disparu. Il eut une jeunesse très studieuse, religieuse et pure, et déjà l'on admirait ses vertus précoces. A douze ans, son oncle César lui résigna en commende l'abbaye des Saints Gratinien et Félix d'Arona. Charles supplia son père de disposer en faveur des pauvres des revenus de ce bénéfice et ne voulut en distraire à son profit personnel que les frais de son éducation. Dispensateur des biens de l'Église, il reconnaissait qu'il en devait à Dieu un compte exact.

Il avait à peine vingt et un ans lorsque son oncle, le cardinal Médicis, patrice milanais, fut élevé au pontificat. Le nouveau pape prit le nom de Pie IV. L'année qui suivit son élection, il créa son neveu Borromée, cardinal du titre de Saint-Vite et de Saint-Modeste, titre qui fut plus tard échangé contre la diaconie de Saint-Martin du Mont. Le 8 février 1561, Charles, qui n'avait pas encore atteint la moitié du cinquième lustre de son âge, fut nommé archevêque de Milan, quoiqu'il n'eût pas reçu encore les ordres sacrés.

Sans doute c'était agir en dehors de l'esprit de l'Église que de combler ainsi d'honneurs et de dignités un jeune homme, vertueux il est vrai, mais dont la parenté avec le chef de l'Église pouvait faire accuser justement celui-ci de népotisme. Mais Dieu se sert de tous les moyens pour faire triompher les siens.

Ni l'abondance des richesses, ni l'exercice de la puissance ne changèrent rien aux dispositions de Charles Borromée, et le travail prodigieux qu'il s'imposait le jour et la nuit, pour remplir consciencieusement toutes ses charges, ne put le détourner de ses pieux exercices. Plus tard, il avait coutume de dire que Dieu, au lieu de lui imposer au début de la vie des épreuves et des tribulations, l'avait fait entrer à son service par la voie des honneurs, des prospérités et des applaudissements, afin que, convaincu par lui-même de leur néant, il les foulât aux pieds avec plus de mépris pour ne s'attacher qu'à la recherche des biens du ciel.

Il se fit ordonner prêtre en 1562, à la mort de son frère Frédéric, et parce qu'il voyait que, devenu l'héritier d'un nom illustre, de domaines immenses, on désirait qu'il quittât l'Église pour rentrer dans le monde. Il reçut alors le titre cardinalice de Sainte-Praxède.

Il prit une part active à plusieurs des sessions du concile de Trente où son influence fut très grande, et il fit ensuite partie de la commission des huit cardinaux, instituée pour être la gardienne fidèle de l'esprit du concile. C'est sous sa direction que fut composé le célèbre catéchisme du Concile de Trente.

En 1565, il fit son entrée à Milan, d'où il était parti six ans plus tôt, sortant des bancs de l'école. Son premier soin fut de réunir un concile provincial auquel assistèrent, en personnes ou par procureurs, seize évêques.

Puis il quitta Milan pour aller recevoir avec saint Philippe de Néri, son ami, le dernier soupir de Pie IV, qui expira entre leurs bras.

1569

Charles Borromée exerça une grande influence sur le conclave qui élut Pie V, mais il repartit ensuite pour Milan. Ce diocèse, duquel dépendaient quinze grands évêchés, et qui renfermait deux mille deux cents prêtres, plus de cent couvents de réguliers et soixante-dix monastères de femmes, était tombé dans un lamentable état d'abandon. L'absence de ses archevêques pendant quatre-vingts ans, le tumulte de la guerre, les révolutions des États, la rivalité de Charles-Quint et de François Ier, la peste, tous les maux enfin, avaient produit d'immenses ravages, même parmi ceux qui auraient dû servir de modèles aux fidèles, et qui étaient au contraire devenus pour eux un sujet de scandale. La corruption des mœurs faisait comparer Milan avec l'ancienne Rome des Césars.

Quelle douleur pour un cœur pur, comme celui de Charles Borromée! Il voulut entreprendre sans retard la réforme d'un état de choses qui menaçait d'une ruine absolue la vaste métropole de l'Italie du Nord. Son premier soin fut de tenir la main à l'exécution des décrets de son concile. Pour accomplir cette tâche, il fallait des efforts surhumains : il ne s'effraya d'aucune difficulté, et se mit à l'œuvre, convaincu qu'il réussirait, la Providence aidant. Il restaura d'abord les cérémonies du culte, résigna la plus grande partie de ses bénéfices, aliéna tous ses biens, et employa cette immense fortune en fondations, en œuvres de bienfaisance.

Il organisa ensuite l'administration de son diocèse, bâtit les séminaires de Saint-Jean-Baptiste, de la *Canonica*, et plusieurs autres, auxquels il donna d'admirables règlements. Il publia une ordonnance qui enjoignait aux titulaires de plusieurs bénéfices d'opter et de n'en retenir qu'un seul, avec obligation d'y résider. Il supprima plusieurs couvents, rétablit la clôture, et réforma les abus qui s'étaient introduits dans plusieurs maisons religieuses.

Toutes ces mesures suscitèrent contre lui de violentes oppositions. Il n'en tint nul compte, et voulut user des droits de la juridiction ecclésiastique. Après avoir épuisé la douceur et les avertissements paternels vis-à-vis des personnes qui donnaient les plus grands scandales, le cardinal fit procéder à quelques arrestations. Le bruit s'en répandit aussitôt et produisit une vive émotion. Les magistrats protestèrent; mais, n'osant s'attaquer directement à l'archevêque, ils firent prévenir son prévôt ou *Barigel*, que, s'il avait encore la hardiesse de porter la main sur des laïques en exécution d'un jugement ecclésiastique, il aurait à s'en repentir, et qu'en vertu d'un édit du gouverneur il lui était interdit de porter des armes à feu. Ces menaces n'ébranlèrent pas la résolution de l'archevêque. « Ce qui aurait abattu un courage vulgaire ne servit qu'à relever celui de Borromée, dit M. de Falloux, dans sa *Vie de saint Pie V*. Il avait voulu recevoir l'onction sainte au jour anniversaire de saint Ambroise, et ce fut les yeux fixés sur ce grand modèle qu'il se voua aux travaux, aux souffrances, au martyre même de la vie pastorale. »

Il y aurait de magnifiques pages à écrire sur la lutte qui s'engagea dès lors entre l'archevêque, le municipe milanais, le Pape et le roi d'Espagne. En voici un épisode.

Le duc d'Albuquerque, gouverneur du Milanais, publia, à l'instigation des mécontents, un édit par lequel il défendait à qui que ce fût de rien entreprendre sur la juridiction royale, sous les peines portées contre les rebelles à l'État. Cet édit minait jusque dans ses fondements la juridiction de l'archevêque et violait ses droits épiscopaux.

Or il y avait à Milan des chanoines dits de Sainte-Marie de la Scala. Le patronage de ce chapitre appartenait au roi d'Espagne comme duc de Milan, et c'était sur sa présentation que l'archevêque conférait les bénéfices. François Sforza avait obtenu du pape Clément VII, en 1531, plusieurs privilèges dont le principal était l'exemption de la juridiction épiscopale, pourvu que l'archevêque de Milan *expressus ad id accesserit assensus*.

Le cardinal Borromée voulut faire une visite pastorale à ces chanoines, qui vivaient licencieusement; ils lui firent alors savoir que, exempts de sa juridiction en vertu d'un privilège spécial, et s'abritant derrière les droits du roi d'Espagne, ils ne souffriraient pas sa visite. Le cardinal fit examiner l'affaire par un conseil qui déclara ses droits indiscutables. Il en référa au Pape, et en reçut une bulle qui confirmait cette opinion, et l'invitait à procéder à la visite projetée. Par prudence, il attendit deux mois encore. Ce délai ne servit qu'à enhardir la résistance du chapitre, qui élut pour conservateur de ses privilèges un prêtre de Pavie, Pierre Barbesta. Celui-ci, une fois élu, excommunia le vicaire criminel et le procureur fiscal de l'archevêque, comme ayant violé le privilège de la Scala, et fit afficher sa sentence dans la ville.

Charles Borromée ne recula point. Le 30 août 1569, il fit prévenir les chanoines qu'il visiterait le chapitre dans la journée. Les chanoines célébraient l'office; ils l'interrompirent aussitôt, fermèrent les portes et se retirèrent en habit de chœur dans le cimetière, déclarant que, l'église et les chanoines de la Scala étant au roi, ils déclinaient la compétence de l'archevêque.

A cette nouvelle, le cardinal monta sur sa mule et se dirigea vers la Scala, suivi de ses gens à cheval. Les chanoines vinrent à sa rencontre, escortés de gens armés, outragèrent le porte-bannière et le prêtre qui portait la croix archiépiscopale. Le cardinal descendit de sa mule, prit la croix entre ses mains et vint droit aux rebelles. Les chanoines, fous de rage, saisirent leurs armes et fondirent sur lui, en criant :

— Espagne ! Espagne !

Puis ils le repoussèrent et le poursuivirent en tirant des coups d'arquebuse. Pendant tout le temps que dura ce tumulte, Charles Borromée eut les yeux fixés sur l'image du Sauveur, et ne cessa de prier Dieu pour le salut de ces malheureux.

Pierre Barbesta poussa l'insolence jusqu'à proclamer, au son des cloches, l'archevêque suspendu de ses fonctions, et cette déclaration inouïe fut affichée sur toutes les places publiques.

Le cardinal envoya des courriers à Rome et à Madrid pour informer le Pape et le roi de ce qui s'était passé, et le différend fut décidé entièrement en sa faveur.

Parmi les moines qui s'étaient le plus relâchés non seulement de la vie religieuse, mais même des plus simples devoirs de la vie civile, on citait particulièrement les *Frères humiliés*, ordre fondé par quelques seigneurs milanais sous l'empereur Conrad. Charles Borromée voulut leur imposer une réforme, de concert avec le Saint-Siège ; mais les chefs de l'ordre résistèrent, employant sans succès les prières, la brigue, la violence, et s'emportant jusqu'à commettre des actes insensés sans pouvoir fléchir l'archevêque. Vaincus enfin par la grande autorité et la persévérance inébranlable du prélat, les membres de l'ordre formèrent l'horrible projet de l'assassiner. Un nommé Farina s'offrit de lui-même pour être l'instrument de ce crime, et, comme un autre Judas, ce fut pour quarante écus que le misérable vendit son pasteur.

Le 26 octobre 1569, Farina, déguisé, entra dans la chapelle privée du cardinal, se glissa au milieu des assistants et se plaça à cinq ou six pas seulement de la victime désignée à ses coups.

On chantait le motet d'Orlando qui commence par

ces mots : « *Tempus est ut revertar ad eum qui me misit.* » L'archevêque, à genoux devant l'autel, méditait. Au moment où l'on prononçait ces paroles : « *Non turbetur cor vestrum, neque formidet,* » l'assassin tira un coup d'arquebuse.

La musique cesse aussitôt, chacun se regarde avec stupéfaction; mais l'archevêque, sans se relever, fait signe à tout le monde de reprendre sa place, puis continue son oraison avec autant de tranquillité et de sérénité sur son visage que si rien n'était arrivé. Farina profita de cet instant pour s'échapper.

L'arme avait été chargée d'une grosse balle et de plusieurs carreaux. Quand Charles reçut le coup, il se crut frappé à mort, et, levant au ciel les yeux et les mains, il remercia Dieu de perdre ainsi la vie pour la défense de la justice, et pria pour l'assassin et ceux qui le persécutaient. Mais après la prière on s'aperçut qu'il n'était pas blessé. La balle qui l'avait frappé au milieu des vertèbres, et qui devait le percer d'outre en outre, n'avait pas même traversé ses habits; seul son rochet portait une trace noire et la marque d'une balle. Un des carreaux avait déchiré ses vêtements et atteint sa chaise; mais ces projectiles étaient tombés sans force à ses pieds sans se teindre de son sang innocent.

« Après un accident si merveilleux, dit Giussano, on ramassa la balle et les carreaux que des personnes pieuses gardèrent avec dévotion. La soutane, percée en plusieurs endroits, comme on la voit encore aujourd'hui, fut conservée par Lanfranc Rigna, prévôt de Saint-Ambroise-le-Majeur. Jean Pétruie, aumônier de Saint-Charles, ramassa la grosse balle qu'il garda longtemps et remit ensuite aux mains des Oblats du Saint-Sépulcre, qui la conservent encore. Le rochet marqué d'une balle fut envoyé à Rome au cardinal Sfondrat, du titre de Sainte-Cécile, qui depuis en fit don au cardinal de Sourdis, archevêque de Bordeaux. Ce prélat le mit à son tour en l'église des Chartreux de cette ville. »

Peu de temps après, les chanoines de la Scala se décidèrent à reconnaître la juridiction de l'archevêque et à lui faire publiquement amende honorable. Il leva l'interdit qui pesait sur eux, leur imposa une pénitence et les rétablit dans leurs anciens droits. Il obtint la grâce de Barbesta ; mais il ne put, malgré tous ses efforts, obtenir celle de ses assassins.

L'ordre des Humiliés fut aboli par une bulle pontificale du 8 février 1570.

1576

Au moment où Charles Borromée célébrait les obsèques de l'évêque de Lodi, un courrier lui apporta une terrible nouvelle. La peste avait éclaté à Milan.

Aussitôt il partit et revint au milieu de son peuple consterné qui courut en foule à sa rencontre, et qui, prosterné dans la poussière, les yeux baignés de larmes, ne proférait que ce cri :

— Miséricorde, Seigneur ! miséricorde !

Charles Borromée alla aussitôt à l'endroit où la peste avait frappé ses premiers coups. Son premier soin fut d'essayer de circonscrire le foyer du mal.

Quand il revint dans son palais, il y trouva ce qui restait à Milan d'officiers royaux, de magistrats, de gens du municipe, qui le conjurèrent de prendre soin de son peuple, puisque ceux qui devaient le gouverner l'avaient lâchement abandonné. Charles les reçut avec une bonté touchante, et s'engagea sans hésiter à dévouer son bien, sa personne et sa vie au service des pestiférés ; il les conjura de seconder ses efforts et de ne point abandonner la ville, comme tant d'autres l'avaient fait.

Il commença par demander à Dieu de laisser fléchir sa colère, ordonna des processions et des prières publiques. Puis il prit des mesures pour pourvoir à tous les besoins des malades : on en envoya le plus grand nombre à la maladrerie de Saint-Grégoire sous les murs.

Charles, sollicité de fuir le péril, répondit que le devoir du bon pasteur est de donner sa vie pour ses brebis. Il promit néanmoins de ne pas s'exposer inutilement et d'éviter de toucher les pestiférés sans nécessité. Mais chaque fois qu'il sortait, le peuple, surpris de le voir mépriser un danger si évident, courait après lui, se jetait à ses pieds, s'efforçait de le toucher et de baiser ses habits. Il ne pouvait alors le repousser, son cœur débordait de compassion, et lui qui détestait jadis les ovations de la foule, ne s'en éloignait plus et souffrait ses dangereuses étreintes. Il visita les maisons des pestiférés, et y découvrit tant de misère et d'abandon, tant de gens expirant sans secours et sans sacrements, qu'il en fut comme anéanti. Il visita aussi la maladrerie de Saint-Grégoire, triste lieu où la police de Milan jetait parfois sur un simple soupçon de malheureuses familles. On enfermait les suspects pêle-mêle avec les mourants; ensuite on les abandonnait à eux-mêmes sans secours pour subsister. Ni médecins, ni prêtres pour les assister ; ceux qui survivaient pendant quelques heures s'efforçaient de donner la sépulture à leurs pauvres morts, en attendant l'instant prochain où d'autres agonisants leur rendraient aussi ces funèbres soins.

Le cardinal, rentré chez lui, fit porter à la maladrerie non seulement tout l'argent qu'il avait, mais une partie de ses meubles et jusqu'à son lit. Il envoya ce qui lui restait de vaisselle précieuse à la monnaie, fit quêter dans Milan, et put ainsi organiser les premiers secours. Il fit venir des prêtres des vallées suisses de son diocèse et leur assigna pour poste l'hôpital Saint-Grégoire.

Une misère sans exemple envahit bientôt la ville : ce n'était pas cette pauvreté décrite par le poète antique, qui pousse l'homme au travail et sans laquelle l'or du riche n'aurait pas de valeur, mais une pauvreté atroce, inexorable, irrémédiable, et tellement cruelle, que ces malheureux, hâtant la mort de leurs vœux, portaient envie même aux pestiférés, dont les souffrances au moins étaient de courte durée.

Milan offrait un spectacle horrible : les boutiques étaient fermées, les manufactures ne marchaient plus; les habitants ne sortaient de leurs logis que pour les choses indispensables, cependant les rues étaient encombrées par une population hâve et mourante. Les artisans, les serviteurs, les gens sans emploi erraient de porte en porte ou se couchaient le long des maisons. Ceux que la honte ne retenait plus mendiaient, sales, décharnés, abattus par la faim. Des enfants, des femmes, des vieillards parcouraient la ville en implorant un morceau de pain. Épuisés, ne sachant quel parti prendre, ces malheureux s'assemblèrent et résolurent d'aller trouver le cardinal pour le conjurer d'avoir pitié d'eux et de les secourir. Un matin, ils se mirent en marche deux à deux, et cette lamentable procession entra bientôt dans le palais archiépiscopal; beaucoup de ces infortunés se soutenaient à peine, on eût dit qu'ils allaient mourir; ils s'avancèrent en chancelant, se prosternèrent aux pieds du cardinal et le supplièrent avec des paroles navrantes d'avoir pitié d'eux. Saint Charles fondit en larmes, il accueillit ces malheureux comme ses enfants bien-aimés et les consola de son mieux; mais il ne possédait plus rien et n'avait plus rien à vendre. Il parvint cependant à les secourir.

Les horreurs de la faim furent enfin conjurées; mais vint l'hiver, et avec lui, le froid. Le cardinal, ne sachant comment vêtir les pauvres, recourut à un expédient singulier. Il prit tous ses habits, fit détacher les rideaux, les tentures, les tapis qui ornaient son palais, et se trouva riche de quinze cents aunes d'étoffes dont on confectionna des vêtements. Ce fut un spectacle étrange que présentaient tous ces gens vêtus de couleurs disparates et d'étoffes précieuses. Mais cette inspiration de la charité ne fut pas stérile ; stimulés par cet exemple, les riches se dépouillèrent de leur superflu, et beaucoup de dames milanaises apportèrent à l'archevêque leurs joyaux et leurs pierreries pour qu'il en distribuât le prix aux pauvres.

Cependant la fureur de la contagion allait toujours croissant. L'archevêque, persuadé que le fléau était un châtiment divin, reconnut l'impuissance des remèdes humains. Il ordonna des actes publics de pénitence et d'expiation, des jeûnes, des prières, pour apaiser la colère de Dieu.

A la procession générale qui eut lieu le 7 octobre, le cardinal marchait pieds nus, la corde au cou, comme un criminel, et tenait entre ses mains une grande croix sur laquelle il attachait ses yeux baignés de larmes. A l'imitation du saint roi David, il priait l'ange exterminateur de le frapper et d'épargner son peuple, et tout le temps de la cérémonie, il s'offrit à Dieu en holocauste. La foule, saisie de compassion, pleurait.

Le fléau ne ralentissait pas son cours. Des bruits d'empoisonnement et de maléfices circulaient. La population, frappée d'effroi, se livrait à des soupçons monstrueux, plus affreux que la peste elle-même. Chose horrible à dire, l'ami se défiait de son ami, le fils de son père, l'époux de son épouse; la table de famille, le foyer domestique même étaient considérés comme des lieux suspects, et comme des asiles où le crime pouvait pénétrer.

Le nombre des pauvres qu'on nourrissait tous les jours d'aumônes publiques montait à plus de soixante-dix mille. Les magistrats en furent réduits à vendre et à engager quelques impôts dont jouissait la ville, afin de pouvoir assister le peuple. Religieux, prêtres, seigneurs et bourgeois rivalisaient de zèle et de charité, sous l'impulsion ardente du vénérable pasteur de cet infortuné troupeau. Les serviteurs de Borromée furent plus d'une fois obligés d'aller mendier son repas et le leur.

Saint Charles était vivement préoccupé aussi du sort des petits enfants dont les mères étaient mortes de la peste, et dont le nombre était tel qu'on ne pouvait plus trouver de nourrices; il les fit allaiter par des chèvres. Dans ses courses de nuit, il en trouvait parfois d'exposés sur les portes, à l'entrée des maisons; il les prenait et les emportait dans ses bras, les réchauffait et les caressait avec la tendresse d'un père.

Le saint pasteur rendait tour à tour visite aux malades de la ville et à ceux du lazaret et des calvaires. Le plus souvent, au cœur de l'hiver, il ne rentrait chez lui qu'à onze heures ou minuit; il avait passé toute sa journée à consoler, à surveiller ou à secourir ses enfants bien-aimés. Il consolait ceux qui souffraient avec une charité incomparable; il donnait ici des vivres, là de l'argent, partout des encouragements et de saintes paroles. On le voyait sans cesse au chevet des malades, et lorsque la porte des maisons était close, il se servait d'une échelle et pénétrait par la fenêtre dans la chambre des pestiférés, pour qu'aucun ne mourût sans assistance ni consolation. Il administrait lui-même, dans toutes les occasions, les derniers sacrements.

Enfin le terrible fléau cessa peu à peu ses ravages, et après une année de douleur et de désespoir, Milan renaquit à la vie, grâce à l'infatigable dévouement de son premier pasteur.

Près de vingt-cinq mille victimes succombèrent tant dans la ville que dans la banlieue. Le peuple, dans sa reconnaissance naïve, a conservé le souvenir ineffaçable de ce dévouement, et il l'exprime par un mot, appelant cette épidémie : la peste *di San Carlo*.

« Tant est forte la puissance de la charité! » dit Manzoni dans son beau livre des *Fiancés* où sont décrites avec un si magnifique talent les horreurs du fléau. Et il ajoute : « La charité peut faire planer la mémoire d'un homme sur la mémoire d'une vaste et solennelle infortune de tout un peuple, parce qu'elle a inspiré à cet homme des sentiments et des actions plus mémorables encore que les maux ; elle peut graver son nom dans tous les cœurs, exprimer par ce seul nom et y rattacher le souvenir de douloureux événements, parce qu'elle l'y a fait entrer comme un guide, un bienfaiteur, un exemple vivant, une victime volontaire d'un malheur général ; elle peut faire pour cet homme autant qu'une glorieuse entreprise, attacher son nom à une calamité publique, comme d'autres attachent le leur à une conquête ou à une découverte. »

1584

Au mois d'octobre 1584, et à son retour d'un voyage qu'il venait de faire en Savoie pour y négocier le mariage du duc Charles-Emmanuel avec l'infante Catherine-Michelle, fille de Philippe II, le cardinal Borromée fut saisi coup sur coup de plusieurs accès de fièvre. Il venait de faire une retraite à la Chartreuse de Varalle, pour se préparer à la mort. Pendant sa durée, il ne dormait que trois ou quatre heures, couché sur des planches et n'ayant qu'une mauvaise couverture. Il se nourrissait de pain et d'eau, flagellait son corps avec tant de cruauté que son linge était ensanglanté, et faisait six heures d'oraison mentale. Lorsqu'il célébrait la messe, il ne pouvait retenir ses larmes, et son visage rayonnait alors de lumière ; on eût dit une lampe d'albâtre, éclairée par une flamme intérieure.

Après le troisième accès de fièvre, il se décida à partir pour Milan, où il devait officier pontificalement le jour de la Toussaint. Pendant le voyage, il récita l'office des morts ; il chercha à préparer ceux qui l'accompagnaient à une séparation prochaine. Mais pour la première fois peut-être ses paroles ne trouvèrent pas d'écho ; personne ne voulait comprendre ; on ne pouvait croire que Dieu voulût priver son Église d'un tel pasteur, tant qu'il resterait un abus à détruire ou un hérétique à convertir.

Le jour de la Toussaint, il célébra pour la dernière fois le saint sacrifice.

Le jour des Morts, il se rendit à l'église pour y assister, et il communia avec une ferveur touchante. Il arriva à Milan le même jour avec ses cousins le comte René Borromée, le comte Altemps et Fabrice Corregge. Il fit d'abord une visite à sa chapelle, et, se couchant enfin, il abandonna son corps aux médecins et son âme à Dieu.

Le 3 novembre, il se fit lire l'office des morts, et ordonna qu'on dressât un autel dans sa chambre. Les médecins eurent une consultation, et déclarèrent que l'état de l'illustre malade était désespéré, et qu'il touchait à ses derniers moments.

Le cœur brisé de douleur et d'une voix entrecoupée par les sanglots, le confesseur de l'archevêque lui annonça que son heure était venue et qu'il allait paraître devant Dieu. Les comtes Altemps et René Borromée étaient au pied du lit, ainsi que toute la maison du cardinal ; chacun fondait en larmes et gémissait sur la perte d'un tel maître ! Il voulut lever la main pour les bénir tous, mais la force lui manqua ; il fallut l'aider à faire le signe de la croix.

L'archiprêtre du Dôme, accompagné de tous ses chanoines, lui apporta le saint viatique ; l'archevêque, rassemblant toute son énergie, voulut se lever pour recevoir son Sauveur avec plus de respect, mais sa faiblesse l'en empêcha. On lui mit au cou son rochet et son étole qu'il baisa une dernière fois, puis il reçut le pain des mourants et l'extrême-onction avec les cérémonies accoutumées. Pendant qu'on l'administrait, on s'aperçut qu'il essayait encore de répondre au prêtre. Quelques instants après, il entrait en agonie ; il était alors cinq heures.

Ses officiers se rappelèrent qu'il avait demandé plusieurs fois à mourir dans la cendre et le cilice ; l'un d'eux le revêtit alors d'un cilice et le couvrit de cendres bénites.

La chambre était remplie de prêtres qui priaient en sanglotant ; lorsqu'ils virent leur archevêque bien-aimé aux prises avec la mort, sans connaissance, les yeux levés au ciel, étendu sur son lit dans un habit de pénitence, les pleurs, les cris et les gémissements éclatèrent de toutes parts, et ce fut un moment déchirant.

Pendant ce temps, les Milanais, en proie aux plus vives inquiétudes, encombraient les rues, demandant des nouvelles, pleurant, et ne pouvant croire à l'affreux événement. Pendant toute la soirée, une foule immense, prosternée au pied des autels, fit retentir les églises de prières et de lamentations, et l'affluence fut telle, aux abords du palais archiépiscopal, qu'il fallut envoyer des troupes pour maintenir l'ordre. Le duc de Terranova, instruit de l'état du cardinal, vint le visiter ; mais le trouvant sans connaissance apparente, il ne put que mêler ses pleurs aux gémissements de tous.

Enfin, après trois heures d'une agonie fort paisible, pendant laquelle il ne cessa de contempler son crucifix, Charles Borromée rendit à Dieu sa belle âme, et s'endormit dans le Seigneur, en murmurant d'une voix éteinte :

— *Ecce venio.*

Don Charles Bascapé lui ferma les yeux ; le visage du saint était radieux, on eût dit qu'il souriait encore.

C'est à huit heures du soir que le saint archevêque rendit le dernier soupir. Les cloches de toutes les églises de Milan sonnèrent aussitôt ; leurs tintements lugubres apprirent au peuple que tout était consommé. Une consternation générale succéda à l'agitation : les Milanais n'avaient plus de père.

Nous laissons raconter à Giussano la scène qui suivit; il y a des récits qu'on affaiblit en osant y toucher.

« Pendant qu'on accommodait le corps de ce malheureux archevêque pour l'ensevelir, tous ses domestiques ne pouvaient se lasser de le baiser et de le laver de leurs larmes. On remarqua sur ses épaules de grandes meurtrissures que ses grandes disciplines lui avaient faites ; sa chair était fort rude, à cause du cilice qu'il portait toujours, et son corps si maigre et si abattu, qu'il n'avait que la peau collée sur les os; on y voyait encore au milieu des vertèbres la marque de la balle qui le frappa lorsqu'un coup d'arquebuse fut tiré sur lui. Après l'avoir revêtu de ses habits pontificaux blancs, on le porta dans la chapelle de l'archevêché, où tout le reste de la nuit ses domestiques le veillèrent, récitant l'office des morts pour le repos de son âme, quoiqu'ils fussent persuadés qu'elle jouissait déjà dans le ciel de la gloire des Bienheureux, et, dans cette pensée, chacun tâcha d'avoir quelque chose de ce qui lui appartenait ou qui lui eût touché.

» L'un prit son chapelet, l'autre l'*Agnus Dei* qu'il portait à son cou, l'autre sa calotte ; les plus adroits s'emparèrent des choses les plus précieuses, comme teintes de son sang, et ils se les partagèrent entre eux ; d'autres prirent ses livres, ses images, ses habits, et ceux qui ne purent avoir autre chose emportèrent la paille sur laquelle il était couché quand il mourut. »

On eut beaucoup de peine à contenir la foule qui assiégeait les abords de l'archevêché. Le lendemain, les portes furent ouvertes, et le peuple s'y précipita avec une telle impétuosité, qu'on fut obligé de percer un mur dans la chapelle pour ménager une issue au public. Le large escalier du palais ressemblait à une mer mouvante roulant des flots humains. Le cercueil avait été entouré d'une forte balustrade qui ployait sous l'effort des visiteurs, tous voulant baiser le corps ou du moins contempler ce visage vénérable et comme empreint déjà de la béatitude céleste.

Saint Charles Borromée a tellement excellé dans l'exercice de toutes les vertus, qu'il est impossible de déterminer avec exactitude celle qu'il pratiqua le plus parfaitement. Il reçut le don de la foi avec une si grande plénitude, que cette lumière éclaira toujours sa route d'un éclat divin, semblable à l'étoile bénie qui conduisit les rois mages à Bethléem.

Plein d'humilité, il était néanmoins attentif à faire respecter les droits augustes de son rang de prince de l'Église :

— Je ne porte cet habit rouge, disait-il souvent, que pour me faire souvenir continuellement que je dois être dans la disposition de donner mon sang pour la gloire de Dieu et le bien de l'Église.

Il fut l'ennemi déclaré du népotisme, et mécontenta souvent ses parents en refusant de servir leur ambition ; bien qu'il fût tendrement attaché aux siens, il disposa de la plus grande partie de sa fortune en faveur des pauvres et de son Église.

Lorsqu'il vint à Milan, il ne s'y trouvait qu'une trentaine d'écoles pour les enfants ; à sa mort, on en comptait environ *sept cent quarante,* dirigées par *mille sept cent vingt-six* officiers ; plus de *trois mille* catéchistes donnaient l'instruction religieuse à plus de *quarante mille* écoliers. Saint Charles prit toute sa vie un soin minutieux de ces écoles ; il les inspectait dans toutes ses tournées, et mit à leur tête des prêtres aussi zélés qu'instruits.

Sa piété était vraiment extraordinaire : « En voyage, à l'église, dans son palais, au milieu des rues, à travers ses conversations, on sentait qu'il respirait en quelque sorte une atmosphère surnaturelle. Dieu était pour lui comme un vaste océan où son cœur tout brûlant d'amour trouvait un bain d'ineffable rafraîchissement.... Aussi, comme saint Paul, désirait-il, soumis néanmoins à la volonté divine, la prompte dissolution de son corps, non pas qu'il refusât le travail, mais parce qu'il avait hâte de vivre de cette vie angélique que ne trouble même plus la crainte de la perdre (1). »

Il était d'une tolérance bien rare à cette époque, et sacrifiait, par charité, ses plus chères habitudes. Saint François de Sales écrivait à ce sujet à sainte Jeanne de Chantal :

« Je veux que vous considériez le cardinal Borromée, qu'on va canoniser dans peu de jours. C'était l'esprit le plus exact, roide et austère qui se puisse imaginer ; il ne buvait que de l'eau et ne mangeait que du pain, et néanmoins cet esprit si rigoureux, mangeant souvent avec les Suisses, ses voisins, pour les gagner à mieux faire, ne faisait aucune difficulté de faire des *carroux* ou *brindes* (c'est-à-dire de trinquer et de porter des santés) avec eux, à chaque repas, outre ce qu'il avait bu pour sa soif. Voilà un trait de sainte liberté en l'homme le plus rigoureux de cet âge. Un esprit dissolu eût trop fait, un esprit contraint eût pensé pécher mortellement, un esprit de liberté fait cela par charité. »

Charles Borromée possédait à un haut degré cette rectitude d'esprit et de conscience qui veut et cherche le bien sans considération humaine, sans pusillanimité comme sans présomption ; lorsqu'il avait entrepris une chose, ni l'autorité des puissances souveraines, ni le crédit de sa famille, ni les instances de ses amis, ni les promesses, ni les menaces n'étaient capables de l'ébranler.

Le cardinal Sirlet à fait de notre saint patron ce magnifique portrait : « Charles Borromée, pendant cette

(1) *L'Esprit de saint Charles Borromée*, par un prêtre du diocèse de Nancy.

vie, était dans son corps comme dans une prison ; son esprit demeurait toujours occupé du ciel comme de sa propre demeure ; il n'avait rien de la terre que l'apparence.

» Il était un homme par nature, un ange par grâce, un exemple de toutes les vertus par la piété. Il était le modèle des évêques, l'honneur des cardinaux, et le fidèle défenseur des gens de bien contre les impies.

» Il a été l'ornement le plus illustre de l'Église de Dieu ; le sel, la lumière, la ville établie sur la montagne de Sion, et la lampe ardente de l'Évangile. Il a été le sel de l'Église par sa vie sainte et ses bonnes mœurs ; il en a été la lumière par sa doctrine et ses prédications ; la ville, par ses forces et ses défenses, et la lampe, par les ardeurs de sa charité.

» Il a éclaté dans l'Église par sa foi, sa sagesse, sa bonne vie et sa conduite. Il a éclaté par sa foi comme un martyr, car il n'a pas manqué au martyre, mais le martyre lui a manqué ; par sa sagesse, comme un docteur ; par sa bonne vie, comme un confesseur, et par sa conduite, comme un pasteur.

» Il a été un Abel en innocence, un Noé en probité, un Abraham en foi, un Isaac en obéissance, un Joseph en chasteté, un Moïse en charité, un David en humilité et un Élie en zèle. Il a été un ouvrier irréprochable et jamais oisif, un digne ministre de la parole de vérité, un prêtre saint qui ne faisait rien que pour Dieu, et dont l'esprit était tellement rempli de piété, qu'elle le rendait invincible et presque invulnérable ; en un mot, il était un trésor de tous les dons du Saint-Esprit. »

LA JEUNESSE DE RICHELIEU

~~~~~~~~~~

Au Marquis

Tredicini DE SAINT-SÉVERIN

LA JEUNESSE DE RICHELIEU

I

Armand-Jean du Plessis, qui devint évêque de Luçon, secrétaire d'État aux finances, à la guerre et aux affaires étrangères sous la régence de Marie de Médicis, ministre d'État sous le règne de Louis XIII, cardinal et duc de Richelieu, naquit le 5 septembre 1585. Sa famille était de bonne noblesse, malgré les assertions suspectes de Saint-Simon, mais sans aucun prestige.

Il eut pour père François du Plessis IV, seigneur de Richelieu, de Beçay, de Thillou et de la Vervolière, et pour mère Suzanne de la Porte, dont les titres de noblesse étaient alors de date assez récente. Une peinture satirique, précieusement conservée par des ennemis du cardinal, la désigne en effet comme la fille d'un apothicaire.

François du Plessis suivit le duc d'Anjou, Henri de Valois, en Pologne, et en revint avec lui. Il fut grand prévôt de France en 1575, chevalier du Saint-Esprit en 1586, et enfin capitaine d'une compagnie de gardes de Henri IV en 1590. Mais il ne put prendre possession de cette charge, car dans le courant de cette même année, il mourut, laissant trois fils et deux filles. Armand-Jean, le futur cardinal, était le dernier de tous, et débutait ainsi assez mal comme cadet.

L'aîné de la famille, nommé Henri, obtint de Marie de Médicis le gouvernement d'Angers, et fut tué en duel. Le second, Alphonse, embrassa l'état ecclésiastique. C'était lui que l'on destinait à l'évêché de Luçon. L'aînée des deux filles, Françoise, fut mariée en premières noces à Jean de Beauveau, seigneur de Pimpeau ; ensuite à René de Vignerod, seigneur du Pont de Courlay. C'est sous ce dernier nom qu'elle est le plus souvent désignée dans l'histoire. Nicolle, la cadette, épousa Urbain de Maillé, marquis de Brézé, capitaine des gardes de la reine-mère, puis du roi Louis XIII, et enfin maréchal de France.

Le château de la famille était situé en Poitou, sur les confins de la Touraine, à trois lieues de Chinon. C'est là probablement que Richelieu naquit et qu'il passa sa première enfance. De bonne heure, il fut confié aux soins du prieur de Saint-Florent, qui lui fit faire ses premières études. On le mit ensuite au collège de Navarre où se trouvait la meilleure noblesse du royaume. Enfin, on l'envoya étudier la philosophie et apprendre le métier des armes à l'académie de Lisieux. Ceux qui se destinaient aux grandes charges commençaient par s'exercer à l'obéissance et au travail. Armand-Jean du Plessis, au début de sa carrière militaire, prit le titre de seigneur de Chillou, et s'adonna sérieusement à l'étude.

Sur ces entrefaites, le puîné de Richelieu renonça à l'évêché de Luçon ; sa vocation le poussait vers le cloître. Sa famille ne fit rien pour l'entraver ; toutefois elle prit ses mesures, afin de conserver le revenu d'un évêché qu'elle possédait depuis des années. Armand-Jean fut donc mis en demeure de succéder à son frère et d'embrasser l'état ecclésiastique. Il obéit et fut investi de ce bénéfice en 1605. Le jeune évêque *nommé* s'appliqua résolument aux études qui convenaient à son nouveau genre de vie : c'est le propre des esprits supérieurs de ne pas choisir leur carrière, d'accepter celle qui se présente et d'y faire leur chemin. En deux ans, il apprit la théologie, et se tint prêt à soutenir ses thèses en Sorbonne. Alors de nouvelles difficultés surgirent devant lui ; le Pape se montra plus difficile et plus soucieux de la dignité de l'Église que le roi. Il ne voulut pas accepter un évêque de vingt ans, et lui refusa la dispense d'âge et les bulles.

Richelieu commença par se faire recommander à Rome ; il était puissamment secondé par l'ambassadeur extraordinaire de Henri IV, M. d'Alincourt, et par le cardinal du Perron. Mais, comme il arrive à tous les protégés qui ne s'imposent pas, il vit son affaire traîner en longueur et sa consécration indéfiniment ajournée. Il résolut alors d'agir par lui-même et d'aller à Rome. On constate déjà dans ce jeune homme l'impatience et l'activité, si remarquables plus tard dans le ministre d'État ; il faut qu'il vienne promptement à bout de ses entreprises ou qu'il les conduise de sa personne.

Les historiens racontent tous, sans commentaire, que le jeune évêque nommé se fit remarquer du pape Paul V par la vivacité de son esprit et la solidité de son instruction. Cette louange paraît purement gratuite : ce n'est pas quand on sollicite une dispense d'âge qu'on trouve l'occasion d'être éloquent ; la condition de suppliant pour son propre compte n'est pas non plus très favorable pour mettre en lumière des connaissances acquises à la hâte et, par conséquent, tout à fait superficielles.

Les pamphlétaires ou leurs échos rapportèrent, d'autre part, que Richelieu trompa le Pape sur son âge et lui demanda plus tard l'absolution de ce mensonge ; ils ont même ajouté que le Pape loua l'habileté de cette politique et en augura de grandes choses. L'invraisemblance de cette allégation ne lui laisse même plus le charme de la naïveté. Il y avait deux ans que la cour romaine était saisie de cette affaire et qu'elle refusait la dispense sollicitée par les ambassadeurs de Henri IV. Autant vaudrait dire que toutes ces démarches n'avaient aucune raison d'être, que le postulant avait l'âge requis par les lois ecclésiastiques, et que jusqu'alors on s'était trompé. Sur quoi le Pape aurait accordé la dispense, dont on n'avait que faire, et les bulles de consécration.

Il est bien plus vraisemblable de supposer que l'évêque de Luçon trouva un appui efficace dans la recommandation particulière de Henri IV, les bons offices du cardinal du Perron, ceux de M. d'Alincourt et du cardinal Borghèse. Il fut sacré par le cardinal de Givry le 17 avril 1607, et ne tarda pas à revenir à Paris, où nous retrouvons ses instances en Sorbonne dès le mois d'août de la même année.

A vingt ans, Richelieu n'avait qu'une grande passion : celle de la gloire. Son premier modèle fut le cardinal du Perron. Le rôle de pacificateur de ce savant l'avait séduit : « Quoi de plus beau, se disait-il, que d'être choisi pour médiateur entre deux camps, tels que ceux des protestants et des catholiques? »

Le sentiment religieux n'était pas étouffé sous cette ambition. Richelieu se déclarait le champion de l'Église; ses premiers efforts dans cette carrière le poussèrent vers les sommets de la science et les plus hautes questions de la théologie. On ne sait pas au juste à quelle époque il se présenta pour la première fois aux examens de la Sorbonne; cependant quelques-uns de ses biographes indiquent l'année 1605. Aubery parle avec admiration de discussions publiques soutenues par le jeune théologien, « évesque nommé, » c'est-à-dire en 1606. Amelot de la Houssaye s'exprime à ce sujet en termes très précis : « La dernière thèse que M. de Richelieu soutint en Sorbonne, écrit-il, étant déjà nommé à l'évêché de Luçon, portait pour titre : QUESTION THÉOLOGIQUE : *Qui sera semblable à moi?...* Ces paroles furent prises pour une prophétie, après qu'il fut parvenu au cardinalat et au ministère. Il fit cet acte en camail et en rochet, quoiqu'il n'eût pas encore obtenu ses bulles. » Il faudrait alors supposer que Richelieu quitta la carrière des armes et s'adonna à l'étude de la théologie longtemps avant l'année 1605.

D'un autre côté, les registres de la Faculté de théologie et les pièces officielles qui s'y rapportent ne mentionnent qu'une épreuve subie par Richelieu le 29 octobre 1607, alors qu'il était évêque sacré. On croit même généralement que cette thèse lui suffit pour obtenir son titre de docteur.

Dans tous ces renseignements, il y a des lacunes. Toutefois, à l'aide des documents que nous possédons, voici comme on peut reconstituer l'ordre des faits :

La famille de Richelieu laisse clairement voir qu'elle veut s'approprier l'évêché de Luçon. Quand le grand-oncle du cardinal, qui en avait été pourvu, vint à mourir, ses neveux étaient trop jeunes pour lui succéder; on négocia alors avec un homme de grande complaisance et de morale facile; celui-ci occupa le siège épiscopal jusqu'à la majorité d'Alphonse de Richelieu ; puis, à ce moment, il se démit de ses fonctions provisoires. Cependant le successeur attendu n'a pas la souplesse que l'on souhaitait. Son âme ne se vend pas, sa conscience est trop noble pour descendre à un commerce intéressé; le rang de sa naissance le voue à la religion, mais c'est dans le cloître qu'il va la chercher ; on le prévoit, on le sait, et sa famille prend les mesures nécessaires pour faire face à toute éventualité. On obtient qu'il retarde la mise à exécution de son projet; on sollicite auprès du roi la nomination du frère puîné de l'évêque. Henri IV est bienveillant pour cette famille et conciliant sur les questions religieuses ; tout s'arrange facilement. Armand de Richelieu laisse de côté l'épée et les armes ; on fait briller à ses yeux un autre idéal. Il a dix-sept ou dix-huit ans ; le voilà transformé en évêque.

Se trouva-t-il contrarié dans sa carrière, ou bien fut-il enchanté de son nouvel avenir ? Personne n'en dit rien; mais tous ses historiens s'accordent à vanter son obéissance.

Avec une ardeur infatigable et une volonté qui supplée à tout, le futur évêque de Luçon tâche de regagner le temps perdu. Il lui importe surtout de paraître savant : il s'enferme donc avec un docteur de Louvain; il apprend en peu de mois la méthode et les principales formules de la science sacrée. Il ne se fait pas du reste illusion; tout ce qu'il sait ressemble aux plantes qui naissent à l'ombre; il appelle lui-même son bagage *doctrina umbratica;* il est trop hâtif pour être de bon aloi.

Le moment est venu pour son frère de lui céder la place. Henri IV approuve ce projet; il nomme le jeune Armand de Richelieu au siège épiscopal et lui manifeste le désir de le voir docteur en Sorbonne. Le protégé cède avec empressement à cet ordre royal : c'est le signe d'une grande faveur. Il rédige une supplique à la Faculté; sa demande est notée sous la date du mois d'août 1607.

C'est alors que le pape Paul V refuse les bulles de consécration. En vain le cardinal du Perron intervient en faveur du jeune Richelieu; Rome ne se départira pas de sa prudence et de ses sages lenteurs. Richelieu laisse donc un moment son instance en Sorbonne; il croit plus expédient d'aller à Rome. Par les soins de l'ambassadeur français, il obtient une audience particulière du Pape. Pour cette circonstance, il compose une harangue dans laquelle il aborde d'après son maître, avec quelque clarté et un peu d'éloquence, les questions les plus épineuses et les plus ardentes du jour : celles de la grâce et du libre arbitre; c'est le résumé de ses études avec le docteur de Louvain.

Il ne faudrait pas lui en demander davantage ni déplacer la question. Qu'importe au suppliant? il a fait preuve d'habileté. Le Pape l'en félicite et témoigne par là qu'il n'attendait qu'une bonne occasion pour obliger le roi de France et ses protégés.

Le 17 avril 1607, Richelieu fut sacré à Rome par le cardinal de Givry. Des pamphlétaires répandirent le bruit que tout ceci roulait sur un mensonge, que le Pape s'était laissé tromper. Ils étaient dans leur rôle; on ne prit même pas la peine de leur répondre, car si le Pape refusait une dispense, c'est qu'il était exactement informé de l'âge du solliciteur; quand il l'accordait, c'était encore en connaissance de cause. La petite calomnie de Matthieu Mourgues, abbé de Saint-Germain, tombait d'elle-même.

II

L'épiscopat de Richelieu commençait pendant les plus belles années du règne de Henri IV. Honoré des faveurs du grand roi et revêtu d'une dignité qui lui permettait de faire quelque figure à la cour, le jeune évêque de Luçon quitta cependant Paris vers le mois d'août 1608. Au lieu de goûter la séduction des plaisirs et de se laisser captiver par l'entourage royal, le futur grand ministre résolut de vivre à l'écart; il se sentait mal à l'aise dans le milieu que tant d'autres à son âge auraient si avidement recherché. Cadet d'une famille peu riche, il ne pouvait satisfaire *son goût pour le faste et sa passion de briller*. Telle fut la principale raison qui le décida à se retirer dans son évêché et à y attendre des circonstances plus favorables.

Sa résolution ne laisse toutefois percer ni chagrin, ni dépit. Il lui est impossible de tenir un rang distingué parmi les jeunes seigneurs; l'état de ses revenus lui interdit toute dépense tant soit peu exagérée, c'est vrai; mais, malgré tout, il fera bonne contenance et paraîtra moins céder à l'ennui qu'au désir de préparer sa carrière et d'occuper son activité. L'état de sa santé ne fut pas non plus étranger à cette décision. Le travail forcé s'accorde mal avec les devoirs assidus de courtisan. Dans les premières lettres écrites par Richelieu à l'occasion de son départ pour Luçon, il s'excuse auprès de ses amis en leur rappelant une fâcheuse indisposition « qui l'avait tenu au lit trois mois durant. » Ceux-ci lui conseillaient d'interrompre ses études et d'avancer sa carrière au moyen de hautes protections. C'était la seule voie, pensaient-ils, que lui permettait encore sa santé délabrée.

Heureusement pour le jeune évêque, il ne partagea pas leur avis. Depuis longtemps, comme nous l'avons déjà dit, il s'était pris d'enthousiasme pour la fortune et la grande renommée du cardinal du Perron. Son ambition allait jusqu'à vouloir marcher sur les traces de ce savant théologien. On s'est demandé par quel chemin ce jeune évêque parvint à la cour et de quelle manière il s'y procura de si nombreuses relations? La question vaut la peine d'être débattue. La collection de lettres du cardinal introduit dans cette étude des éléments entièrement nouveaux.

Sa famille s'autorisa sans doute d'anciennes et puissantes relations pour conserver la bienveillance du roi. Henri IV n'était pas homme à compter pour rien le souvenir d'un compagnon d'armes qui s'était distingué dans toutes les guerres et qui était mort avant de goûter le fruit de la victoire. Il reportait sur les fils de François de Richelieu toute la sympathie que lui avait inspirée son capitaine des gardes. On s'explique ainsi pourquoi les ambassadeurs français à Rome reçurent *plusieurs commandements touchant l'affaire* de M. de Luçon.

Avec une souplesse et une habileté remarquables dans un jeune homme de vingt-trois ans, Richelieu s'attacha aux personnages que les circonstances lui donnèrent comme protecteurs; il leur témoignait même tant de reconnaissance qu'il les obligeait en quelque sorte à lui continuer leurs bons offices.

A ceux qui n'ont étudié dans Richelieu que le ministre d'État, ce caractère paraît étrange; on a trop oublié les commencements de son incomparable fortune. Nous sommes à ses débuts : les premiers pas d'une longue carrière n'ont pas la pesanteur ni la fatigue de la fin ; c'est une loi, personne au monde ne peut s'y soustraire.

On ne saurait trop insister sur ce trait particulier du caractère de Richelieu, qu'il sut se plier et se soumettre avant de s'imposer et de commander ; cette tendance à se soumettre explique l'absolutisme du cardinal. Ceux qui arrivent de si bas au pouvoir s'estiment beaucoup et se donnent comme des modèles ; ils exigent des autres ce qu'ils ont subi avant de parvenir. Pour leur être agréable, il faut prendre *leurs débuts* pour modèles.

Un autre moyen tenté par l'évêque de Luçon pour s'insinuer à la cour, fut sa prétention à s'imposer comme un savant théologien et un orateur éloquent. Richelieu revient sans cesse à l'idée de s'illustrer dans cette voie. Sa volonté tient bon contre les remontrances qui ne s'autorisent que de raisons de santé.

Et cependant, tous ces prétendus succès sont bien contestables ; sa renommée ne paraît pas du tout s'être imposée. Toutefois, comme cette vérité n'arriva pas jusqu'à lui, ses amis ne voulant pas le décourager, il vécut avec cette illusion.

Richelieu se retirait assez souvent à Coussay, paroisse de son diocèse, où il y avait un prieuré. Là, parmi les religieux et les livres, il se préparait à la lutte, bien différente dans sa pensée de ce qu'elle fut en réalité.

Luçon n'était pas, du reste, un séjour à regretter. Dans un dénombrement fait au XVIII° siècle, on n'y comptait que six cent quatre-vingt-seize feux. L'air y était malsain, et un géographe a écrit que ce n'était « proprement qu'un bourg. » A ce témoignage, il convient d'ajouter celui des lettres de Richelieu :

« Je suis maintenant en ma baronnie, écrit-il, aimé, ce me veut-on faire croire, de tout le monde ; mais je ne puis que vous en dire encore, car tous les commencements sont beaux, comme vous savez. Je ne manquerai pas d'occupation ici, je vous assure, car tout y est tellement ruiné qu'il faut de l'exercice pour le remettre. Je suis extrêmement mal logé, car je n'ai aucun lieu où je puisse faire du feu à cause de la fumée. Vous jugez bien que je n'ai pas besoin de grand hiver ; mais il n'y a remède que la patience.

» Je vous puis assurer que j'ai le plus vilain évêché de France, le plus crotté et le plus désagréable ; mais je laisse à penser quel est l'évêque. Il n'y a ici aucun lieu pour se promener, ni jardin, ni allée, ni quoi que ce soit ; de façon que j'ai une maison pour prison. »

Le séjour de Coussay, préféré par le jeune évêque à celui de Luçon, n'était cependant remarquable par aucun des agréments si chers à la noblesse de son époque ; il n'y avait là que des savants et des livres. Mais, pour un homme qui veut devenir célèbre, c'est un trésor.

Ces détails comptent pour beaucoup dans la dernière éducation de Richelieu. Quand un caractère comme le sien se plie à l'obéissance et au travail, il y prend une énergie nouvelle. L'ardeur de la jeunesse, le froid d'un conseil donnent à une volonté de fer l'âpreté, le ressort et le tranchant de l'acier. Ses ordres frapperont toujours ferme et avec précision. Il n'y a pas d'autorité plus absolue que celle d'un homme qui a commencé par se faire de l'obéissance une sorte de religion. Toutefois le mérite ne dispense pas des représentations de parade ; les masses se laissent surtout prendre aux dehors brillants. L'éclat vaut mieux à leurs yeux que les qualités solides de l'esprit et du génie.

A l'occasion de son entrée dans son évêché, Richelieu sut exploiter cette vaine curiosité. Sa fortune était au-dessous de sa condition ; il accepta le concours de ses amis et s'entoura d'un luxe d'emprunt.

Cette fois, au moins, la comédie fut soutenue par une grande valeur personnelle.

Depuis longtemps, les évêques de Luçon ne résidaient pas dans leur évêché. C'était la coutume ; on préférait la cour à la solitude ; on n'acceptait les titres que pour les revenus qu'ils portaient avec eux ; des charges et des devoirs, nul ne s'occupait guère plus qu'on ne le fait aujourd'hui. Quelque bon administrateur d'un rang inférieur était délégué par l'évêque ; les affaires d'église restaient ainsi bien loin derrière les intrigues de la cour. Tout n'était pas à déplorer dans cette manière d'agir. Il est bon de faire la part des circonstances. La cour absorbait tous les hommes marquants de la noblesse ; en déléguant des hommes inférieurs pour gouverner les églises, on favorisait les classes moindres et on laissait la religion à l'abri des embarras politiques. C'est un avantage qu'on n'obtient pas toujours, même sous nos régimes de progrès.

Les questions sociales, discutées et résolues par la théologie, avaient leur place en Sorbonne, leurs voix au parlement et leurs députés aux états généraux. Ne leur reprochons pas de ne pas être descendues. Nous en avons saisi les masses qui n'y voient rien ; elles ne leur ont apporté que des troubles et des désordres ; les chefs de parti s'en applaudissent, ils y trouvent leur profit ; mais le bonheur du peuple est à l'opposé de ces affaires personnelles.

Le 21 décembre 1608, Richelieu fit son entrée dans son évêché et adressa deux harangues à ses administrés ; la première avait été composée pour le chapitre, la seconde pour le peuple. A ces deux auditoires, Richelieu parla d'*amnistie* et de *tolérance,* deux mots étranges dans la bouche de cet homme.

L'évêque tint ses promesses ; aucun document ne nous autorise à mettre sa parole en doute. Nous le jugeons de loin, c'est vrai ; les querelles intérieures et les difficultés de son administration pourraient bien n'avoir pas laissé de traces ; mais il faudrait pour cela compter sans les pamphlétaires, fort nombreux, qui ont stigmatisé les fautes de Richelieu et qui n'auraient eu garde de laisser tomber dans l'oubli celles de sa jeunesse.

Richelieu passait tout au plus pour un homme ordinaire ; son prestige était nul ; on traitait de haut avec lui. Lorsque tous les intrigants cherchaient leur avenir à la cour, quelle considération pouvait attendre ce nouveau venu, qui semblait s'exiler et s'enfermait comme un moine au fond d'un prieuré? Cependant ce jeune évêque entendait gouverner par lui-même. Cette prétention devenait gênante ; elle n'allait pas tarder à soulever des protestations. Les prédécesseurs de Richelieu donnaient bien moins d'embarras ; on ne les voyait jamais. Que de tranquillité pour les subalternes sous un pareil régime! Que de réformes, d'ennuis et de fatigues à l'horizon sous ce maître renouvelé des temps de la primitive Église!

Qu'allait-il entreprendre contre les protestants? La royauté se proclamait catholique, mais Henri IV avait accordé l'édit de Nantes ; on méconnaissait depuis plusieurs règnes les vrais principes du catholicisme en matière de gouvernement ; il fallait y revenir. L'intolérance des personnes n'est pas un dogme ; l'Église a toujours fait profession de combattre les doctrines perverses, mais de respecter les hommes. La vérité n'admet pas de compromis avec l'erreur, c'est incontestable ; le *oui* et le *non* sont incompatibles ; mais la conscience et les peuples ne suivent pas en tout les lois de la métaphysique ; un ordre bien constitué tient compte des circonstances. L'Église a son côté humain. Dans son dogme, elle est absolue ; dans son essence, elle est immuable ; dans sa marche à travers les siècles, elle sait se plier aux exigences des transformations humaines. Sa conduite n'est pas la même avec les barbares et avec les peuples civilisés. Son action n'est pas, aujourd'hui, ce qu'elle était il y a dix ou quinze siècles. Le monde n'est plus au même point ; il faut le prendre où il est. Ce qui ne change pas dans l'action civilisatrice de l'Église, c'est le sens et le but. A toutes les époques, elle veut le progrès; sous tous les régimes, elle sait le découvrir et le commander.

Lorsque Richelieu reçut le siège épiscopal de Luçon, la guerre entre protestants et catholiques n'était pas encore éteinte. On espérait du moins qu'elle ne se rallumerait pas de sitôt. L'attention se portait au dehors ; la paix intérieure n'en était que plus désirable. Henri IV songeait à équilibrer sa politique en Europe ; il y aurait fait prévaloir les institutions royales. Le nouveau régime devait s'inaugurer par une guerre générale. La France avait besoin du concours de tous les partis.

Richelieu était courtisan, sans bassesse et de loin, sans trop s'inquiéter du but politique ; son intention bien arrêtée de parvenir lui dictait sa conduite. Les premiers plans de son administration furent dressés dans un double but : montrer dans le gouvernement d'un évêché des aptitudes à un rôle plus important ; faire fortune en se rendant agréable au roi. A qui poursuivait les honneurs, cette dernière condition s'imposait rigoureusement.

En parlant d'*amnistie,* le jeune évêque éloignait donc de son entourage le ressentiment et la mauvaise volonté. En proclamant la tolérance, il s'inspirait de la doctrine catholique, et de toute manière il se ménageait l'accès à quelque charge importante.

Le revenu de l'évêché de Luçon représentait la meilleure partie de la fortune de Richelieu. Dès son arrivée dans son diocèse, le nouvel évêque s'empressa de mettre ordre à ses créances ; il s'assura le paiement de celles qui lui étaient acquises et revendiqua fermement celles qu'on lui contestait.

Mais, quand on défend ses propres intérêts, il est bon de se couvrir ; autrement on court risque d'être accusé d'avarice et de dureté.

Richelieu avait la prétention de gagner la bienveillance de ses administrés ; en homme habile et prudent, il commença par leur donner tous ses soins.

L'une des premières lettres qu'il écrivit, en arrivant au milieu d'eux, avait pour but de soulager leur misère.

On croit cette lettre adressée aux traitants, fermiers des impôts, et l'on y remarque déjà, dit M. Avenel, la fermeté tempérée par l'expression et la volonté bien arrêtée de vaincre toutes les résistances ; et pour bien montrer qu'il persistera dans ses revendications, à la même date et presque dans les mêmes termes, l'évêque s'adresse à la compagnie des fermiers. Ceci est un des traits particuliers du caractère de Richelieu. Coup sur coup il revient à la charge ; il insiste, il prend soin des moindres détails qui peuvent avancer son affaire ; son activité ne lui laisse point de repos, jusqu'à ce qu'il ait épuisé tout ce qu'il peut entreprendre ou qu'il ait atteint son but.

Ce n'est pas assez. Les prières et les revendications produisent moins d'effet, surtout auprès des fonctionnaires, qu'une haute et puissante recommandation. La justice traîne en longueur ; les démarches qu'il faut faire auprès d'elle sont insupportables.

Le désintéressement est rare chez les financiers, en particulier chez ceux de l'État. De sentiments vivaces, ils ne gardent que la crainte du maître. C'est par là qu'il faut les prendre : essayer de les gagner à la cause du bien public, c'est perdre sa peine et son temps ; mais, dès qu'on parvient à mettre en jeu leurs intérêts, on peut être sûr qu'ils sauront veiller à tout et faire ce qu'on leur demande.

Sully était alors surintendant des finances ; on sait avec quelle âpreté il poursuivait les agents du Trésor. Au mois de février 1609, on trouve une lettre de Richelieu qui était probablement adressée au grand ministre et qui lui mettait en main l'affaire des habitants de Luçon. Le frère aîné de Richelieu était alors bien vu à la cour ; Sully n'était pas insensible aux efforts que faisaient ses amis pour dissimuler son avarice sous le voile d'un grand patriotisme.

L'évêque de Luçon met à profit toutes ces circonstances et s'en couvre avec une habileté consommée. Ces premiers essais de réforme laissent entrevoir combien de difficultés on rencontrait alors dès qu'on touchait aux abus administratifs. L'adresse des traitants rendait leurs excès insaisissables. Les efforts qui surgissaient contre eux, d'en bas, étaient paralysés par le mauvais vouloir des uns et l'inertie des autres. En attendant les réformes imposées d'en haut, le pauvre peuple souffrait et payait. Le droit de supplication n'atteignait pas souvent son but, encore moins épouvantait-il les coupables. Il y avait tant de manières d'interpréter les lois, qu'on s'autorisait toujours avec avantage de quelque coutume oubliée.

La justice était aussi boiteuse que jamais ; il fallait de hautes protections pour obliger les juges à plaider une cause. La cour s'en défendait aussi longtemps que possible et avait à sa discrétion toutes les ressources de la chicane. L'intervention de l'évêque de Luçon dans les affaires de ses administrés avec les traitants, son activité, ses recommandations auprès des grands, furent donc aussi justifiées que possible.

Et, de plus, il paraît à peu près certain que cette entreprise en cachait une plus intéressée. Richelieu ne voulait rien laisser perdre de ce qui lui était dû ; il commençait comme Sully, ce bon ménager de Henri IV, et comptait beaucoup sur sa fortune particulière pour avancer n'importe où. Au début d'une carrière, les questions d'argent sont capitales ; tous les parvenus ont commencé par s'assurer le nécessaire. C'est une mode qui ne change pas, elle tient à notre nature : quand on se trouve exposé aux atteintes de la pauvreté, l'esprit n'est pas libre, on se sent mal à l'aise, presque toujours on fait mauvaise figure parmi les heureux et les puissants. Les aspirations de Richelieu portaient haut et loin ; il lui importait d'en bien assurer les points de départ. Aussitôt après les discours et les compliments, voici donc les affaires personnelles ; on peut dire aussi : voici l'homme.

III

L'une des premières lettres de Richelieu, datées de Luçon, a pour objet de réclamer les titres concernant les droits de l'évêché et de la baronnie de Luçon. Elle est du mois de décembre 1608, et ne fut pas suivie d'un effet immédiat ; car, dans le courant de l'année 1609, il intenta un procès.

Cependant, on ne redoutait guère ce personnage un peu remuant qui revendiquait si haut et si ferme ses créances. Les agents du Trésor s'oublièrent même jusqu'à soumettre à la taxe un fief de son évêché. Mais ils furent promptement rappelés à l'ordre.

Sur ces entrefaites, un grand changement survenait dans les affaires du royaume. La mort tragique de Henri IV amena l'abandon de sa politique, la disgrâce des hommes qui l'avaient soutenue et l'avènement du parti de la reine. De quelques faits particuliers, rapportés dans les mémoires des contemporains, il paraîtrait résulter que, si le cadet de Richelieu sut mériter l'attention du roi, qui l'appelait *son évêque,* l'aîné trouva, de son côté, le moyen d'avancer dans le parti et les bonnes grâces de la reine.

Ils s'entendaient probablement en tout ceci de manière à se ménager des protecteurs dans les deux camps et à se mettre à l'abri de toutes les disgrâces. C'est une règle de conduite sage et prudente au début d'une carrière.

L'union fait la force; elle est indispensable à ceux qui veulent parvenir.

A la nouvelle de la mort du roi, Richelieu quitte son évêché pour reparaître à la cour. Cette démarche prouve une fois de plus que les intérêts de l'évêque priment ceux du diocèse. Au point de vue de la morale évangélique, ce n'est pas une vertu, on ne peut pas en faire l'éloge, mais il faut y reconnaître une grande prudence et une politique bien avisée. Quand les protégés du roi vont disparaître, même le grand Sully, il importe à ceux qui les suivent de se porter au danger et de prendre leurs mesures pour ne pas sombrer avec eux.

Richelieu laisse donc pour un temps les affaires de son évêché; la même politique lui faisait autrefois différer son action en Sorbonne pour aller à Rome. Ce caractère ne se démentira jamais. Il court toujours au plus pressé; son attention se concentre sur un point capital : il est dans sa nature d'aller d'abord en avant, droit devant lui, quitte à revenir en arrière et à reprendre les entreprises qu'il a paru délaisser. Les procès entamés par l'évêque de Luçon n'ont subi qu'un moment d'arrêt, et, malgré les lenteurs de la justice, on peut dire qu'ils vont vite. Dès le commencement de 1611, Richelieu remercie l'un de ses protecteurs et laisse entrevoir que ses revendications sont bien près d'être écoutées; mais il paraîtrait par la même lettre que les taxes imposées à la ville étaient toujours exorbitantes et que le succès ne couronnait pas aussi promptement les entreprises d'intérêt public que celles où un revenu personnel était seul en jeu.

Encore ici, Richelieu profite d'une occasion où il peut témoigner sa reconnaissance pour demander un nouveau service et s'attacher davantage à la personne qui le lui rend. De pareils solliciteurs vont bien; ils suivent une progression à l'indéfini. C'est alors qu'une fièvre assez violente, et apparemment d'une longue durée, atteint Richelieu. Son style et son activité s'en ressentent; il n'a pas de repos qu'il n'ait écrit à tous ses juges : il les prie d'abord de hâter l'expédition de ses affaires, ensuite il les intéresse à son droit ; il écrit à l'un de ses amis, frère d'un de ses juges, et dans sa lettre, sa pensée déborde l'expression. Mettre son droit en évidence auprès du frère d'un de ses juges, c'est plus qu'un témoignage d'amitié. Peu de sollicitations produiraient un meilleur effet. Ce procédé reviendra souvent dans la correspondance de Richelieu.

Pour bien apprécier la valeur et la nécessité de toutes ces recommandations, il ne faut pas oublier que les secrets de la chicane et les intrigues judiciaires permettaient alors d'éluder toutes les instances, et qu'avant toute chose, il fallait d'abord s'assurer la bienveillance des juges. On dirait, d'après les récits qui caractérisent le mieux l'opinion, que tout était laissé à l'arbitraire ou à la décision d'une volonté supérieure. L'indépendance que l'on reproche à présent à une partie de la magistrature, n'est plus rien auprès de celle dont elle jouissait alors. Les charges étaient vendues, les consciences aussi ; l'intérêt des titulaires primait tout. Que pouvaient les plaignants ou les parties intéressées, sinon faire agir pour eux et recourir aux influences secrètes ?

Les détracteurs de l'ancien régime comprennent très mal cette situation, quand ils accusent Richelieu d'avoir essayé de peser sur les décisions de ses juges. Autres temps, autres mœurs ; plus on laisse de place à l'arbitraire, plus on laisse de débouchés à l'initiative personnelle. Dans les procédures si mal réglementées par l'ancien régime, il faut s'habituer à voir l'homme en face de l'homme. Plaidants et juges y gardent leurs passions. Celui qui veut obtenir un arrêt doit considérer la justice comme partie adverse et agir en conséquence. Elle était l'ennemie née des plaideurs. Tant pis pour ceux qui passaient par ses mains.

Aucune des lettres de Richelieu ne se départ jamais de la dignité de sa conscience et de son rang. Il subit la coutume, il est de son époque ; toutefois il s'efforce de n'en garder que les qualités. Nous ne comprenons plus ces usages, nous n'admettons plus de tels procédés ; mais, avant de juger les grands hommes d'un autre âge, il faut reconnaître que notre civilisation est plus avancée de trois cents ans. Le bon sens ne permet pas de juger le XVIIe siècle d'après les lois et les opinions du XIXe. Il n'y a d'immuable que la vérité.

Les devoirs d'un évêque ne se bornent pas à l'administration temporelle d'un diocèse. En étudiant la conduite de Richelieu dans la revendication de ses titres et de ses droits, on n'envisage qu'un côté de son caractère ; il importe d'aller plus avant. Le génie a le privilège des vues larges, on le distingue à ce signe ; dans les missions les moins importantes, comme dans les plus hautes, sa puissance se révèle. L'évêque de Luçon n'était pas homme à ne comprendre que la moitié de ses devoirs. Si, dès son arrivée, il va droit au but qui lui importe le plus, s'il rentre d'abord en possession de toute sa fortune, ce n'est que pour y trouver une base d'opérations et s'assurer le moyen le plus sûr de poursuivre sa carrière.

On le jugerait mal, et d'une façon très incomplète, si l'on croyait toute son attention captivée par des intérêts pécuniaires. Nous l'avons entendu parler de tolérance dans sa première harangue au peuple ; cette déclaration nette et précise imposait l'action. Elle reposait, du reste, sur un principe de foi, et non pas sur le scepticisme religieux.... Richelieu se mit donc en relations suivies avec les capucins de Fontenay, très renommés pour les succès de leurs prédications. Les lettres de l'évêque prouvent qu'il ne songeait pas encore à son avenir politique.

Il se préparait alors à faire la visite de son diocèse ; les protestants y formaient un parti redoutable, d'autant plus que leur prétendu libre examen se changeait, là comme ailleurs, en un absolutisme rigoureux contre les catholiques. Les réformés ne comprennent la liberté que pour eux ; ils la prennent et ne la donnent pas. C'est l'éternelle contradiction de toutes les révoltes ; elles aboutissent invariablement à une forme quelconque de tyrannie.

Dans les mesures violentes prises contre le peuple, le catholicisme n'était qu'un prétexte; son prestige couvrait les coupables et leur assurait l'impunité, mais sa morale ne s'est jamais compromise avec le crime.

Voici, d'autre part, dans quelles conditions Richelieu croyait devoir user de sévérité dans l'exercice de sa charge de premier pasteur.

Mme de Sainte-Croix lui présentait un candidat à une cure du diocèse de Luçon ; il lui répondit en la priant de révoquer sa présentation et de mettre cette cure au concours.

Mme de Sainte-Croix était abbesse de Fontevrault; sa protection était particulièrement recherchée à la cour. Elle avait laissé dans le monde un nom illustre ; l'intérêt que prenait à son abbaye le fameux père Joseph ajoutait encore à son influence. Sa recommandation n'était donc pas de celles qu'on pouvait dédaigner, et il fallait du courage pour agir comme le fit Richelieu. Ce qui peut, en outre, expliquer sa conduite, c'est le caractère de Mme de Sainte-Croix. Elle avait l'âme grande ; elle pratiquait l'obéissance effective. La leçon que lui imposait l'évêque était dure ; mais elle s'adressait à une personne capable de la comprendre et d'accepter la vérité. Cependant, Mme de Sainte-Croix trouva bon de ne plus s'exposer à pareille mésaventure. Ayant dans la suite une présentation à faire dans la cure de Jard, elle aima mieux l'envoyer en blanc que de la formuler en faveur de l'un de ses chapelains. Il y eut alors, entre l'évêque et l'abbesse, émulation de courtoisie.

Faudrait-il voir dans ce changement de langage, non seulement un échange de politesse, mais surtout l'influence naissante du père Joseph, qui s'occupait activement de Fontevrault et qui allait bientôt pousser l'évêque de Luçon devant lui dans toutes sortes d'intrigues politiques ? « Simple évêque, mais aspirant déjà à de hautes destinées, Richelieu avait besoin de patrons puissants. »

Ce qui ne veut pas dire que Richelieu transigeait avec les devoirs de son épiscopat : la preuve du contraire existe ; mais la pensée secrète, l'ambition persistante de l'évêque de Luçon se trahit dans toute sa conduite, particulièrement dans ses relations avec les personnages les plus importants du royaume. Ces indices ne sont pas à dédaigner.

Pendant le séjour que Richelieu fit à Paris, immédiatement après la mort de Henri IV, la direction des affaires de l'évêché de Luçon avait été confiée à deux grands vicaires. Ceux-ci ne purent pas ou ne voulurent pas s'entendre, et l'un des deux, peut-être le moins fort de son droit, en écrivit à l'évêque.

C'est le premier document ayant trait aux rapports de Richelieu avec ses subordonnés. Dans ses lettres précédentes, il s'est presque toujours montré bienveillant, affable, prodigue de politesse et de compliments. S'il ne se rachetait en bien des circonstances par quelques traits d'esprit, beaucoup de savoir-vivre et une sollicitude excessive des intérêts de son diocèse, on lui reprocherait d'être trop courtisan ; mais il trouve son excuse dans les circonstances et dans les mœurs de son temps.

Autre, du reste, est l'évêque dans les affaires d'administration, c'est là que son gouvernement se révèle : il ne supporte pas la contradiction ; il veut, il exige, il commande, et tout doit marcher, sous ses ordres, en bonne harmonie.

Quand cet homme sera le maître, ceux qui l'approchent feront sagement de se tenir sur leurs gardes. Il ne se possède assurément pas comme il le dit, et il cède à une autre passion que celle de mettre son style à la portée de son interlocuteur. Ses lettres trahissent de bonne heure un esprit autoritaire, usant et abusant de sa supériorité. De cette manière, il prévient la réplique et ferme la voie à toutes récriminations. Ce n'est pas encore assez : il justifie ses bonnes intentions, rappelle ses bienfaits et va jusqu'à permettre de les refuser. « Je ne force personne à recevoir du bien de moi. » C'est trop de hauteur dans un évêque de vingt-cinq ans. La fin de sa lettre ne corrige pas l'impression que provoque cette parole, elle y ajoute encore.

Voilà bien l'homme élevé à l'école du malheur, ébauché par l'éducation que donnent les moines, formé par l'action incessante de la famille et façonné à la discipline dans une sorte d'école de cavalerie. Comment s'étonner s'il compte pour rien la volonté de ceux qui lui sont soumis ? Il traite ses subordonnés comme il s'est vu traiter lui-même. Ainsi le veut notre nature : elle se venge malgré nous; elle rend aux autres et avec usure tout le mal qu'on lui fait souffrir. Si la volonté de Richelieu survit à tous ces changements, c'est qu'elle est doublée d'un caractère opiniâtre et d'une ambition irrésistible. Au lieu de se décourager, il se roidit; quand beaucoup d'autres à sa place se résigneraient à un rôle passif, lui se met au travail et cherche la gloire. Ses premiers travaux de controverse n'ont de valeur que par l'intérêt qui s'attache au nom de l'auteur et par les rapports ou les contradictions qu'on y découvre avec la politique de toute sa vie. Mais ils ne lui procurèrent pas la moindre renommée; ses contemporains n'y prirent pas garde; il n'en est fait mention nulle part jusqu'en 1626.

On pourrait presque en dire autant de ses sermons, si ce n'est qu'ils contribuèrent à fixer sur lui l'attention de Marie de Médicis et préparèrent ainsi la carrière du ministre d'État. Chaque fois que Richelieu traite des questions qui ont rapport aux protestants de son diocèse, il se montre très tolérant, c'est peut-être l'un des côtés les plus étranges de son administration. La manière dont il juge ses adversaires est en contradiction formelle avec la politique adoptée contre eux dans la suite; il semble qu'alors il n'exige d'eux que la bonne foi. Il s'en tenait alors aux principes de la morale chrétienne ; plus tard, il eut à compter avec la raison d'État. Ce fut celle-ci qui brouilla tout.

Les conférences entre protestants et catholiques étaient à la mode, bien que, en général, ces sortes de discussions n'aboutissent à rien. Chacun des deux partis s'y attribue la victoire. Ceux qui en attendent une preuve décisive en faveur de leurs convictions se trompent : la grande préoccupation des orateurs délégués à ces conférences est de faire briller leur savoir ; ils cherchent, en second lieu, à établir clairement l'erreur ou le mensonge de leurs rivaux ; la cause de la vérité reste en dernière ligne.

Dans une de ces discussions restées célèbres, l'illustre du Perron gagna le chapeau de cardinal ; ses auditeurs n'y comprirent rien autre chose et n'en gardèrent que ce souvenir. Les catholiques s'applaudissaient de la confusion des ministres protestants, et ceux-ci ne manquaient ni de répliques, ni de prétextes, pour couvrir leur retraite.

Un autre fait à noter, c'est que les deux partis s'accordaient aussi peu sur la rédaction du procès-verbal de leurs séances que sur les conclusions définitives de leurs disputes. Y avait-il de la mauvaise foi chez les uns, ou trop d'exigence chez les autres ?

Les protestants étaient l'objet de mesures de rigueur, nécessitées par les troubles qui se produisaient à chaque instant autour d'eux. Ce fut dans ces circonstances que la cour envoya M. de Vic dans le Poitou ; il avait pour mission de mettre fin aux querelles des deux partis, mission délicate et impossible, puisque les catholiques et les protestants se rencontraient partout et ne se toléraient nulle part. Suivant son habitude, Richelieu prit les devants et s'efforça d'attirer la bienveillance de l'envoyé extraordinaire. Il lui adressa, dans ce but, une lettre qui confirme les accusations de révolte dirigées contre les protestants. Ils s'emparaient des églises et de leurs biens ; ils empêchaient souvent les catholiques de vaquer aux exercices de leur culte. Ces prétentions excèdent les droits du libre examen ; elles vont directement contre la liberté de conscience. C'est pourquoi la révolution religieuse du xvie siècle s'attira si souvent l'intervention de la politique ; elle sortait de son rôle, cédait aux passions, favorisait les intrigues et finissait par dégénérer en lutte contre l'ordre de choses établi.

A ce point de vue, on ne peut qu'approuver la supplique de l'évêque de Luçon.

Heureuse la France si les partis qui la déchiraient alors avaient eu le bon sens de respecter l'autorité royale ! Mais il leur fallait la guerre civile ; ils ne pouvaient s'imposer qu'après avoir fatigué le pouvoir ou l'avoir détruit : cette résolution ne leur coûta rien. Un parti se fait remarquer par son ambition, quelquefois par son esprit, mais jamais par son dévouement. Si on le considère comme un être moral, on peut dire que la nature lui a refusé le cœur.

L'entourage d'un homme décide presque toujours de son avenir. Au commencement du xviie siècle, cette influence était capitale ; sans amis, on n'arrivait à rien ; avant d'oser prétendre à un rôle social de quelque importance, il fallait s'attirer la bienveillance de la cour, ou tout au moins celle d'un homme puissant. Les circonstances ne furent pas toujours favorables à Richelieu. Sa tactique et son but l'obligèrent plusieurs fois à changer de parti : il fut d'abord le protégé de Henri IV, puis il brigua les faveurs de Marie de Médicis. Le maréchal d'Ancre trouva dans l'évêque de Luçon un puissant auxiliaire. Luynes, après avoir essayé de se passer de lui, réclama son intervention entre le roi et la reine-mère. A partir de 1626, on rencontre Richelieu partout, dans toutes les brigues et sous tous les ministères.

Ce qu'il y a de plus étonnant, c'est qu'il tend peu à

peu à s'imposer. Ses adversaires, aussi bien que ses amis, acceptent son concours ; ils n'attendent même pas toujours qu'il leur soit offert : on les voit aller au-devant. Voici quelle avait été la tactique de l'évêque de Luçon. S'appuyant sur les relations personnelles que sa famille et son élection lui ont values avec les grands, Richelieu se met complètement au service de ses administrés. On gagne doublement à ce jeu. D'une part, on entretient la bienveillance de ses protecteurs, et, d'autre part, on leur prouve qu'ils ont bien placé leur confiance. Il est flatteur, pour un homme disposant de quelque influence, de voir que ses protégés lui fournissent l'occasion de se montrer. Il s'attribue tout le succès des affaires où l'on mêle son nom, ce qui est souvent déraisonnable ; mais il en devient d'autant plus disposé à se prodiguer. Ce n'est jamais par le trop grand nombre de sollicitations que l'on abuse de la bonté d'un haut personnage.

On sait que le frère de Richelieu s'était retiré chez les Chartreux, qui formaient alors un des ordres religieux les plus célèbres. Il obtint, en 1619, l'autorisation de revoir sa famille. Il apportait à l'évêque de Luçon, de la part du général des Chartreux, une croix et un remède contre la fièvre. C'était une excellente occasion pour s'attacher un homme de l'importance de ce général d'ordre, dom Bruno II d'Affringuès de Saint-Omer.

Richelieu s'empressa donc de lui écrire et de le remercier. Mais sa lettre n'a pas l'allure franche et correcte qui caractérise les autres ; il y a beaucoup de convention et de recherche ; l'évêque y formule des protestations de reconnaissance et de dévouement ; il y mêle quelques-unes de ces pensées mystiques fort à la mode dans ce siècle entre personnes vouées à Dieu. C'était tout ce que pouvait espérer de mieux un homme qui mérite d'être comparé à saint Bruno.

Richelieu paraît avoir mérité, par des services spéciaux, la bienveillance particulière du général des Chartreux.

Vers la fin de 1610, on trouve deux lettres de l'évêque de Luçon à M. et à M*me* d'Alincourt, ayant pour objet de mettre les religieux de Lyon sous la bienveillante protection du gouverneur de la province, M. d'Alincourt ayant acheté cette charge au duc de Vendôme dans le courant de cette même année. Il est incontestable que l'ancien ambassadeur de Henri IV avait continué ses bonnes grâces au jeune évêque. Celui-ci en usait avec la plus grande liberté pour lui et pour ses amis. Dans cette circonstance, Richelieu tient à rester fidèle à sa méthode, qui est d'intéresser à ses affaires tous ceux qui peuvent lui être utiles.

Vers la même époque, l'évêque eut l'occasion de se mêler à un procès que des chanoines réguliers soutenaient contre leur abbé. Il prit la défense des religieux et usa de son influence en leur faveur. En matière de discipline, Richelieu n'admettait pas l'absolutisme qu'il fit régner plus tard dans la politique ; ou bien les droits religieux étaient bien évidents, et cette affaire serait une preuve de plus contre les procédures en usage au XVIIe siècle. Dans l'une et l'autre alternatives, le succès de l'évêque de Luçon devait lui valoir une notoriété considérable dans son entourage.

Dans les moindres choses, Richelieu sait faire intervenir quelque question d'intérêt général. Cette pensée dénote un homme sérieusement occupé de sa charge, et enlève à ses suppliques tout caractère d'adulation ou d'égoïsme ; c'est le privilège de ceux qui ont le génie et l'activité des affaires.

Le même esprit guide Richelieu quand il recommande des prêtres anglais à l'évêque de Bayonne, alors aumônier du roi et plus tard archevêque de Tours. En s'intéressant à quelques prêtres étrangers, Richelieu met en cause la faveur du roi, celle de la reine et du clergé de France ; il demande la protection de l'évêque de Bayonne comme un témoignage éclatant de charité, ajoutant qu'il doit avoir *à faveur et non à importunité d'être employé de ses amis.* L'évêque de Bayonne était alors Bertrand Deschaus, de la famille des vicomtes de Baigorry, en Navarre; il fut l'un des collègues de Richelieu aux états généraux de 1614 à 1615, et devint, en 1622, archevêque de Tours. C'était un homme déjà considérable; l'évêque de Luçon ne pouvait manquer de s'attacher à lui en profitant de toutes les occasions pour se rappeler à son souvenir.

Si Richelieu est parfois exagéré, c'est dans ses remerciements; mais peut-on lui en faire un reproche? C'est une qualité si rare, que son excès même est avouable. Dans tous les cas, il importe de constater ce fait, afin d'entrevoir et d'expliquer d'avance le caractère exigeant du ministre de Louis XIII. C'est un principe justifié par l'expérience, qu'on se montre pour les autres ce que l'on a été pour soi-même.

Un curé du diocèse de Luçon marche sur les traces de l'évêque et revendique, lui aussi, les revenus de son église. Richelieu n'aura garde de s'en désintéresser.

D'un procès entre un de ses curés et un ministre protestant, il fait une affaire capitale, estimant que les intérêts de la religion d'État y sont engagés et qu'il appartient à tout homme en place d'y mettre ordre. Puis, joignant le conseil et l'exemple, il se jette lui-même dans la lutte et travaille activement pour sa cause. C'est par des actes bien plus que par des paroles qu'il se fait remarquer; son programme d'administration n'est rédigé nulle part, mais il se reconnaît partout : l'évêque va pas à pas dans ses revendications et vers son but; après s'être solidement établi dans ses droits, il s'occupe des autres et oblige leurs adversaires à les respecter.

Un peu plus tard, c'était le tour d'un de ses fermiers, celui-ci se trouvant engagé dans un procès au sujet de quelques revenus. Huit lettres de l'évêque, à peu près conçues dans les mêmes termes, préviennent les juges de l'importance et de la justice de cette cause.

A part la nécessité d'intervenir en personne pour

obtenir l'expédition des affaires mises entre les mains de la justice, il faut bien reconnaître que Richelieu cède à une inclination naturelle d'écrire. Elle est assez commune du reste de vingt à trente ans ; l'expansion est le caractère de cet âge, et il croit que ses lettres seront un monument de son activité. Les circonstances favorisent le jeune évêque, et sa destinée devait changer en nécessité l'habitude qu'il prenait dès les premières années de son administration. Pas une année ne se passe alors sans procès dans l'entourage et la correspondance de Richelieu. C'est là surtout qu'il rencontre des difficultés et qu'il se fait remarquer. Ce n'est pas le côté le moins honorable de son caractère ; en tout cas, c'est le plus vaillant, et on ne peut que le féliciter d'avoir mis tant de soin à recommander l'innocence des accusés et à provoquer en leur faveur l'attention et la bienveillance. Le ton général de ces lettres est loin d'être adulateur ; c'est celui d'un homme sûr de son droit et parlant comme si, d'avance, il était certain du succès ; néanmoins il trouve bon de s'assurer la bienveillance des magistrats chargés de faire justice à la requête, et il s'adresse à eux avec une telle franchise que les plus austères doivent être prévenus en sa faveur.

Pendant toutes ces négociations, Richelieu est, en outre, occupé de la fondation d'un séminaire qui sera dirigé par des oratoriens. Richelieu tourne déjà ses projets vers l'avenir ; soit qu'il reste dans son diocèse, ce qu'il ne suppose pas, soit qu'il passe à une autre église ou qu'il se fixe à la cour, il veut jeter les fondements d'une œuvre durable. En s'adressant à l'Oratoire, il se recommande au père de Bérulle, l'homme de son siècle par son esprit et par ses grandes entreprises ; il s'assure en même temps une haute et puissante recommandation auprès de Marie de Médicis.

Toutes ces considérations pèsent incontestablement sur la décision que prend l'évêque et sur le choix de ses moyens. On s'habitue si bien à cette intervention de

Richelieu dans les affaires de son entourage, son prestige y grandit tellement, qu'il peut en quelque sorte s'imposer comme arbitre entre deux gentilshommes.

De ces quelques faits pris entre mille et se rapportant tous aux premières années de l'épiscopat de Richelieu, il résulte assez clairement que son administration fut active, énergique et favorable à son ambition. Son génie s'exerçait peu à peu au maniement des hommes et des affaires ; le cercle de ses connaissances s'élargissait dans la même proportion ; le nombre de ses protecteurs, de ses amis et de ses obligés s'accroissait de plus en plus ; son nom devait bientôt s'élever au-dessus du vulgaire, intéresser les grands et la cour, attirer l'attention des partis et s'attacher par ce moyen aux entreprises extraordinaires.

IV

On a beaucoup vanté l'éloquence de l'évêque de Luçon ; malheureusement ces éloges sont venus trop tard. Il est de fait qu'il eut le privilège de prêcher devant la reine et ses courtisans, mais il semble que ses succès oratoires n'aient été constatés qu'après le triomphe de sa politique. « Nous n'avons trouvé, dit M. Avenel, dans aucun auteur contemporain, une mention quelconque de cette réputation précoce de Richelieu pour l'éloquence de la chaire. Nous doutons qu'il y ait jamais paru avec beaucoup d'éclat. » Il est probable que le jeune évêque, puissamment secondé par ses amis, n'ennuya personne, mais ne parvint pas à se faire remarquer. La réputation qu'il avait conquise dans les affaires, ses relations fidèlement suivies avec quelques personnages de la cour, le servirent mieux que son talent oratoire. André du Chesne, qui paraît en avoir parlé le premier, écrivait près de vingt ans après l'époque où Richelieu prêchait. Aubéry, qui répète l'éloge du précédent, avait accepté l'éloge du panégyriste. Entre son témoignage et celui des ennemis du cardinal, qui le nomment « orateur malheureux » et « méchant prédicateur, » il est difficile de choisir.

Nous aimons à suivre les grands hommes dans les détails de leur vie intime ; c'est par là qu'ils nous ressemblent. On ne s'élève jamais si haut qu'on ne s'embarrasse dans les affaires du *mesnage*, les questions d'étiquette, les préjugés de vaine gloire et les nécessités les plus vulgaires de l'existence. Cadet d'une famille peu riche, l'évêque de Luçon commença par lutter contre toutes les exigences de sa situation. « Son goût pour le faste et sa passion de briller » se révèlent à tout propos ; mais, par contre, son esprit d'ordre et d'économie l'empêche de se jeter dans des dépenses exagérées. Il recourt souvent à ses amis, comme nous l'avons remarqué à l'occasion de son entrée solennelle dans son diocèse, et il y met assez d'habileté pour ne se rendre ni ridicule ni importun. De plus, il entretient une correspondance assez suivie avec M*me* de Bourges, qui semble avoir été spécialement chargée des affaires de Richelieu à Paris.

Voici dans quels termes il lui écrit, après son arrivée à Luçon :

« J'ai reçu les chapes que vous m'avez envoyées, qui sont venues extrêmement à propos. Elles sont très belles et ont été reçues comme telles de la compagnie à qui je les devais. Je vous ai million d'obligations, non pour cela seulement comme vous devez penser, mais pour tant de bons offices que ce papier n'en peut porter le nombre. Je suis maintenant en ma baronnie, aimé, ce me veut-on faire croire, de tout le monde ; mais je ne puis que vous en dire encore, car tous les commencements sont beaux, comme vous savez. »

Le commencement de cette lettre respire la satisfaction et la joie. Ce n'est pas sans un certain orgueil que Richelieu parle de l'attachement que lui peuvent porter ses administrés ; on a toujours beaucoup de prétention pour les succès qu'on ne peut obtenir. Il n'y avait rien de plus étranger pour le caractère de Richelieu que l'affection ; la suite de son existence le fit bien voir. On n'en reçoit qu'autant qu'on en donne, et, de sa nature, le cœur du jeune évêque de Luçon n'était rien moins que prodigue ; on lui reproche même d'avoir manqué de générosité.

Après les compliments, voici les entreprises ; après l'homme habitué aux bonnes manières de la cour, l'homme d'action.

« Je ne manquerai pas d'occupation ici, ajoute-t-il, je vous assure, car tout y est tellement ruiné qu'il faut de l'exercice pour le remettre. »

Richelieu ne parle pas seulement des ruines matérielles de son évêché, il entend aussi les ruines morales. Le protestantisme et la guerre civile avaient mis le désordre partout. L'évêque de Luçon se proposait alors de faire la visite de son diocèse. Il constata par lui-même les maux qu'il pouvait guérir, les ruines qu'il pouvait relever. Aucun évêque n'y avait fait sa résidence depuis plus de soixante ans ; la désorganisation devait y être complète. Malgré tout, il pense à lui ; après ce bel élan de jeune homme qui veut tout entreprendre pour le plus grand bien de ceux qui lui sont confiés, il revient à sa pensée favorite.

« Je suis extrêmement mal logé, car je n'ai aucun lieu où je puisse faire du feu à cause de la fumée ; vous jugez bien que je n'ai pas besoin de grand hiver, mais il n'y a remède que la patience. »

Échappé aux ennuis et aux humiliations de la cour, Richelieu affecte de se vanter de sa solitude et de sa sauvagerie. Un excès pousse à l'autre, mais avec un esprit bien équilibré, on retrouve peu à peu son bon chemin. L'évêque de Luçon termine sa longue lettre par les détails de son *mesnage*.

Il n'y a pas jusqu'à son maître d'hôtel qui n'intervienne dans sa description. Richelieu s'en flatte et s'en vante comme d'une heureuse acquisition ; il est content de paraître aux yeux de la foule : « On me veut faire croire que je suis un grand Monsieur en ce pays. » Franchement peut-on se montrer plus économe, plus jeune et plus naïf ? N'oublions pas que Richelieu n'avait alors que vingt-trois ans, que sa lettre paraît adressée à une amie intime de sa famille, et qu'à cet âge et dans ces circonstances on se croit permis d'avouer toutes ses illusions. Que d'autres parvenus en ont entretenu plus tard et de plus vaines !

L'économie et le désir de paraître sont ouvertement en lutte ; l'évêque de Luçon a soin de sa noblesse, il veut faire respecter son rang et sa dignité. A cette époque, la richesse donnait le prestige ; non seulement elle imposait au vulgaire comme en tout temps, mais elle accordait en outre une place parmi les seigneurs et les grands du royaume. Le luxe n'avait pas encore atteint toute sa splendeur. Dans l'admiration qu'on lui accordait, il y avait plus d'enthousiasme que de raison. Qu'y pouvait-on faire ? Absolument rien. La juste mesure dans l'usage des biens que procure la fortune tient surtout à l'expérience ; le royaume ne la fit que plus tard, après Louis XIV et Louis XV.

Il est, du reste, évident que Richelieu songeait dès cette époque à se créer un avenir plus brillant que celui qu'il pouvait espérer en demeurant à Luçon. Peu de temps après l'avènement de Louis XIII, il se proposait de passer tous les ans quelque temps à la cour et d'y prendre une place et un rang. Malheureusement il est pauvre et c'est *grande pitié,* surtout quand on se sent *un peu* d'orgueil et que toutes les pensées se fixent vers un avenir brillant. On rencontre assez rarement autant de franchise et de naïveté dans Richelieu ; il dit en ces « petites négociations de mesnage » tout ce qu'il pense et tout ce qu'il souhaite, quitte à se dissimuler avec ses regrets et ses craintes derrière une maxime de conduite, pratique qui n'est pas du tout la sienne. Ce manque d'argent et de ressources n'est pas près de finir.

Un futur ministre dans une condition médiocre n'a rien qui puisse nous surprendre ; cela se voit plus que jamais : c'est, paraît-il, un des plus beaux résultats du progrès qu'un homme de rien puisse devenir un personnage ; mais alors on n'était pas si avancé, et l'évêque de Luçon était de son temps. Sous la raillerie dont il se couvre, on reconnaît facilement les traits d'un homme révolté contre sa mauvaise fortune ; rien n'indique en lui la résignation, au contraire ; il se promet énergiquement de rester dans la solitude afin d'y dévorer seul tout son mécontentement. L'intérieur de Richelieu nous offre constamment le tableau d'un esprit qui n'est pas à sa place, qui vise plus haut et qui en vient parfois jusqu'à se plaindre des lenteurs de sa destinée.

On a retrouvé fort peu de lettres ayant rapport aux relations de l'évêque avec sa famille. Il en existe cependant quelques-unes adressées à Mme du Pont de Courlay. Mais elles n'offrent rien de particulier ni de bien intéressant. La noblesse n'admettait guère la confiance, encore moins l'abandon, dans les rapports des enfants avec leurs parents ou des frères entre eux ; la grandeur y remplaçait le sentiment, l'honneur y tenait lieu de tout.

La noblesse avait le culte des traditions ; l'hérédité fut de tout temps une de ses lois fondamentales. De, cette particule que l'on rencontre dans toutes les langues avant les noms illustres, est mis pour *fils de*, comme si les titres de distinction dépendaient principalement de la naissance et remontaient aux siècles les plus reculés de notre histoire. C'est même une gloire pour une famille quand son origine se perd dans la nuit des temps ; en sorte que l'on peut toujours écrire *de* pour *fils de* sans arriver à la souche. Or à cette époque primitive et tant que dura la formation de la société moderne, le métier des armes et de la guerre fut la principale occupation des nobles. Ce n'est pas là qu'on se forme à la vie de famille.

Quelque respect que l'on professe pour les vieilles coutumes et les anciennes institutions, il est impossible de leur attribuer une perfection qu'elles n'ont pas. Elles furent, pour le plus grand nombre, indispensables au progrès, mais seulement en raison des circonstances. Celles-ci venant à disparaître, il fallait changer nos mœurs et adopter d'autres coutumes. Le xviie siècle conservait à ce point de vue beaucoup d'erreurs et de préjugés. Il en était encore à la formule de *Monsieur mon frère,* et la femme se croyait obligée de mettre un titre de *Madame* avant le sien de *Mère.* Cela ne favorisait guère l'expansion et la franchise. C'était un grand tort. Nous admettons que le seigneur du moyen âge, sans cesse occupé des armes et des batailles, ait eu le droit de négliger sa famille ; quand l'ennemi ou les brigands sont aux portes, il n'y a pour l'homme qu'un devoir : c'est de les défendre. On comprend aussi que la mère, laissée seule à la tête de sa maison, ait eu plus souvent besoin d'inspirer le respect que l'affection ; les responsabilités obligent à tenir un rang. Mais le danger passé, mais la civilisation assurant enfin la sécurité des personnes et protégeant la prospérité, mais le père une fois rendu à son intérieur et la mère à ses enfants, il n'y avait plus de raison pour les entourer de majesté. Faire le grand seigneur ou la grande dame avec ses enfants, c'était jouer au héros des temps passés ; une telle comédie ne pouvait rien produire de bon.

L'esprit religieux complétait alors l'esprit de famille et commandait au nom de Dieu et du bonheur ce qui s'obtient si aisément par l'amour filial et fraternel. Voilà ce qui ressort surtout des quelques lettres de Richelieu à Mme du Pont de Courlay, sa sœur.

Ces considérations religieuses prêtent trop à l'autorité. On s'attend à ce que Richelieu parle de la résignation comme d'un devoir, car, après tout, il est évêque et il doit s'occuper des choses de Dieu ; mais on voudrait qu'il mît dans ses exhortations une bienveillance plus marquée et moins de commandement. Par contre, on ne peut que l'approuver dans sa manière de défendre les intérêts de sa famille ; c'est l'homme du droit et du devoir ; chaque fois qu'il trouve l'occasion de le prouver, il se montre lui-même, il est dans son naturel et dans son élément.

Pendant les troubles qui accompagnèrent la minorité de Louis XIII, des troupes royales vinrent se loger à Saulnes, l'une de ses paroisses exemptes des charges de la guerre. L'évêque paraît dédaigner celui qui a commis cette injustice; il en écrit donc au général qui commandait l'armée du roi. C'est de lui qu'il veut obtenir satisfaction. Déjà se révèle cette rigueur qui caractérisa de tout temps le grand ministre. Sa pensée jaillit claire, vive et sans embarras; elle ne se retourne vers son adversaire que pour lui jeter son mépris.

En somme, dès sa jeunesse, Richelieu ne garde que les traits d'un homme d'affaires. Il débute en s'occupant de sa carrière; il brusque les formalités qui retardent son élévation à l'épiscopat, puis il s'enferme et s'installe chez lui de son mieux, en attendant un avenir plus heureux et des entreprises plus vastes. De sa famille et des relations qu'il entretenait avec elle, il ne reste rien de flatteur pour son caractère. Cet homme est tout d'une pièce; sa pensée n'a qu'un objet, son intelligence n'a qu'un but; les affaires l'absorbent, il ne voit rien autre chose.

Que Richelieu ait eu d'autres passions, et que les intrigues dont il s'entoura aient donné occasion à quelque mauvais roman, cela n'a rien de surprenant; toutefois, il faut convenir que sa figure se détache mieux des événements sous un autre jour. A l'époque où nous en sommes de son existence, c'est-à-dire de sa vingt-cinquième à sa trentième année, il est difficile de lui découvrir d'autre passion que celle de parvenir; toutes ses démarches, tout son plan de vie n'ont pas d'autre but, et s'il recherche la fortune et le pouvoir, il faut bien l'avouer, ce n'est pas afin de leur demander les plaisirs que d'autres parvenus en attendent; son cœur n'est sensible qu'à la gloire, et son égoïsme se concentre dans son intelligence.

Commander et se faire obéir, c'est déjà toute sa vie.

Il n'a pas encore mesuré ses forces, il ne sait pas jusqu'où son ambition peut aller dans cette voie; mais il aspire en haut, à la gloire, sans arrière-pensée. Voilà tout ce qu'on peut découvrir dans sa correspondance, et ce sont les lettres qui caractérisent le mieux un homme.

V

L'un des premiers métiers des parvenus est celui de courtisan. Quelques-uns s'y avilissent et en gardent une flétrissure; d'autres ne lui demandent que l'occasion de se concilier la bienveillance. Les premiers ne sont occupés que d'eux-mêmes; les autres portent en eux la passion de la fortune ou de la gloire. Quand un de ces hommes, poussé par la fortune, s'arrête en route avant d'avoir tout épuisé, croyez bien qu'il ne s'est jamais occupé que de ses aises; le luxe et l'opulence sont ses dieux, son bien-être lui suffit; tout ce qu'il fait, c'est pour être heureux; de tout le reste, il ne se soucie nullement. Quelles que soient la puissance et la valeur de cet homme, son but le rend méprisable.

Au contraire, celui qui cède à une passion moins égoïste, va toujours en avant; tant qu'il lui reste un degré à monter et quelque chance de pouvoir le franchir, il se dévoue. S'il se courbe quelquefois, c'est comme l'athlète qui fait face à son rival, ou comme le montagnard qui se replie sur lui-même, tantôt pour prendre un élan plus vigoureux, tantôt pour éviter des obstacles; dans tous les cas, il ne vise qu'à monter et à remplir sa carrière.

Avant d'arriver au pouvoir, le cardinal de Richelieu fut courtisan. C'était alors une nécessité. Pour atteindre à quelque charge importante, il fallait se rendre agréable à ceux qui en disposaient, et la solliciter.

La mode s'en est du reste assez bien continuée ; nos récriminations sur ce point sont mal fondées. Que ne flatte-t-on point à notre époque? Ce n'est plus seulement le roi et la noblesse, les puissants et leurs alliés ; ce que l'on courtise à l'heure présente, c'est l'opinion publique, c'est-à-dire ce qu'il y a de plus vain, de plus changeant, de plus déraisonnable ; mais on espère avec elle passer en vue des masses, faire du bruit et en retirer quelque prestige. C'est toujours, sous un autre aspect, le même fait moral. L'homme a besoin de dominer ses semblables. Autrefois, il se retranchait dans sa noblesse, se rapprochait le plus possible de la royauté : aujourd'hui il se contente d'écraser de son luxe, de sa fortune et de sa puissance la multitude qui n'y prend pas garde et les jaloux qui n'y perdent rien. On ne commet pas moins de bassesses devant l'opinion qu'on n'en commettait jadis devant la noblesse. Le résultat est à peu près le même ; la valeur des hommes y met seule une différence.

L'évêque de Luçon l'emporte souvent par un côté de son caractère ; il fut obséquieux sans bassesse, et politique sans fausse honte. Qui sait s'il ne considérait pas le métier de courtisan comme une recette connue de tous pour être bien usée, c'est vrai, mais imposée par les convenances? Il fallait s'y soumettre ou renoncer à la fortune.

On reproche aussi très vivement à Richelieu d'avoir manqué de reconnaissance ; il serait peut-être plus juste de dire qu'il manquait de bienfaiteurs et d'amis. Donner des bénéfices, des dignités ou des charges ressemblait fort à ce qu'on appelle aujourd'hui donner des places. Quel est donc celui qui s'en fait un mérite? On donne, parce que cela ne coûte rien et qu'il faut se débarrasser sur quelqu'un ; on reçoit, parce qu'on se trouve là et que la fortune est souriante. Il n'y a en ceci qu'un échange de bons procédés ; nul n'est assez naïf pour y mêler des droits nouveaux et des devoirs. Les faveurs royales ou politiques ne viennent pas du cœur et ne vont pas jusqu'à lui ; ce sont des affaires d'intérêt, mais rien de plus. Quand donc la question d'intérêt se trouve déplacée, les premières relations changent et les alliés peuvent devenir des ennemis. Le fait est à constater ; chacun l'apprécie à sa manière, tant pis pour ceux qui se trompent à leur honneur ; ce n'est pas là qu'il faut chercher l'idéal ou la générosité, encore moins le dévouement.

Il y a beaucoup de routine dans le métier de courtisan. Pour s'y distinguer, il faut d'abord en accepter les manières, c'est la première condition ; la seconde consiste à s'y faire une spécialité.

Richelieu eut à lutter contre les usages, les préjugés du langage et la malveillance. L'usage était de faire sa cour pendant des jours, des semaines et des mois entiers pour obtenir une faveur, d'y consacrer plusieurs années s'il le fallait, mais de ne pas sortir des antichambres où l'on n'apprend rien et où l'on perd ses meilleures qualités. L'évêque de Luçon commença, lui, par se retirer dans son évêché et s'y adonner à l'étude.

Les préjugés divisaient la noblesse en deux grands partis : celui du roi et celui des princes ; le mécontentement, la jalousie et l'ambition étaient les seules causes de ce désordre. En s'occupant exclusivement de la royauté, qu'il confondait avec la France, Richelieu s'élevait du premier coup au-dessus de toutes les intrigues ; mais il eut bientôt à se défendre contre celles dont il devait lui-même être entouré.

Le Français du commencement du XIIIe siècle servait mal la pensée. La phrase était lourde, embarrassée, traînante même, quand elle devait revêtir une idée leste et piquante. Richelieu s'est essayé une fois à railler son état maladif ; sa lettre est adressée à une dame ; elle n'en est pas mieux réussie.

Sur un sujet tout différent et tout à fait dans les idées d'un évêque, Richelieu n'est guère plus heureux. Il écrit à l'évêque de Langres, un protégé de Marie de Médicis et du célèbre père Joseph, par conséquent à l'un de ces hommes qu'il avait tout intérêt à se rendre agréable, et il réussit à peine, malgré la meilleure volonté du monde, à se rendre supportable.

Il y a déjà beaucoup de scepticisme dans l'esprit de Richelieu, trop peut-être pour un futur cardinal. Cette lettre est de 1615 ; elle est adressée à un familier, c'est donc le témoignage d'un homme déjà fixé dans sa manière de voir et parlant en toute franchise. Nonces et prélats sont traités par lui comme de simples mortels. Un peu plus de respect eût été de meilleur goût ; un peu moins de désinvolture n'aurait peut-être pas si bien trahi la pauvreté du style et le vulgaire de la pensée.

Un fait plus grave dans la vie de Richelieu, c'est la contradiction que l'on relève entre ses lettres et ses mémoires ; il est parfois difficile de ne pas l'accuser de flatterie ou d'injustice.

Il est évident que dès lors Richelieu sacrifiait à son avenir. Ses paroles étaient calculées pour attirer la bienveillance ; ses lettres nous le montrent occupé de se frayer un chemin pour arriver le plus près possible du pouvoir. Il intrigue de toutes ses forces, et il ne se réserve pour le moment aucune indépendance. Ce n'est pas tout ce qu'on peut lui reprocher. Pour se faire des amis en haut lieu, il s'est compromis jusqu'à devenir le flatteur et le courtisan d'hommes aussi peu recommandables que le futur cardinal de la Valette, le cardinal de Sourdis et l'archevêque d'Aix. Ces personnages pouvaient à leur gré lui barrer le passage ou l'attirer aux premiers rangs. L'ambition lui dicta sa conduite. Le premier était alors âgé de vingt et un ans et archevêque de Toulouse. Il était de huit ans plus jeune que Richelieu, mais c'était le troisième fils du duc d'Épernon et sa puissance était grande à la cour.

On reproche surtout à Richelieu ses lettres et ses flatteries au cardinal de Sourdis, archevêque de Bordeaux. Il est vrai que l'évêque de Luçon en était le suffragant. C'est une excuse, mais non point une justification. Le respect de l'autorité et de la hiérarchie ne va pas jusqu'à imposer une telle abnégation.

Les *rares vertus* du cardinal de Sourdis dont Richelieu lui parle dans une de ses lettres, sont encore un problème. Il s'était montré grand, généreux et austère, mais seulement dans l'administration religieuse de son diocèse; mais en politique, et surtout dans sa vie privée, il est impossible de lui accorder les mérites que semble louer Richelieu. On lui connaissait bien plus d'ambition que de modestie; toutes les histoires parlent de sa hauteur et de ses intrigues, et s'accordent à lui refuser les qualités dont il est ici question. On comprendrait que Richelieu supplie de croire qu'il est véritable, mais l'ombre d'un doute serait d'une maladresse insigne; il n'y a dans tout ceci que des louanges exagérées.

La réputation de l'archevêque d'Aix était encore moins respectée que celle de M. de Sourdis.

La Valette, Sourdis et l'Hopital sont d'étranges personnages. Au lieu de se renfermer dans leurs églises, ils sont tout occupés de la cour et de la politique. On les vit, du reste, quelques années plus tard, l'un à la tête d'une armée, l'autre chargé du commandement d'une flotte, et le dernier, renonçant à son archevêché, rentré tout à fait aux affaires.

Voilà les hommes dont Richelieu recherchait tout particulièrement l'estime et la protection. Son plan ressemblait à celui de ces courtisans; il n'y a rien d'étonnant qu'il se soit rencontré avec eux; mais sa méthode était nouvelle. Son premier soin semble avoir été de dissimuler ses projets, c'est pour cela qu'il s'éloigna de la cour; cependant il y tenait, et il se préparait de loin à y rentrer avec une charge importante.

Ce que nous apprennent les lettres de Richelieu sur ses

relations avec le célèbre président de Harlay et avec Sully n'offre guère d'autre intérêt que celui qui s'attache à la rencontre fortuite des grands hommes. Il écrivit au premier sans doute à l'occasion de quelque entreprise concernant l'instruction publique.

La diffusion de la science a toujours vivement préoccupé les hommes de talent. On ne parlait pas encore de sa vulgarisation, qui est peut-être un contresens, mais on s'occupait sérieusement d'élargir le champ de ses lumières et d'en faire profiter ceux qui avaient des yeux. Prétendre, comme on le fait actuellement, faire descendre les vérités scientifiques au niveau du vulgaire, les exposer de telle sorte qu'elles pénètrent l'intelligence de ceux mêmes qui n'en donnent jamais le moindre signe, c'est tenter l'absurde. D'autre part, s'adresser aux masses pour les soulever au-dessus du niveau général, c'est entreprendre une œuvre impossible. On ne donne pas l'intelligence; on la prend où elle se trouve, on la développe; mais que voulez-vous faire avec ceux qui n'en ont pas?

Les lettres de Richelieu à Sully, peu nombreuses du reste, donnent tout au plus le ton des rapports qui existèrent entre le ministre en disgrâce et le futur continuateur de son œuvre.

Sully et Richelieu sont morts presque en même temps, à moins d'une année de distance l'un de l'autre; mais le premier avait fini sa vie politique lorsque le second n'avait pas encore commencé la sienne. Ils ne se sont donc pas rencontrés sur le champ des affaires, et cette correspondance ne conserve autre chose que la trace de quelques relations particulières. On sait, d'ailleurs, que Richelieu a jugé Sully, et il peut être piquant de comparer le langage des lettres à celui des mémoires. Sully ne faisait nulle estime du mérite de Richelieu. Une seule fois, ce grand ministre se trouve cité, comme par hasard, au milieu de l'histoire de 1609; mais on a dit que ce mot d'éloge avait été ajouté après coup, et l'on ne saurait en douter lorsqu'on voit que dans le petit nombre de pages consacrées par Sully à rappeler « les gestes de Louis le Juste, » auxquels ne se peuvent égaler, dit-il, « tout ce qu'ont jamais fait de plus signalé Charlemagne, Philippe-Auguste, » il ne nomme pas même Richelieu, lui qui ne manque jamais de se nommer à côté de Henri IV.

Il est certain que Richelieu rendit à Sully mépris pour mépris et hauteur pour hauteur ; mais ce ne fut que plus tard et seulement lorsqu'il se trouva le maître à la cour. Avant cette date, il garde vis-à-vis du glorieux compagnon de Henri IV cette déférence obséquieuse qui caractérise les mœurs de la haute noblesse. Il est probable que Richelieu ne songea pas à s'en faire un appui : les hommes de la taille de Sully, une fois tombés, ne se relèvent plus ; mais il était de bon ton de lui témoigner un profond respect, et il eût été avantageux de ne pas s'en faire un ennemi.

Ce fut en 1616 que Richelieu obtint une charge qui le fixait désormais à la cour. Pendant le voyage de la famille royale à Bordeaux pour le mariage de Louis XIII, l'évêque de Luçon se distingua par son zèle auprès de Marie de Médicis. Les circonstances étaient graves ; les princes en armes avaient obligé le roi à s'entourer non pas d'une escorte d'honneur, mais d'une véritable armée. Tout dévouement y était accepté ; tout ce qui portait avec soi quelque espérance d'avenir était bien accueilli.

L'évêque de Luçon fut nommé grand aumônier de la jeune reine. Aucun document n'affirme positivement que Richelieu accompagnât Leurs Majestés à Bordeaux ; aucun historien, aucun mémoire du temps ne dit ce que fit Richelieu durant ce voyage. Lui-même raconte ce qui s'y passa sans se donner un rôle quelconque dans son récit. Richelieu n'était encore qu'un simple prélat dont on s'occupait à peine, dont le public ne s'inquiétait pas du tout. Mais il y avait déjà longtemps qu'il s'insinuait à la cour.

Dès l'année 1614, il écrit au marquis d'Alincourt pour lui demander son appui dans une affaire où il est assuré de la bienveillance de Marie de Médicis. M. d'Alincourt avait été le protecteur de Richelieu à Rome ; l'évêque de Luçon ne l'avait jamais oublié. Était-ce par calcul ou par reconnaissance ? Qui sait ? Il est difficile de tout rapporter à l'ambition. Le cœur du jeune homme ne raisonne pas toujours ; il y a des moments où il monte de lui-même et où les vertus désintéressées l'entraînent au delà de ses projets. Richelieu n'avait pas encore trente ans, et il pouvait bien rester sensible aux bienfaits. Mais, d'autre part, il ne faut pas méconnaître que le duc de Villeroi, père du marquis d'Alincourt, occupait en 1614 une des premières places du ministère, et que la recommandation du fils pouvait aller par lui jusqu'à la reine régente. L'intérêt avait sa bonne part dans la fidélité du dévouement. Pour bien apprécier le caractère de Richelieu, il convient d'envisager sa conduite sous tous ses aspects. Il lui écrivait donc au sujet d'une charge auprès des enfants de France.

En effet, à la date du mois de juillet 1615, on croit pouvoir placer la plus ancienne lettre que nous ayons de Richelieu à la reine-mère, et dans laquelle il est question d'une des princesses filles de Henri IV et de Marie de Médicis. On n'est pas bien fixé sur le nom de la princesse qui s'appelait alors Madame. Ce qu'il y a de certain et qui ressort incontestablement de cette lettre, c'est que Richelieu se trouvait dès lors en faveur ; c'est qu'il écrivait à la reine sur des sujets d'une intimité toute particulière ; c'est, enfin, qu'il ne manquait ni de bienveillance, ni d'attention, pour les personnes de l'entourage de Madame. Cette qualité est particulièrement à noter dans un homme qui s'élève ; faire valoir les services de ces personnes quand on est encore si loin d'elles, c'est un trait de hardie politique et d'habileté consommée. Malheureusement, cela sent un peu la flatterie.

VI

Avant d'entrer dans la carrière politique de Richelieu, il importe de revenir en arrière, afin d'esquisser quelques faits qui s'y rapportent tout spécialement. Le premier est le serment de fidélité prêté par l'évêque de Luçon à Louis XIII.

C'était en 1610, quelque temps après la mort de Henri IV. Les circonstances étaient difficiles. On n'envisageait pas de la même manière, dans tous les partis, la fin tragique du grand roi. L'entourage de la reine y trouvait sa fortune. Les chances d'avenir étaient de ce côté; mais s'y jeter sans retenue eût été de mauvais goût. L'un des plus beaux privilèges de la noblesse était le savoir-vivre; il ne fallait pas se compromettre sur ce point. D'autre part, s'attacher à un parti qui tombe est de mauvaise politique. Si légitimes que soient les regrets, si rigoureux que soient les devoirs de la fidélité, si imprescriptibles que demeurent les droits à la reconnaissance, ils ne commandent pas toutefois de se renfermer dans le passé; une carrière ainsi comprise se fermerait au génie. Tout change, surtout en politique; les uns disent que c'est le progrès, les autres s'en plaignent comme d'une décadence. A toutes les époques, on rencontre sur le même fait des éloges enthousiastes et des critiques amères; les uns y gagnent, les autres y perdent. Chacun module ses appréciations suivant sa peine ou suivant sa joie; mais ce n'est là que la comédie humaine, les faits et les principes en sont indépendants. Des faits généraux, il résulte que le monde est en mouvements; des principes les mieux établis, on peut conclure que, pour diriger son époque, il faut au moins être avec elle; mieux vaut encore être en avant.

Henri IV et sa politique venant à disparaître, il importait de se rallier autour du jeune roi, de se soumettre à la régence, le présent leur appartenant; c'est ce que fit d'abord l'évêque de Luçon.

Deux ans plus tard, Richelieu fut choisi par les évêques de sa province pour les représenter à l'Assemblée du clergé. Elle se tint à Paris, le 13 mars 1612, sous la présidence du cardinal du Perron; on y condamna une première fois le livre d'Edmond Richer sur les rapports du pouvoir ecclésiastique avec le pouvoir temporel. Cette importante question divisait le clergé. Les affirmations du doyen de la Sorbonne firent grand bruit. Une polémique ardente s'engagea sur ce point; elle parvint à soulever la cour, le parlement, les moines et l'Université. C'était alors toute l'opinion. Richelieu dut être flatté d'y intervenir.

L'évêque de Luçon n'avait probablement aucun titre officiel pour s'occuper de la révolte du duc de Rohan, mais il savait que les rôles officieux mènent loin, et il s'en acquittait avec un soin minutieux.

Sous prétexte d'une maladie de son frère, le duc de Soubise, le duc de Rohan s'éloigna de la cour et se retira à Saint-Jean-d'Angely dont il s'empara. M. de Phelippeaux, secrétaire des commandements de Marie de Médicis, puis secrétaire d'État en 1610, avait bientôt abandonné cette charge pour s'occuper exclusivement des affaires de la religion réformée. Il était en Poitou, quand eut lieu la révolte du duc de Rohan. Marie de Médicis avait déclaré qu'elle se mettrait elle-même à la tête de l'armée royale avec les maréchaux de Bouillon et de Lesdiguières, plutôt que de laisser le rebelle impuni ; mais auparavant, elle voulait connaître avec certitude l'importance du nouveau parti et l'opinion qu'on s'en faisait autour de lui.

Un secrétaire et un gentilhomme attachés à la personne du duc de Rohan furent mis à la Bastille. Sa mère, sa femme, fille aînée du duc de Sully, Henriette et Anne de Rohan, ses sœurs, furent retenues à Paris. Ce sont là les procédures que l'on trouve étranges. Mais, d'autre part, MM. de Thémines, de Vic et de Saint-Germain avaient été envoyés pour empêcher la guerre si c'était possible et ramener le duc à l'obéissance. Leur mission fut couronnée d'un plein succès.

L'énergie n'a presque jamais raison d'un parti, ou bien elle dégénère en cruauté. Au contraire, elle vient assez facilement à bout d'un homme. Dans les révoltes des seigneurs, la répression devait commencer par les chefs, car ils étaient tout le parti ; eux tombés ou soumis, il ne restait plus rien à vaincre. La sévérité s'exerçait ainsi contre eux avec justice et avec succès. Dans les mouvements populaires, il faut bien se garder d'employer les mêmes procédés. La révolte prend le nom de résolution ; c'est un progrès à accepter ou un mal à guérir ; la rigueur n'y peut rien, ou elle aggrave le danger. Il ne faudrait pas juger la conduite de Richelieu en le rapprochant des événements de notre siècle ; autres temps, autres mœurs.

L'évêque de Luçon avait déjà inspiré quelque confiance à la reine-mère ; mais ce n'est que plus tard, vers 1615, que Richelieu paraît avoir obtenu un rôle défini dans les affaires politiques. Il arrivait donc lentement, peu à peu, en faveur auprès de Marie de Médicis. On le voit par une lettre de M. de Lesdiguières, datée du mois de septembre 1615.

Les ennemis de ce grand homme, l'un des plus vaillants compagnons de Henri IV, s'efforçaient de le rendre suspect en sa double qualité de protestant et de seigneur du Dauphiné. La reine-mère l'appelait roi-dauphin. Sa fidélité ou sa défection pouvaient tout changer dans les affaires de la cour. C'est alors que Lesdiguières envoya un de ses gentilshommes à la cour pour faire voir au roi qu'il était son très humble serviteur et justifier le maréchal des accusations dirigées contre lui. Le voyage de Bayonne avec tout un appareil de guerre, les craintes sérieuses d'une double révolte, celle des princes et celle des protestants, donnaient à cette démarche un caractère particulièrement remarquable. Les protestations de Lesdiguières furent accueillies comme un heureux événement. C'est à ce message que répond Richelieu. Le choix que la reine a fait de son secrétaire en pareille circonstance est important à noter.

Un peu plus tard, le 29 octobre 1615, l'armée du prince de Condé passa la Loire à Neuvy, se rapprocha des troupes royales et augmenta les dangers de la cour. Le maréchal de Bois-Dauphin, dit Richelieu dans ses mémoires, fut blâmé de ne pas avoir livré bataille; mais il s'excusait sur ce qu'il avait défense expresse de combattre.

Quoi qu'il en soit, il est certain que dès lors Richelieu était admis à discuter les affaires intérieures, qu'il donnait son avis sur les questions les plus graves et qu'il avait déjà la prétention de se faire écouter. Quant à savoir ce qu'était au fond cette intrigue de cour, devenue à la longue une guerre civile, avec les documents que nous avons en mains, il n'est guère possible d'y arriver. Ces sortes de trahisons dont parle ici Richelieu étaient à la mode; le grand ministre s'en servit plus tard contre ses ennemis. Les grands seigneurs et leurs partisans n'entendaient la politique intérieure qu'à leur profit; de la cour et des rebelles, nul ne s'inquiétait qu'autant qu'il y trouvait son avantage. C'est une conséquence inévitable de l'esprit de parti; partout où la nation se divise, il ne reste que des intérêts particuliers. Alors un bon gouvernement devient impossible; il faut qu'il prenne les hommes pour ce qu'ils valent, qu'il adapte sa politique à leurs qualités, et surtout qu'il tienne compte de leurs défauts. Aujourd'hui, Richelieu ne fait que s'en plaindre ; plus tard, il essaiera de les corriger, mais il n'y parviendra que par la force. Ne l'en accusons point trop, puisque cet absolutisme a préparé le retour à l'unité nationale.

Dans la lettre à M. Arnault, très souvent désigné dans les mémoires du temps sous le titre de Arnault l'Intendant, Richelieu répète à peu près dans les mêmes termes critiques :

« Notre armée, dit-il, est capable d'entreprendre et d'exécuter, de combattre et de vaincre ; mais quelquefois, les meilleures raisons étant combattues de l'autorité, le temps se passe et les occasions se perdent. Je rechercherai toujours avec soin celle de vous témoigner.... »

Cette autorité dont parle Richelieu explique la lettre précédente ; elle tend à nous faire croire qu'il s'agissait bien du maréchal d'Ancre et de Marie de Médicis ; leur favori n'a donc jamais été leur créature jusqu'à les approuver en tout. Il se déclarait hautement contre eux avant d'arriver au pouvoir ; il gardait cette indépendance de vues qu'on lui refuse parce qu'on la trouve trop rarement au début des carrières politiques. Heureusement le jeune évêque de Luçon comptait sur son génie autant que sur ses protecteurs. Il avait toujours eu conscience de sa force et bonne opinion de lui-même. Cette manière de voir conduit les hommes médiocres à l'absurde ou au ridicule ; les grands hommes, au contraire, y trouvent le secret de leur gloire.

La harangue de Richelieu aux états généraux de 1614 a pris des proportions d'un événement ; on en rencontre un peu partout l'analyse et la critique. M. Avenel trouve que « ce discours a été trop peu remarqué par les historiens, » et leur trace à ce sujet un plan d'étude qu'il juge très important.

« Il ne serait pas sans intérêt, dit-il, de comparer les conseils que donnait alors Richelieu, simple prélat, avec sa conduite quand il fut maître des affaires, et de placer en face des principales réclamations de ce sévère organe du clergé les actes du ministre de Louis XIII. On aurait pu remarquer que, si dans certains cas le cardinal de Richelieu s'est montré conséquent avec l'évêque de Luçon, plus souvent le ministre a continué les abus, les excès et les fautes que l'évêque avait condamnés. »

Député du clergé aux états généraux, l'évêque de Luçon y trouva l'occasion de montrer sa supériorité ; mais ce fut bien plus dans la discussion des affaires que dans la harangue de 1615. Si son ordre lui confia la mission de présenter les cahiers au roi à la clôture de l'assemblée, c'est qu'il avait déjà pris une certaine autorité sur son entourage. Mais le discours qu'il fit en cette circonstance n'était rien moins dans sa pensée qu'un programme politique ; y chercher, comme le voudrait M. Avenel, les bases et les maximes de l'administration future de Richelieu, c'est perdre son temps ; on ne peut y trouver ce qui n'y est pas. Si les faits se trouvent d'accord ou en contradiction avec les divers passages de cette harangue, l'honneur ou la faute n'en est pas au jeune évêque de Luçon. Il appartenait à un ordre et il en représentait les aspirations ; plus tard seulement il devint un homme politique.

Cependant la distinction dont il avait été l'objet de la part de son ordre, les puissantes protections qu'il s'était ménagées à la cour, sa conduite pendant le voyage à Bordeaux et les relations qu'il entretenait avec le parti de la noblesse, ouvraient à Richelieu le chemin du pouvoir.

Déjà il avait été employé plusieurs fois à diverses missions politiques, mais sans titre officiel. Il n'était pas encore attaché à la cour. La qualité de secrétaire des commandements de Marie de Médicis n'était pas assez importante pour répondre à ce dessein ; mais, en 1616, il obtint deux charges importantes, celle de grand aumônier de la jeune reine et celle de conseiller d'État.

Au mois de juin de la même année, Marie de Médicis lui donna la commission délicate de calmer les mécontentements du prince de Condé et lui persuader de revenir à la cour. Cette mission fut couronnée d'un heureux succès. Le prince revint à la cour et reçut de Leurs Majestés toute la bonne chère qu'il eût pu désirer.

Dès lors, Richelieu fut considéré comme un personnage politique, et la cour, bien résolue de se l'attacher par de hauts emplois, commença par lui délivrer un brevet de pension de six mille livres par an.

Vers la fin du mois d'octobre 1616, il fut encore envoyé vers le duc de Nevers, Charles de Gonzague, qui devint plus tard duc de Mantoue et qui s'était alors retiré dans son gouvernement de Champagne, d'où il menaçait le roi de nouvelles révoltes. Cette mission fut moins heureuse que la précédente. On voit aux archives des affaires étrangères deux documents très curieux, relatifs à cette affaire; ce sont deux mémoires écrits par Richelieu, résumant les difficultés et les résultats de sa mission. « C'était déjà pour l'évêque de Luçon, dit M. Avenel, une habitude qu'il a conservée toute sa vie dans les affaires qui présentaient de sérieuses difficultés, de les étudier la plume à la main et de préparer à l'avance le langage qu'il aurait à tenir. »

Ainsi, dans l'affaire du duc de Nevers, Richelieu avait résumé, d'une part, les avis reçus contre ce prince sous ce titre : *Subjects de méfiance;* et, d'autre part, un mémoire des raisonnements qu'il convient d'y opposer. L'habile politique se propose d'entrer dans les manies de son adversaire, qui rêvait de devenir *empereur de tout le Levant*, et de lui laisser entrevoir aide et assistance de la cour. Ceci pouvait être très utile au succès de la négociation, mais au fond Richelieu se jouait de son rival.

Dans le second de ces documents historiques, Richelieu note les « Plaintes de M. de Nevers » et la formule de l'acte de soumission que le prince sera tenu d'envoyer au roi.

Le premier ordonnancement de la pension de Richelieu est du 3 novembre 1616, deux mois après le brevet de nomination. Au dos de la minute, on lit cette curieuse mention de la main du secrétaire de Richelieu : « Minute d'ordonnance de 6,000 francs pour l'entretiennement de M. de Luçon. — Ce qu'il lui faut pour les frais du voyage qu'il va faire par commandement en Espagne en qualité d'ambassadeur extraordinaire. » Le montant d'un brevet de pension affecté aux frais spéciaux d'une mission extraordinaire et ordonnancé presque à la veille du départ, ce n'était pas certes l'intention du roi ; mais les débutants *font feu de tout bois*. Richelieu ne marchandait pas quand il s'agissait de son avenir. Heureusement pour ses finances, ce voyage n'eut pas lieu ; la politique intérieure devenait plus inquiétante que celle de l'extérieur.

Au moment où la cour envoyait le prince de Condé à la Bastille, où les princes se retiraient dans leurs gouvernements, où la guerre civile était imminente, les circonstances et la faveur de Concini pouvaient réserver une place à Richelieu dans un nouveau ministère. « Pour un ambitieux, pour un homme de tête et de cœur, ce n'est pas le moment de partir. »

Et en effet, le 25 novembre, un nouveau ministère fut formé par le maréchal d'Ancre. Mangot fut nommé garde des sceaux ; son protégé, l'évêque de Luçon, le remplaçait dans la charge de secrétaire d'État. Cette entrée au ministère est des plus humbles ; mais c'était un premier pas qui fut bientôt suivi d'un vrai triomphe. Le 30 novembre, Richelieu reçut le portefeuille de la guerre, et en même temps partagea celui des affaires étrangères avec Villeroy. La retraite de cet ancien ministre laissa bientôt la place tout à fait libre à l'ambitieux et entreprenant évêque de Luçon.

« La première lettre que nous ayons trouvée de Richelieu après son élévation à l'emploi de secrétaire d'État, dit M. Avenel, est une lettre de remerciement au favori qui la lui avait donnée ; et, chose singulière, ce témoignage de la reconnaissance du protégé est devenu contre le protecteur une des charges, dans le procès fait à la mémoire du maréchal d'Ancre et à sa veuve, au parlement de Paris. Cette lettre est alléguée comme une preuve de l'usurpation de Conchine sur l'autorité royale, et de la destitution faite par les menées dudit Conchine et de sa femme des anciens serviteurs du roi pourvus des plus grandes et importantes charges et établissements de nouveau, contre les formes gardées et observées de tout temps en État. »

Le commentaire fait sur la lettre du cardinal par les juges du maréchal d'Ancre et les charges qu'ils en font sortir contre les deux favoris, offrent une preuve curieuse des subtilités que savait inventer la justice criminelle quand elle voulait perdre un accusé. Ce que Richelieu prenait de précautions depuis un an pour arriver à ce but, ce qu'il montrait de docilité et de bienveillance pour conserver la faveur de la reine et de ses créatures est merveilleux.

De l'ensemble de ces faits, il résulte que la conduite de Richelieu pour entrer aux affaires fut exempte de bassesses ; que le chemin parcouru par lui depuis son élection à l'évêché de Luçon en 1605 jusqu'à son entrée au ministère le 25 novembre 1616, fut le résultat d'une volonté bien arrêtée ; qu'enfin dans l'existence, les études et les relations du jeune évêque, tous ses efforts se concentrent vers ce but, tous sont inspirés par l'ambition du pouvoir.

Chercher une autre passion dominante dans la conduite de ce jeune homme, y introduire, comme on l'a déjà fait, des intrigues de roman, c'est dénaturer son caractère.

On a tout récemment découvert à la bibliothèque nationale un mémoire en douze feuillets, sans date ni signature, de la main de Richelieu, et portant ce titre : « Instructions et maximes que je me suis données pour me conduire à la cour. »

C'est une œuvre du jeune évêque connaissant déjà la cour par expérience et se préparant du fond de son évêché soit à y reparaître dans certaines occasions exceptionnelles, soit à y rentrer définitivement.

« Il y a tant de licence et de sortes de divertissements, écrit Richelieu sous la première rubrique, que si l'on ne donne au service de Dieu les premières pensées et les premières heures du jour, on a peine, depuis qu'on est aux compagnies et aux affaires, de le servir. Pour ce, je trouve un grand avantage que, comme chacun désire de se loger proche de ceux auxquels on a affaire tout le jour, je choisisse un logis qui ne soit ni loin de celui de Dieu, ni de celui du roi. »

Cette préoccupation toute spéciale de mettre Dieu en première ligne quand il s'agit de maximes de conduite à la cour, est le fait d'un homme habitué à vivre dans la retraite avec des prêtres et des moines. Plus tard, le grand cardinal mettra volontiers en premier lieu les travaux de son ministère, et après eux seulement le service de Dieu.

Voici maintenant les instructions proprement dites en un second et dernier paragraphe de beaucoup plus long, plus important et plus détaillé que le premier.

« Il y en a qui font coutume de voir le roi tous les jours, et j'estime que c'est chose qui agrée à gens d'épée qui ne sont à la cour que pour cela ; mais il prend garde à ceux qui le peuvent servir ailleurs. »

En principe et de propos bien délibéré, le jeune évêque ne sera pas un courtisan oisif ; il ne vient pas à la cour par profession et pour y passer son temps. Malheureusement il n'est pas facile de savoir de quelle manière et dans quelles affaires il se propose de servir le roi. Et cependant c'est une volonté bien arrêtée chez ce jeune homme de solliciter et de faire quelque chose ; il a même étudié et arrêté la manière de procéder qu'il croit la plus favorable à son projet.

« Quand on demande quelque chose au roi, il faut

faire que partout on le rencontre afin qu'il comprenne ce que l'on désire et se favoriser. Et pour ce, au premier jour de mon arrivée à la cour, je me présenterai tous les jours jusqu'à ce que je connaisse qu'il est content ou de m'avoir parlé, ou écouté, et, dès lors ou avant cette assiduité, se donner à d'autres exercices, étant assez de se faire voir à Paris une fois la semaine, et à Fontainebleau de deux jours en deux jours.

» Si l'on se présente au roi pour le voir seulement, il se faut tenir en lieu où il puisse jeter sa vue de ce côté quand il est à table ; si c'est pour lui parler, il faut joindre sa chaise du côté de l'oreille. Prendre garde d'arrêter le discours quand le roi boit. »

Tous ces menus détails nous montrent avec quelle étude et quelle habileté les courtisans, même ceux qui se recommandaient par leur génie, composaient leur conduite et leur maintien. Richelieu, qui voulait parvenir et qui, en général, ne compta jamais sur sa bonne fortune, n'était pas homme à négliger la moindre des circonstances capables de le faire avancer dans l'esprit du roi ; au contraire, il prendra plutôt trop de garanties que pas assez.

Mais voici comment il apprécie le maître auquel il va faire sa cour. Ce jugement, qui est le reflet d'une pensée intime, a son importance même pour la mémoire de Henri le Grand.

« Les mots les plus agréables au roi sont ceux qui élèvent ses royales vertus. Il aime les pointes et les soudaines réparties. Il ne goûte point ceux qui ne parlent hardiment, mais il y faut du respect. Bon de tomber toujours sur cette cadence que ç'a été par malheur qu'on ne lui a pu faire service qu'en petites choses, et qu'il n'y a rien de grand ni d'impossible à une bonne volonté pour un si bon maître et un si grand roi. »

La flatterie accompagne le mérite, mais ne le couvre pas. Richelieu parle hardiment et avec respect. Il trace d'avance le portrait du roi populaire et bon, tel qu'il était admis par ses contemporains et tel qu'il a été déclaré par l'histoire.

Mais l'homme qui songe à son avenir ne s'arrête pas à cette œuvre d'art; il revient promptement à ses affaires, et il envisage tout ce monde qui répond au titre de courtisan au point de vue de ceux qui veulent parvenir; sa manière de voir est bien différente de ce qu'elle fut vingt ans plus tard.

Tout se suit dans ses *réflexions* et *maximes;* l'une amène l'autre, et tout converge vers un même but, le succès de celui qui les écrit.

Ce recueil, que Richelieu aurait pu intituler : *Varia* ou « Mélanges, » était surtout destiné à orner la mémoire ou les écrits de l'auteur; mais il ne devait pas en faire le fond. L'homme qui attend l'avenir pour paraître ou pour accomplir ce qu'il croit une œuvre, en recueille tous les jours les matériaux.

La nécessité de consigner jour par jour tous les faits qui peuvent servir soit à la politique, soit à l'histoire, s'est fait sentir à tous les hommes remarquables. La conduite de Richelieu n'était pas chose nouvelle et n'a pas cessé d'être une nécessité. Les meilleurs écrivains ont recours à cette méthode, qui a pour résultat de constituer le dossier de leur époque, rattachant les moindres circonstances aux hommes ou aux événements, groupant les moindres détails autour d'un nom, d'une date ou d'un mot, et formant ainsi un ensemble prodigieux où tout se tient et où tout peut servir de base d'accusation ou de défense. Mais ce que Richelieu tient à bien définir et à bien caractériser dans ses *maximes* et *réflexions*, ce sont les convenances et l'étiquette. Il y revient sans cesse et à tout propos. En entrant dans ces détails, l'évêque de Luçon découvre clairement son but principal : ne rien faire et ne rien dire qui puisse lui aliéner les courtisans; agir en tout de manière à se rapprocher le plus possible des *princes* et du *roy*. Sa conduite est ordonnée dans ce sens, ses démarches les plus importantes comme ses moindres actions convergent toutes vers ce résultat définitif. Ainsi disparaît la sécheresse, le froid, le ridicule d'une étiquette trop minutieuse. La pensée de l'homme qui s'y soumet comme à un exercice utile, lui donne une signification, l'anime, la rend vivante. Cette politesse exquise de l'ancienne noblesse n'était pas une comédie vide de sens ; ces manières distinguées, qui faisaient le charme de la haute société française, n'étaient pas des formules insignifiantes.

C'est parce que nous avons laissé tomber en désuétude les mœurs de nos aïeux que les usages de la bonne société d'autrefois nous semblent incompréhensibles. A ce point de vue, nos costumes et nos modes ressemblent à des singeries, copies stupides d'une conduite intelligente.

Richelieu écrivit en tout temps ses lettres avec un soin minutieux et une attention soupçonneuse. Il ne faut donc pas s'étonner si, dans ses *maximes* et *réflexions*, il consacre à la tenue de sa correspondance un paragraphe spécial le plus long et le plus détaillé de tous, et qui se passe de commentaires. Richelieu parle en maître et en homme d'expérience. Il ne l'a rédigé que pour lui, mais quiconque le lira pourra en faire son profit. Un pédagogue ne trouverait pas de meilleurs conseils pour ses élèves ; un personnage politique ne fera jamais mieux qu'en se conformant à cette règle de conduite.

Le futur grand cardinal termine ces réflexions en traçant quelques règles fondamentales de la diplomatie. Ce ne sont pas encore les *maximes* d'État; mais déjà on peut prévoir dans l'auteur de ces réflexions, — homme qui plus tard dictera les lois de la nouvelle diplomatie et inaugurera son règne de prétendant aux fonctions les plus hautes et les plus épineuses de la politique, — le futur maître dans l'art de *dissimuler pour régner*.

PHILIPPE II, ANTONIO PEREZ

ET L'INQUISITION

~~~~~~~~

Au Très Cher Frère VALFRID,

Directeur du Pensionnat des Écoles Chrétiennes
de Thonon.

PHILIPPE II, ANTONIO PEREZ
ET L'INQUISITION

I

Il y a quelque temps déjà que parut un livre sérieux, qui n'eut d'ailleurs aucun succès, précisément parce que c'était un livre sérieux, et qu'à notre époque on préfère les lectures frivoles.

Pourtant cet excellent ouvrage, remarquable à plus d'un titre, fut traduit en français par un écrivain compétent, qui occupe ses loisirs dans un grand ministère et consacre ses heures de repos à servir l'administration de son pays, lequel lui sait meilleur gré de travaux obscurs et profitables seulement aux maîtres d'école, que de ses travaux publics qui devaient profiter à tout le monde. On dit, en italien, qu'un traducteur est un traître : perfidie italienne, si l'on veut ! M. Magnabal n'a point trahi l'auteur de son livre, de leur livre ; car ce bel ouvrage est aussi bien de M. Magnabal que de M. Pidal. Il s'agit, en effet, de « Antonio Perez, Philippe II et le royaume d'Aragon (1). »

A propos de cette publication, il nous a paru bon d'éclaircir certains points historiques, et de parler un peu d'une institution violemment calomniée, et au sujet de laquelle il est toujours nécessaire de répéter la vérité.

(1) Par le marquis de Pidal, traduit par M. J. G. Magnabal.

Don Pedro José de Pidal, né à Villaviciosa en 1799, suivit, dès l'âge de treize ans, les cours de l'Université d'Oviedo, fut reçu avocat, et vint se fixer à Madrid, où il publia, avec trois de ses amis, le journal *El Espectador*. Il fut mêlé aux diverses révolutions qui agitèrent la péninsule ibérique ; condamné à huit ans de présides, il fut amnistié au bout de quelques jours.

Entré dans la magistrature, il s'occupa de politique plus que de jurisprudence. Oviedo le nomma, en 1838, député aux Cortès. En 1844, il fit un assez long séjour à Paris ; puis, revenu en Espagne, il accepta le portefeuille de *Gobernacion*, qu'il conserva jusqu'à la dissolution du ministère Isturitz. En 1848, il rentra au cabinet comme ministre d'État.

Nommé ambassadeur à Rome en 1856, il finit là sa carrière politique. Créé marquis de Pidal, sénateur et chevalier de la Toison d'or, il mourut le 28 décembre 1865.

Voilà l'homme, voici l'œuvre.

Dans la première partie de son livre, le marquis de Pidal décrit l'état de la monarchie espagnole, en fait l'historique et examine les rapports du gouvernement général de la monarchie avec le gouvernement particulier du royaume d'Aragon.

En parlant de l'état social de ce royaume, il n'oublie pas de mentionner le clergé, dont il fait le plus bel éloge. Grand pouvoir social devenu un grand pouvoir politique, le clergé d'Aragon modéra par son intervention pacifique, de raison pure et d'autorité, les pouvoirs constitués uniquement par la force. Il traitait ses vassaux avec bonté, ne se permit jamais « le pouvoir absolu, » le droit de vie et de mort, ni rien qui ne fût d'accord avec les principes civilisateurs de l'Église. Ardent défenseur des libertés du royaume, le clergé d'Aragon fut toujours le partisan de la justice et du droit.

La seconde et la troisième partie de l'œuvre de M. de

Pidal sont consacrées à l'histoire particulière du comité de Ribagorza, sous Philippe II.

Puis vient l'histoire d'Antonio Perez, dont nous dirons quelques mots plus tard.

Tout le reste du livre est un immense drame où s'agitent de nombreux personnages, et dans lequel un grand rôle est donné à l'Inquisition.

L'œuvre du marquis de Pidal a dû nécessiter de longues et pénibles recherches. Des trésors d'érudition y sont amassés et classés dans l'ordre le plus parfait. De nombreux documents, choisis peut-être avec trop de soin parmi ceux que possédait l'histoire, y sont annexés. L'auteur donne une part un peu grande à des faits d'une importance relativement minime, et n'apprécie pas toujours selon leurs œuvres les personnages qu'il présente à ses lecteurs.

Il manque à son livre un portrait fidèle de Philippe II. Le traducteur a cru devoir faire disparaître cette lacune ; mais il n'a pas dépeint le « sombre monarque » avec assez d'impartialité. On sent en lui — qu'il nous permette de le dire — le critique d'école. Il est de ces réhabilitations qu'il faut oser tenter, parce qu'au temps où nous sommes, il y a quelque mérite à dire la vérité. Si le peuple prononce encore avec horreur le nom de certains personnages historiques violemment attaqués, faiblement défendus, il faut en chercher la raison dans ce désir de succès qui, entravant la liberté d'action de l'historien, lui fait prendre parti pour l'erreur et le pousse à flatter des passions que son devoir est de combattre.

Cette grande figure de Philippe II a été particulièrement calomniée. Après avoir transformé ce prince en un hypocrite sans foi, on en a fait un despote. On l'a ridiculisé comme époux de Marie la Catholique, nommée la Sanguinaire par les mêmes individus qui donnent à Cromwell le titre de Grand. On a montré Philippe II égorgeant son fils don Carlos, assassinant le marquis de Posa, comme on a montré Charles IX tirant sur le peuple par cette fameuse fenêtre du Louvre, qui ne fut percée que vingt ou trente années plus tard.

En un mot, on a cherché à faire de Philippe II un prince exécrable, insensé, dont le règne aurait été pour ses sujets une suite de souffrances inouïes, pour l'Europe entière un péril incessant.

La raison de toutes ces calomnies est bien simple : Philippe II fut inflexible dans sa foi. Seul, il osa arrêter la réforme et lui défendre de mettre le pied dans son royaume ; seul, il protégea la religion dans ses États, envers et contre tous, et veilla à ce que les Espagnols, après avoir refoulé l'islamisme en Afrique, n'eussent pas, deux siècles plus tard, de nouvelles guerres à soutenir pour chasser la réforme. Et par ce courage, en face d'ennemis d'autant plus terribles qu'ils se cachent, il retarda l'avènement de la révolution dans la Péninsule. Ce que voyant, les ennemis de l'Église ont crié à l'intolérance, au despotisme.

Malgré tout, Philippe II reste une belle figure dans l'histoire. Animé d'une grande énergie, apanage des âmes fortement trempées, il savait distinguer le mérite où il le trouvait ; il étudiait toutes les questions, examinait tout par lui-même, et suivait sa propre impulsion, ne se laissant guider par aucun conseil hasardeux, par aucune insinuation.

« Nul ne travaillait plus que Philippe II, » dit M. Magnabal, qui est un peu de notre avis, un peu de l'avis *des autres;* « nul n'apportait plus de soin aux affaires de son gouvernement, dans lesquelles il aimait par-dessus tout la clarté. Les enseignements de l'histoire, les exemples contemporains, les profonds conseils de son père lui avaient donné, dès ses premières années, un grand fonds de maturité et de prudence. Il était sincèrement religieux et catholique, sans sacrifier néanmoins à un *fanatisme aveugle* les convenances de l'État. »

Libéral, confiant quoique circonspect, plein de droiture et de loyauté, bienveillant et majestueux, sachant respecter en lui-même le monarque du droit divin, réprimant des passions fougueuses, noblement ambitieux, plein de respect pour les autres, sévère mais juste, spirituel et sage, profond penseur, habile politique : tel nous apparaît Philippe II.

Rien n'est donc moins étonnant que les attaques dirigées contre ce prince catholique.

Antonio Perez était fils d'un secrétaire d'État de Charles-Quint, nommé Gonzalo Perez, et de Maria Tovar. Il avait reçu une excellente éducation à l'Université d'Alcala. Après ses études, il voyagea pendant plusieurs années, étudiant avec ardeur les tendances politiques des gouvernements, la science de la diplomatie, et surtout l'art de flatter. Son maître en politique fut Machiavel; son maître en diplomatie, Tacite. Les maximes équivoques de ces deux hommes, leurs leçons, leurs préceptes, leur astuce, furent les bases sur lesquelles il se promit d'appuyer sa règle de conduite. Présenté à Philippe II par le prince d'Éboli, don Ruy Gomez de Silva, Antonio Perez fut secrétaire d'État à l'âge de vingt-cinq ans. Devenu le premier du royaume après le roi, il ne sut pas, malgré sa pénétration, comprendre le caractère de Philippe.

Il se laissa éblouir, se montra orgueilleux, arrogant, étala un luxe effréné, fit parade de ses mœurs scandaleuses. A la suite d'une accusation de meurtre, il passa onze ans en prison; on le tortura, on lui prit ses papiers. Il s'enfuit en Aragon, conspira de tous côtés, s'exila en France, fut reçu à Paris par la sœur du Béarnais, Catherine de Bourbon, conspira de nouveau, et finit par mourir à Paris dans la dernière détresse, en 1611.

Telle fut la vie de cet homme singulier qui, malgré sa maturité, sa pénétration, son astuce, ne sut point maintenir son crédit auprès d'un prince qui l'estimait et le chérissait. Ce fut l'orgueil qui le précipita de la hauteur à laquelle il était parvenu sans peine et sans intrigue.

L'œuvre du marquis de Pidal est un récit de cette existence étrange, un tableau de la cour de Philippe II, nuancé des couleurs les plus vives, une étude — trop minutieuse peut-être dans les détails — des institutions provinciales, administratives et politiques de l'Espagne du xvie siècle. On y reconnaît le travail de l'érudit, la science et la philosophie du penseur; mais ce livre gagnerait à être éclairé des lueurs de la vérité religieuse. Il est impartial dans la forme et peut-être dans le fond, si l'on tient compte des bonnes intentions de l'auteur; mais il manque de cette ardeur à rechercher la vérité parmi les calomnies, les interpolations, les mensonges, qui distingue l'écrivain militant, insoucieux des acclamations de la foule et plus désireux des applaudissements du petit nombre. Il eût mieux valu peut-être que M. de Pidal se pénétrât davantage de la parole de Joseph de Maistre, et n'accueillît pas aussi passionnément les acclamations portées contre une institution transformée par les rois espagnols en instrument politique.

L'Inquisition est aujourd'hui connue dans ses plus profonds secrets. Ses actes sont au grand jour, et l'on peut la juger. Tribunal religieux à Rome, puissance politique en Espagne, pouvoir occulte à Venise, elle présente un triple aspect qu'il s'agit d'étudier autrement que dans des livres souvent inspirés par la haine. Il suffit de rappeler que le protestantisme a le plus grand intérêt à la poursuivre de ses attaques, et qu'il n'a jamais hésité sur le choix des moyens.

La traduction de M. Magnabal a du mérite. Écrite dans un style grave, sérieux, simple en même temps, elle plaira aux lecteurs qui préfèrent le style majestueux de l'historien aux images colorées, aux allures plus rapides, à la phrase plus incisive du littérateur. M. Magnabal a dû, lui aussi, étudier le sujet traité par l'auteur qu'il traduit. Sa plume n'hésite point; elle écrit le mot propre, suit la pensée du maître, la revêt d'une forme pour ainsi dire palpable, la fixe, la transmet fidèlement, sans se préoccuper trop des différences caractéristiques des deux langues. Si le texte est respecté, on ne sent nul effort, le mot vient naturellement, le tour est heureux, la période, élégante.

Ce livre complète les travaux de M. Mignet sur Philippe II et son époque; mais il appelle une critique savante, qui donnerait la solution des problèmes à résoudre, et traiterait, sans parti pris ni prévention, les questions historiques si sérieuses que renferme cette phase de l'histoire du xvie siècle.

II

Quelles furent les origines de l'Inquisition?

« Ce tribunal, répond le marquis de Pidal, prit sa naissance et son origine dans la haine profonde que le peuple espagnol a toujours professée pour la nation juive. »

Ce n'est point là précisément la véritable origine de l'Inquisition. Elle fut établie, d'après le P. Lacordaire (1), par le pape Innocent III (Lothaire), en 1198. Deux moines de Cîteaux, Rainier et Guy, envoyés en Languedoc pour la recherche et la conversion des Albigeois, reçurent les premiers le titre d'inquisiteurs (2). On a accusé saint Dominique de Guzman d'être le fondateur de la Sainte-Inquisition; or, vingt et un ans avant lui, en 1185, le pape Lucius III, dans un concile tenu à Vérone, avait ordonné aux évêques de s'informer « des personnes suspectes d'hérésie, » afin de les ramener à la foi catholique. Le cinquième successeur de Lucius III, Innocent III, ne fit donc que suivre les prescriptions du concile de Vérone en envoyant en Languedoc des commissaires inquisiteurs.

Dès les premiers siècles de l'Église, des peines légales avaient été portées contre les hérétiques. Après la con-

---

(1) *Vie de saint Dominique*, p. 108.
(2) Fleury, *Hist. ecclésiastique*, liv. LXXV. Dom Vaissette, *Hist. du Languedoc*, t. III, liv. XXI, p. 13.

version de Constantin, ils furent punis de l'exil. A la fin du iv⁰ siècle, lors de la persécution des priscillianistes (1), dont le chef fut exécuté à Trèves en 385, par ordre de l'empereur Maxime, on commença à appliquer la peine de mort aux hérétiques. Saint Martin, saint Ambroise, le pape saint Sirice (384) et saint Léon le Grand désapprouvèrent ces rigueurs. Sous Théodose II et Valentinien III, on suivit les principes de saint Augustin, qui, tout en désapprouvant une trop grande rigueur, approuvait l'emploi des peines matérielles contre les hérétiques. On se contenta de les exclure des charges et de les priver du droit d'hériter (2).

Saint Thomas d'Aquin approuva dans sa *Somme (secunda secund. Quæst. 11, art. 3)* la législation d'après laquelle le *Miroir de Souabe* avait porté la peine de mort contre les hérétiques.

D'après Hurter (3), saint Bernard se prononça contre la peine de mort.

Enfin, le troisième concile de Latran, onzième concile œcuménique, tenu sous le pape Alexandre III (Roland), décida l'excommunication contre les hérétiques et leurs fauteurs. En 1215, le douzième concile général confirma cette décision, et, en 1229, le concile de Toulouse établit des tribunaux particuliers pour rechercher et juger les hérétiques.

Telles sont les premières origines de l'Inquisition.

Une des objections que l'on se plaît à faire souvent, c'est que l'Église n'avait point le droit d'établir des tribunaux, et qu'elle oublia, en cela, le grand précepte de charité qui sert de base principale au christianisme.

L'Église est une société spirituelle et complète, divinement instituée comme société divine; elle tient de droit divin et indépendamment de tout pouvoir humain le droit d'établir toutes les lois propres à atteindre la fin

---

(1) Les priscillianistes mêlaient les erreurs des manichéens et des gnostiques (l'abbé Cranyson).

(2) Riffel, *Rapports de l'Église et de l'État*, t, I, p. 656.

(3) *Innocent III.*

pour laquelle elle a été établie. Toute société qui n'a pas le droit d'établir des lois, et le pouvoir de les faire observer, surtout les lois nécessaires à son existence et à la conservation intègre de son empire, est une société chimérique. C'est donc pour l'Église un droit et un devoir rigoureux de préserver la société humaine de l'hérésie et de toute erreur dont l'hérésie pourrait la menacer. Ces institutions patronnées par les gouvernements civils, protégées et souvent aussi employées par eux, avaient encore, et fort légalement, tous les pouvoirs que l'on accorde ordinairement aux tribunaux civils.

Nous verrons plus tard si l'Inquisition a outrepassé ses pouvoirs et si elle s'est écartée du précepte de la charité.

Concluons tout d'abord en déclarant que l'Inquisition ne doit point être confondue avec un tribunal du même nom que l'on désigne communément sous le nom d'Inquisition espagnole.

« L'exercice de l'Inquisition fut en outre, dit le marquis de Pidal, confié dans les premiers moments, *comme c'était presque nécessaire,* aux plus ardents et aux plus zélés de leurs adversaires (des hérétiques) qui, excités par la haine populaire, donnèrent à leur charge une étendue déplorable. Les peines étaient des plus sévères : c'était la mort par le bûcher et la confiscation de tous leurs biens pour les coupables de retour au judaïsme, l'infamie et l'incapacité politique pour leurs enfants et leurs successeurs. »

L'historien ajoute en note :

« Prenez pour exemple l'inquisiteur de Cordoue, Lucero, célèbre par ses excès et ses violences. »

Ce n'est pas d'après un seul exemple que l'on pourrait porter une accusation sérieuse.

Ici comme ailleurs, ce n'est point l'exception qui fait la règle ; ce n'est point l'homme qui fait l'Inquisition. Accuserait-on la magistrature française, parce qu'un de ses membres aurait prévariqué ? Accuserait-on l'armée, parce qu'un de ses membres aurait porté les armes contre son pays? Rend-on solidaire une institution des fautes commises par plusieurs de ceux qui en font partie? Certainement non ! Si l'inquisiteur de Cordoue était un malhonnête homme, cela ne prouve pas que l'Inquisition fût une détestable institution.

Avant de réfuter, achevons notre citation.

« Ce ne fut pas, malgré tout, sans de grandes contradictions que s'établit ce terrible tribunal, où les procédures étaient occultes, les témoins, inconnus, les détentions et les emprisonnements, secrets, les peines aussi sévères que nous l'avons indiqué. En outre, il est constant que la haine et la vengeance personnelle s'en servirent, dans de nombreuses occasions, pour rassasier leur fureur, et que plusieurs de ses ministres abusèrent indignement de la grande autorité qui leur avait été confiée. »

Quant à la seconde partie de ce paragraphe, nous y avons déjà répondu.

Tout homme est faillible; des milliers d'exemples l'ont prouvé. Il ne s'ensuit pas nécessairement que si divers inquisiteurs ont manqué à leur devoir, l'Inquisition tout entière ait manqué au sien.

Si l'Inquisition a été un pouvoir occulte, secret, impénétrable, comment peut-on connaître ses actes? Si ses actes ont été secrets, doit-on arguer de là qu'ils ont été criminels? Ce serait donc par hypothèses que l'on procéderait. L'on va fort loin avec des hypothèses. Quiconque accuse doit prouver; s'il ne prouve pas, l'accusation tombe d'elle-même.

Quels sont donc ces actes si criminels dont le marquis de Pidal parle avec tant d'éloquence? Llorente, le grand détracteur de l'Inquisition, nous le dit; il prétend que « dans la seule année de 1481, l'Inquisition de Séville fit brûler, dans les seuls diocèses de Séville et de Cadix, non moins de *deux mille* personnes. » Il ajoute, comme bien des écrivains de notre connaissance : « Voyez Mariana ! »

Ce Mariana était un jésuite espagnol qui avait fait un livre intitulé : *De rebus hispanis*. Ouvrons Mariana à la page 138, chapitre XVI, et nous verrons que le nombre des personnes brûlées s'élève, *sous Torquemada*, au chiffre de *deux mille*. Ces deux mille personnes ne sont point occises dans *deux seuls* diocèses, mais bien dans les deux royaumes de Castille et d'Aragon ; elles ne sont point exécutées dans la *seule année* 1481, mais pendant tout le temps que Torquemada fut grand inquisiteur, et il ne le devint qu'en 1482. Ce que dit Mariana, Pulgar le confirme, et Llorente le défigure, afin de donner du « piquant » dramatique à sa narration. Sixte IV blâma sévèrement et justement ces sévérités. Le bref du 29 janvier 1482, cité par le docteur Héfélé (1), nous le prouve.

Ab uno disce omnes : La calomnie fait vite son chemin ; on ajoute, on ajoute encore, et de deux mille on arrive à cent mille, s'il le faut, pour le plus grand plaisir des adversaires de l'Église et de ses institutions.

Établissons ce que c'était que l'Inquisition espagnole. Le *Dictionnaire encyclopédique de la Théologie catholique*, des docteurs Wetzer et Welte, traduit par M. Goschler, nous donne les plus amples détails.

En 1478, Ferdinand et Isabelle la Catholique résolurent d'ériger en Castille une nouvelle Inquisition, dont le caractère serait éminemment *politique ;* les inquisiteurs devaient être *nommés* par le *roi*. Le pape Sixte IV approuva ce projet, le 1er novembre de la même année ; mais quatre ans plus tard, il se plaignit qu'on lui eût arraché son approbation *en lui soumettant une fausse exposition du projet royal*.

Le premier tribunal de l'Inquisition nouvelle fut établi à Séville en 1481, et les premiers inquisiteurs furent fray Michel Morillo et fray Juan Martin, de l'ordre de saint Dominique.

C'est précisément ce tribunal de Séville dont Sixte IV blâmait les actes, comme nous l'avons dit plus haut.

(1) *Le cardinal Ximénès et les affaires religieuses en Espagne.*

Par un bref du 23 février 1483, ce pontife admit les appels en cour de Rome contre les jugements de ce tribunal.

Peu de temps après, le P. Thomas Torquemada, prieur des Dominicains de Sainte-Croix de Ségovie, fut nommé, par les rois catholiques, grand inquisiteur de toutes les Castilles, et sa nomination fut confirmée par le Pape, le 17 octobre 1483.

On a généralement tort de confondre l'Inquisition religieuse avec l'Inquisition politique, dont l'organisation, le code pénal et l'esprit étaient entièrement différents, et dont le but était parfaitement distinct. Commençons d'abord par donner les appréciations de différents historiens sur l'Inquisition politique, nous examinerons ensuite son caractère et sa marche, et nous arriverons au règne de Philippe II, sa plus remarquable époque.

Un écrivain, que l'on n'accusera certes pas d'appartenir au parti catholique, M. Guizot, s'exprime en ces termes :

« Elle (l'Inquisition) fut d'abord plus politique que religieuse, et destinée à maintenir l'ordre plutôt qu'à défendre la foi (1). »

Henri Léo, dans son *Histoire universelle*, dit que « Isabelle sut enfin plier sous son joug la noblesse et le clergé de Castille par les autorités de l'Inquisition, *institution religieuse complètement dépendante de la couronne*, et dirigée à la fois contre les laïques et le clergé. »

Ranke ajoute ceci :

« Ce fut par l'Inquisition que l'autorité absolue du gouvernement fut complètement établie. »

Le comte Alexis de Saint-Priest compare l'Inquisition politique à « une espèce de Comité de Salut public. »

Avant Ferdinand et Isabelle, l'Espagne, soumise à différentes dynasties de races diverses, était une manière d'*État germain*, comme l'appelle Héfelé, qui devait tomber pour faire place à un État nouveau. Le pouvoir royal était

(1) *Cours d'histoire moderne.*

cerné par trois corporations libres, jouissant d'une influence immense : le clergé, qui correspondait avec Rome ; la noblesse, qui se sentait puissante et agissait en conséquence ; les villes, qui ne voulaient point se soumettre à la prépondérance royale, au nom de leurs droits et de leurs franchises. Il s'agissait donc de renverser ces trois pouvoirs, toujours en lutte avec le pouvoir royal, et de rendre ce dernier indépendant et absolu. L'Inquisition, ayant la haute main sur la noblesse, devait être un excellent moyen d'atteindre ce but. Le corps soumis à la puissance du suprême Tribunal devint un ennemi naturel, parce qu'il était assez souvent tracassé par des procès. De là, ces calomnies contre l'Inquisition, calomnies qui se répandirent avec rapidité. Par esprit d'opposition, les classes laborieuses, les habitants des campagnes approuvèrent l'institution du tribunal inquisitorial, qui devait balancer l'influence du clergé et veiller à ce que la noblesse n'écrasât point ses vassaux.

A Rome, on vit d'assez mauvais œil l'Inquisition perdre son caractère religieux pour devenir une institution politique. Aussi les Papes cherchèrent-ils constamment à affaiblir son pouvoir, qui, dit Héfelé, « venait beaucoup plus en aide à l'absolutisme politique qu'à la pureté du dogme. » On se figurait aussi, en cour de Rome, que la puissance progressive de l'Inquisition pourrait bien quelque jour être fatale à la suprématie romaine.

Léopold Ranke rapporte même, à ce sujet, qu'en 1563, le nonce Visconti attribuait à l'Inquisition espagnole l'affaiblissement de l'autorité papale « *grave diminuzione del autorità di questa Santa Sede.* »

Les craintes de Rome étaient, jusqu'à un certain point, assez fondées. Les Cortès de 1812 nous apprennent que « les rois d'Espagne ont toujours rejeté les conseils qu'on leur donnait contre l'Inquisition, parce que, dans tous les cas, ils pouvaient à leur gré nommer les inquisiteurs, les suspendre ou les congédier (1). »

(1) Joseph de Maistre, *Lettres à un gentilhomme russe sur l'Inquisition.*

Le marquis de Pidal lui-même nous dit que : « A Rome, au contraire, les outragés trouvèrent fréquemment aide et protection, malgré les efforts des rois et de leurs agents auprès de cette cour. »

Que si l'on reproche aux inquisiteurs d'avoir accepté une mission politique, notre réponse est toute prête, et la voici : Dès le commencement de l'Inquisition et du temps même qu'elle n'était pas religieuse, tous les membres du conseil de la Suprême n'appartenaient pas au clergé soit régulier, soit séculier. Il s'y trouvait nombre de laïques, de jurisconsultes, que leur érudition et leur équité devaient recommander au choix des souverains. Lorsque l'Inquisition devint politique, les conseillers furent choisis dans le clergé régulier, dans l'ordre de saint Dominique et surtout dans la classe laïque.

« Leur nomination dépendait uniquement de la couronne, » dit le marquis de Pidal.

Il est donc croyable que le choix des souverains s'arrêtait ordinairement sur les personnes qui leur paraissaient mériter une confiance illimitée, c'est-à-dire sur ceux qu'ils savaient dévoués aux intérêts de la puissance royale.

Rome, en désapprouvant dans une certaine mesure l'institution des tribunaux inquisitoriaux, désapprouvait tacitement l'immixtion d'une politique secrète dans les affaires religieuses, et ne tolérait qu'à grand'peine que le maniement de ces affaires politiques fût confié à des membres du clergé.

Sur ce point, le marquis de Pidal est encore d'accord avec nous, lorsqu'il dit que « l'Inquisition espagnole eût cessé d'exister, presque dès son origine, si les Papes avaient pu agir avec une entière liberté dans cette affaire, et sans les efforts incroyables que firent nos rois (les rois d'Espagne) pour la soutenir. »

Lenormand lui-même confirme nos assertions.

« La seule circonstance que ce tribunal secret *était formé par une majorité d'employés laïques*, dit-il, est significative pour son caractère. L'Inquisition n'était rien de plus qu'une police très bien servie, devant laquelle aucune considération personnelle n'avait la moindre valeur. »

A côté de cette citation d'un professeur au collège de France, vient tout naturellement s'en placer une autre que nous empruntons au savant wurtembergeois Timoléon Spittler :

« L'Inquisition, dit-il dans sa préface à la *Collection des instructions de l'Inquisition espagnole,* par Reuss, a été, entre les mains des rois, un instrument dont ils se sont servis pour asseoir le despotisme sur les ruines des grandes libertés nationales. Le nouveau tribunal était purement royal ; tout y tendait au profit du roi et non au bien de l'Église. »

Cette opinion nous paraît bonne à recueillir, parce qu'elle émane d'un écrivain protestant, adversaire de l'Église. Savoir utiliser ses ennemis est le premier principe de toute bonne politique ; le second est de tourner contre eux les armes qu'ils dirigent contre vous et de les réfuter avec les mêmes paroles qu'ils emploient à essayer de vous confondre. Or nous avons surtout étudié la question de l'Inquisition dans les ouvrages protestants reconnus honnêtes, ouvrages qui sont au moins quelquefois impartiaux.

III

Laissons maintenant s'écouler un espace de quatre-vingt-deux ans et arrivons tout de suite au règne de Philippe II, fils de Charles-Quint.

Avant de parler de l'Inquisition, de faire connaître ce qu'elle était et de dérouler aux yeux de nos lecteurs le sombre drame qui se termine par la mort d'Antoine Perez, il entre dans notre cadre de dire ce que c'était que la monarchie au commencement du XVIe siècle.

Jusqu'à cette époque, le roi avait marché en s'appuyant sur deux pouvoirs : la noblesse et le tiers état. Louis XI avait abattu en France le pouvoir des grands vassaux, Richelieu devait couper la tête aux grands seigneurs, et Louis XIV abaisser la noblesse. Après lui ne devait subsister que la classe appelée par le XIXe siècle *l'aristocratie*. Il en était de même partout, à cela près que la noblesse avait peut-être été plus humiliée en France que dans les autres États. A chaque pas que faisait l'aristocratie vers sa chute, le tiers état ou la démocratie montait d'autant, de telle façon qu'il devenait inévitable qu'un jour le peuple empiétât sur la noblesse.

C'est l'histoire de la roue, montant et descendant tour à tour. En comprimant la noblesse, on devait nécessairement faire sortir le tiers état de l'ornière où il se cachait, et lorsque les deux pouvoirs ne furent plus en équilibre, le second parvint à supplanter le premier. Là se trouve la cause de toute révolution.

A partir du XVIe siècle, la royauté crut devoir faire disparaître d'auprès d'elle tout pouvoir coadjuteur ; elle voulait devenir absolue ; elle y parvint, non sans peine. Sans être ce qu'elle devint plus tard, au XVIIe et au XVIIIe siècle, la monarchie commençait à prendre un immense prestige. Les nations avaient besoin d'un centre fixe et puissant ; elles s'abritèrent sous le trône, et la monarchie devint un principe. La noblesse et le tiers état devaient-ils donc être anéantis complètement dans l'ordre politique ? « Voilà, dit Balmès, la question à résoudre. »

L'Église n'essaya jamais de ravaler aux yeux des nations le pouvoir de la monarchie, qui leur était nécessaire ; elle ne fut point favorable au despotisme, en prêchant au peuple le devoir d'obéir aux puissances légitimes ; elle ne fut point anarchique en repoussant les prétentions des rois, en luttant avec énergie pour la défense de ses droits (1).

Pour définir, en un mot, la monarchie au XVIe siècle, disons que ce mot exprimait le commandement suprême d'une nation placée entre les mains d'un seul homme, qui devait l'exercer conformément à la raison et à la justice.

L'Espagne, où l'esprit populaire se développa dès le commencement de sa formation en royaume, était un des États où la liberté existait dans ses plus grandes limites ; les villes et les communes jouissaient de *fueros* innombrables, de privilèges sans bornes. La noblesse était fière, puissante ; elle résistait volontiers au pouvoir royal, quand l'occasion s'en présentait, et jouissait de grandes richesses territoriales, qui se transformèrent en richesses mobilières après la découverte de l'Amérique. Le clergé était riche, et son influence s'étendait sur toutes les classes. Le peuple haïssait la noblesse, suivait le clergé et savait défendre au besoin ses droits et sa liberté.

Telle était la situation de l'Espagne lorsque Philippe II

---

(1) Jacques Balmès, t. III, p. 197.

monta sur le trône. Nous avons déjà tracé une rapide esquisse du caractère de ce monarque : nous avons dit qu'il avait été grandement calomnié, et rien n'est plus vrai. Philippe était un profond politique. Il comprit de quelle utilité l'Inquisition lui serait, s'il savait en transformer le caractère en lui enlevant toutes les entraves des affaires religieuses. Nous ne voulons point absoudre sa conduite dans ses affaires. Nous constatons le fait.

Il ne sera pas inutile de tracer en quelques mots la vie d'un roi qui se consacra uniquement aux affaires de son royaume et qui, par son énergie et la profondeur de son intelligence, assura sa dynastie sur le trône d'Espagne.

Né le 21 mai 1527, du mariage de Charles-Quint et d'Isabelle de Portugal, Philippe avait épousé, dès 1545, la fille de Jean III, Marie de Bragance, dont il eut le fameux don Carlos. Devenu veuf, il épousa, en 1554, Marie Tudor, fille de Henri VIII et de Catherine d'Aragon. L'année suivante, Charles-Quint abdiqua en sa faveur, à Bruxelles. La guerre avait été interrompue avec la France par une trêve de cinq années. Philippe la reprit, se ligua avec l'Angleterre et envoya en Picardie quarante mille hommes qui défirent l'armée française à la bataille de Saint-Quentin, où le duc Emmanuel-Philibert de Savoie commandait les troupes espagnoles. Les Français réparèrent ce premier échec en emportant d'assaut Calais, Thionville et Dunkerque. La guerre eût duré fort longtemps encore si le traité de Cateau-Cambrésis (1559) n'était venu y mettre un terme et proclamer la paix entre les deux souverains.

La reine d'Angleterre, épouse de Philippe II, était morte sur ces entrefaites, et sa sœur Élisabeth, fille bâtarde d'Anne de Boleyn, était montée sur le trône à sa place. Philippe fit tous ses efforts pour obtenir la main de celle qu'on nommait la *reine vestale*, mais il ne put l'obtenir. Toute l'influence qu'avait obtenue le roi catholique sur l'Angleterre fut complètement perdue, et le schisme fut établi dans les États d'Élisabeth. Il est hors de doute que, si le mariage projeté par Philippe II s'était fait, la religion catholique, rétablie par Marie Tudor en Angleterre s'y serait toujours maintenue, et que les cruautés qui ensanglantèrent le règne d'Élisabeth ne se seraient point manifestées.

En 1571, don Juan d'Autriche, son frère naturel, gagna sur les Turcs la célèbre victoire de Lépante. C'est trois ans après le naufrage de l'*Invincible Armada*, c'est-à-dire en 1591, qu'eut lieu l'affaire d'Antonio Perez, dont la trahison contribua beaucoup à affaiblir ce qui restait de confiance et de franchise dans le cœur de Philippe II.

Nous avons dit, en quelques mots, ce qu'était Antonio Perez. Depuis 1571, il avait su capter l'affection du roi, lequel n'avait point de secrets pour son secrétaire d'État. Le luxe et l'ostentation de ce dernier lui retirèrent l'amitié de toute la cour. Imprudent à l'excès, comme le sont tous ceux dont la faveur souveraine paraît assurer l'impunité, il ne craignit pas de commettre une foule d'actes arbitraires dont l'effet immédiat fut d'ameuter contre lui toute la noblesse d'Espagne, et de faire naître contre lui des haines terribles.

Au nombre des crimes de Perez, il faut placer le meurtre de Juan Escobedo, qui fut pour le ministre la cause du changement radical opéré dans son existence. Alors commencèrent les agitations, les persécutions, les peines, en un mot, l'expiation! Juan d'Escobedo était le secrétaire de don Juan d'Autriche, alors gouverneur des Flandres. Un soir, il fut trouvé assassiné au coin d'une rue, et la rumeur publique désigna Perez comme auteur du crime. L'occasion de perdre celui que le roi comblait de toutes ses faveurs était trop belle pour que ses envieux la laissassent échapper. La justice commença des recherches, desquelles il ressortit, au bout de plusieurs années, que Perez avait en effet commis le meurtre dont la voix populaire l'accusait.

M. de Pidal prétend qu'il ne le fit que sur l'ordre du

roi. Cela est impossible à croire, pour plusieurs motifs. Si le roi avait tenu à se débarrasser d'Escobedo, il n'était pas nécessaire que l'exécution fût secrète ; le roi pouvait, s'il était sûr de la culpabilité d'un de ses sujets, lui ôter la vie en conscience et en loi, sans procédure et sans instruction. Perez n'aurait donc été passible d'aucune peine, si le meurtre avait été accompli sur l'ordre du roi. En second lieu, c'est l'accusé lui-même qui prétend n'avoir agi que par ordre ; c'est là un système de défense, habile sans doute, mais peu concluant. Enfin, la princesse d'Eboli, dona Anna de Mendoza de la Cerda, fille du comte Melito, mère du duc de Pastrana, une des plus grandes dames du royaume, possédant l'affection et l'estime du roi, fut arrêtée comme complice de Perez. Le roi eût-il permis cette arrestation s'il eût ordonné le meurtre ? Non, bien certainement. Dans son inflexible justice, il fait arrêter (28 juillet 1579) Perez et la princesse d'Eboli, mais s'il eût eu la moindre preuve de leur innocence, il n'eût pas retiré ses bonnes grâces à celle qu'il appelait « sa meilleure amie. » Une relation italienne manuscrite de 1584 prétend même que le duc de Pastrana était fils de Madame d'Eboli et du roi (1).

Brantome confirme ce bruit dans la *Vie de don Juan d'Austrie*. Ce qui est certain, c'est que la princesse était aimée de Perez, qu'elle recevait Escobedo, et qu'à la suite d'une querelle avec le secrétaire d'État, elle se brouilla définitivement avec lui. Le parti qu'ils dirigeaient, déjà affaibli par la mort du prince Ruy Gomez et du marquis de las Velez, tomba complètement.

Le cardinal de Granvelle et don Juan Idiaquez furent chargés des affaires publiques le jour même de l'emprisonnement de Perez.

Ce dernier resta cinq ans en prison. On l'accusa d'avoir dévoilé les secrets de sa fonction, d'avoir altéré les dé-

---

(1) Ed in corte sono alcuni signori i quali portano nome de esser suoi figli, come il duca di P... et altri. — *Il n'y avait pas alors à la cour d'Espagne d'autre duc dont le nom commençât par un P que le duc de Pastrana.*

pêches chiffrées adressées au roi ; on émit des doutes sur sa probité.

Il fut condamné à être suspendu de ses fonctions pendant dix ans, à deux ans de réclusion dans une forteresse et à huit ans d'exil. Il fut, en outre, condamné à restituer : 1° 2,070,385 maravédis aux héritiers de Ruy Gomez, prince d'Eboli ; 2° huit couvertures de velours cramoisi, brodées d'or et d'argent ; huit plats d'argent ; deux diamants et une bague de grenats, le tout estimé à 2,600 ducats, et 243,600 maravédis, présents qu'il tenait de la princesse d'Eboli ; 3° un brasero d'argent donné par don Juan d'Autriche ; 4° 7,371,098 maravédis, provenus de transgression. Le total de ces restitutions s'élevait à trente et quelques mille ducats.

Perez s'enfuit le 20 janvier 1585, trois jours avant que la sentence fut prononcée, et se réfugia dans l'église San Yusto, d'où il fut arraché, malgré les protestations de l'autorité ecclésiastique.

L'alférez Enriquez vint témoigner qu'il avait participé à l'assassinat d'Escobedo par ordre de Perez. Don Pedro Escobedo intenta alors une action criminelle contre ce dernier, qui fut transporté d'abord à Pinto, puis ramené à Madrid. Là, sur ses dénégations réitérées, on lui appliqua la torture, et il avoua avoir commis le meurtre, mais sur l'ordre du roi Philippe. Vers la fin de mars 1590, Perez put s'enfuir avec l'aide de ses deux amis : François Magorini et Gil de Mesa, et se rendit en Aragon.

Malgré toutes les démarches qu'il fit depuis lors pour obtenir sa grâce du roi, il fut, par sentence du 1er juillet 1590, condamné « à la peine de mort naturelle par la potence, et à être d'abord traîné publiquement par les rues en la forme ordinaire. Qu'après la mort, il eût la tête coupée avec un couteau de fer et d'acier. »

Cette sentence ne fut pas exécutée, Perez s'étant placé sous la sauvegarde des *fueros* d'Aragon.

On fit alors des démarches pour qu'Antonio Perez fût pris et poursuivi par les inquisiteurs.

« Philippe II, dit le marquis de Pidal, avait augmenté l'autorité de l'Inquisition plus encore que ses prédécesseurs, en la vantant et en la préférant aux autres tribunaux, en étendant à leurs dépens sa juridiction et ses attributions; mais plus il l'élevait, plus il l'exaltait, plus il travaillait à l'avoir sous sa direction et sa vigilance immédiate. *Rien d'important ne se faisait dans ce tribunal, sans le consentement du roi*, qui, dans ces affaires, excluait communément jusqu'à ses secrétaires les plus attachés, et répondait toujours de sa main et de son écriture aux consultes de la suprême Inquisition. »

Évidemment, les crimes imputés à Antonio Perez n'étaient pas du ressort de la Suprême, mais, comme nous le verrons plus tard, on avait excessivement étendu le pouvoir de ce tribunal, en lui confiant des choses à juger toutes différentes de celles pour lesquelles il avait été institué.

Là se trouve un peu la cause des calomnies répandues contre l'Inquisition, car l'on n'a pas manqué de compter au nombre des sentences portées contre les hérétiques, celles que la Suprême avait rendues contre les criminels de toute sorte mandés à sa barre, de par l'ordre du roi.

Le tribunal de Saragosse, chargé de juger Antonio Perez, se composait à ce moment de trois juges : le licencié Fernando Molina de Madrano, le docteur Antonio Morejon, nature droite et impartiale, et Juan de Mendoza Hurtado, lequel passait pour un cœur bienfaisant et débonnaire.

Le régent de l'audience royale de Saragosse écrivit à l'inquisiteur Molina pour lui dire que l'évasion d'Antonio Perez n'avait d'autre but que celui de favoriser sa jonction avec les hérétiques du Béarn. Le caractère de Perez, ses antécédents, la haine que les mauvais traitements avaient excitée en lui contre le souverain, rendent assez vraisemblable l'accusation portée par le régent. En se joignant aux hérétiques du Béarn, Perez devenait une puissance, et sa vengeance était assurée, car il pouvait introduire l'hérésie en Navarre et en Aragon et provoquer une guerre civile. Cette accusation portée, il était du devoir du Saint-Office de commencer une enquête.

On entendit d'abord les témoins : Diego Bustamente, confident de Perez, et Juan Basante, un de ses amis, déposèrent contre l'ex-secrétaire d'État. Le père Diego de Chaves, confesseur du roi, fut nommé qualificateur de l'information contre Perez. Bustamente déposa que ce dernier avait dit :

« Il est bon que depuis que le roi m'a reproché de donner une fausse interprétation aux dépêches, je ne ménage l'honneur de personne pour prouver ma justification, et si Dieu le Père venait se mettre en travers, je lui lèverais le nez pour qu'il fît voir quel déloyal chevalier le roi s'est montré avec moi. »

D'après Basante, Antonio Perez avait dit :

« Ce doit être une plaisanterie de nous dire qu'il y a un Dieu; il ne doit pas y avoir de Dieu. »

Il est évident que ces blasphèmes frisaient de près l'hérésie, et qu'à une époque où le pire malheur pour un souverain était de voir l'hérésie pénétrer dans ses États, il était du devoir des hommes compétents de châtier des propositions aussi dangereuses et aussi subversives.

Les dépositions des témoins achevées, Antonio Perez fut livré à Alonso de Herrera, alguazil du Saint-Office, qui le conduisit dans les prisons de l'Inquisition.

Le 24 septembre 1591, après une révolte d'assez longue durée provoquée par l'emprisonnement de Perez, les séditieux, commandés par Gil de Mesa, se décidèrent à user de tous les moyens possibles pour délivrer le prisonnier. La foule se porta vers la prison et demanda qu'on lui montrât le prisonnier; celui-ci apparut derrière une grille. La multitude se mit à l'acclamer et demanda qu'on le lui rendît. Les résistances des geôliers, qui naturellement ne voulaient pas livrer Perez, exaspérèrent les révoltés ; se ruant contre les portes, ils les brisèrent ; le lieutenant Claveria, geôlier en chef, craignant qu'on n'incendiât l'Aljaféria, fit sortir Perez, que le peuple se mit à porter en triomphe. Francisco Monjeri et quelques détenus de peu d'importance furent aussi remis en liberté.

Antonio Perez n'eut rien de plus pressé que de s'enfuir ; montant rapidement à cheval avec Gil de Mesa, Francisco de Ayerbe et deux *Lacagos*, il se dirigea vers la porte Santa-Engracia, en brisa les serrures, et quelques heures après il avait gagné les montagnes.

Comme la révolte ne s'apaisait point, le clergé de San Pablo, les frères Franciscains sortirent avec le Saint-Sacrement, demandant à grands cris la paix et la miséricorde :

« Quand le peuple vit le Saint-Sacrement, dit le marquis de Pidal, le tumulte cessa comme par enchantement, toutes les armes tombèrent. Exemple remarquable de la puissance et de l'influence bienfaisante de la religion ! »

La révolte de Saragosse coûta la vie à trente personnes. Dans ses *Relaciones* (p. 249), Antonio Perez insulte peu généreusement la mémoire de ceux qui tenaient pour le roi contre lui. Cela témoigne de bien peu de grandeur d'âme.

Les troubles de Saragosse émurent profondément Philippe II. Antonio Perez, possesseur des secrets les plus intimes de l'État était en fuite ; la rébellion levait la tête et défiait son autorité presque sous ses yeux ; la France, ennemie naturelle de l'Espagne, était prête à y introduire la guerre civile qui la désolait elle-même ; la Catalogne et le royaume de Valence étaient agités et défiants ; le Portugal menaçait de secouer le joug des rois catholiques. Tout cela n'était pas de nature à tranquilliser Philippe II.

Il ne pouvait manquer de rattacher tous ces faits à des plans secrets, à des conjurations ourdies pour menacer la couronne. Antonio Perez devait être le chef de cette conspiration; son attitude suspecte, les sentiments que lui avait témoignés la populace ne pouvaient permettre le moindre doute. Il était donc nécessaire de prendre des mesures rigoureuses.

L'on décida de renforcer immédiatement les garnisons d'Aysa, de Jaca et des autres ports voisins de la France; d'envoyer à la poursuite de Perez don Martin Bulea, le baron de la Pinilla et quelques autres, et de prévenir les vice-rois de Catalogne, de Valence et de Navarre de ce qui s'était passé à Saragosse, afin qu'ils prissent les précautions nécessaires.

Antonio Perez avait fait tout ce qu'il avait pu pour gagner la France, mais il n'avait pas réussi. Après avoir quelque temps erré à l'aventure, souffert de la soif et de la faim, il se décida, sur les instances de don Martin de Lanuza, à rentrer de nouveau à Saragosse. Il y arriva secrètement, accompagné d'un certain Thomas de Rueda, et se logea chez Lanuza. De sa retraite, il était, de son propre aveu (*Relaciones*, p. 129), l'âme et le mobile des troubles qui duraient encore à Saragosse.

Espérant qu'il serait sauvé au milieu de la confusion et du bouleversement des choses publiques, il résolut de mettre à exécution les plans qu'il avait formés. Il voulait convertir en cause commune au royaume entier la cause des séditieux qui l'avaient favorisé, faire du royaume d'Aragon une république dans le genre de celle de Gênes, et lever hardiment l'étendard de la révolte contre Philippe II.

Les chefs de la sédition se rendirent complètement maîtres de Saragosse. Les troubles s'étendirent avec une rapidité inouïe dans tout le royaume; les Cortès furent assemblés. Philippe envoya contre les Aragonais une armée castillane, qui les dompta facilement. Le duc de Villahermosa et le comte d'Aranda furent emprisonnés, et le justicier d'Aragon décapité.

Le 17 janvier 1592, un pardon royal prononça une

amnistie, de laquelle furent exceptés un certain nombre des plus coupables.

Antonio Perez était naturellement le premier sur la liste de ceux-ci. L'année précédente, le 24 novembre, il s'était dirigé sur Pau où Gil de Mesa l'avait précédé avec une lettre dans laquelle il demandait à Catherine de Bourbon asile et protection. La princesse accéda gracieusement à sa demande.

L'Inquisition se saisit du procès de Perez. Voici les charges qui furent élevées contre lui; elles sont extraites de : *Fautes des exceptés de la première liste, prisonniers et absents* (la liste des exceptés de l'amnistie).

« *Antonio Perez* : condamné absent, s'évada des prisons de la Bastille, puis de celles d'Aragon, et se réfugia chez les hérétiques de France.

» Il persuadait au peuple de nombreuses calomnies contre le Roi, notre seigneur, entre autres que Sa Majesté devait nécessairement pardonner au peuple ses délits contre elle.

» Il posait des conditions à la honte de la justice et de l'Inquisition, s'il consentait à ce qu'on l'y amenât.

» Il disait qu'il était fâché d'être la pierre fondamentale de la destruction de ce royaume.

» Il payait des hommes pour lui prêter leur assistance, partout où il le trouverait convenable à ses fins.

» Il a composé beaucoup de pasquinades et de libelles contre le Roi, notre seigneur, contre la justice et l'Inquisition.

» La requête pour abandonner les garnisons se fit sur l'avis d'Antonio Perez et d'autres ; il entretenait une correspondance avec Vendôme, par l'intermédiaire de don Sancho Abarca, d'après ce que dit Gil de Mesa.

» Quand ces séditions l'eurent conduit à la maison de don Diego (Herredia), il se mit à la fenêtre et rendit grâce au peuple ; il implorait la liberté.

» Finalement, tous s'accordent pour le reconnaître comme le chef et la cause de tous les crimes, délits, meurtres et séditions contre la justice et l'Inquisition, comme un suborneur de faux témoins. »

Arrivé à Pau, Antonio Perez y trouva, comme nous l'avons dit, l'accueil le plus cordial. En récompense des bienfaits dont le roi d'Espagne l'avait comblé avant sa trahison, il révéla à Henri IV tous les secrets intimes de la monarchie espagnole et les moyens d'en tirer parti contre son roi et sa patrie. Il lui révéla le secret de la faiblesse de la grande puissance de l'Espagne, dans la désunion des royaumes, dans leur défaut d'enchaînement et de liaison, en l'excitant, non seulement à fomenter leur rébellion, mais encore à les réunir à ses domaines.

Il fut envoyé par le roi de France auprès de la reine Élisabeth et devint l'intime ami du favori de cette princesse, le comte d'Essex.

Rentré en France, il sut capter la faveur de Henri IV et fut l'instigateur du *manifeste* lancé contre Philippe II.

Lorsqu'il s'agit de la paix que devait conclure le traité de Vervins entre le Pape, l'Espagne et la France, Perez travailla autant qu'il lui fut possible à empêcher cette paix qui diminuait son importance et le rendait un personnage inutile. Il prétendit y être compris, lorsqu'il vit qu'elle se traitait formellement; mais il n'obtint pas cette grâce, cessa d'être considéré et admis à la cour de Henri IV, et fut obligé de se retirer des affaires politiques.

Philippe II mourut, et son fils ou plutôt le duc de Lerme, ministre de ce dernier, lui succéda.

Antonio Perez n'eut rien de plus pressé que de flatter le puissant ministre afin d'obtenir son rappel en Espagne. Il écrivit un ouvrage intitulé : *Norte de principes consejeros, gobernadores, y advertimiento politico sobre lo publico y particular de una monarquia, importantisimo a lostales, fundado in materia y razon de estado y gobierno.*

Il ne put toucher le duc et partit pour l'Angleterre, après avoir renoncé aux pensions que lui faisait Henri IV.

Le roi Jacques Ier lui refusa le séjour dans son royaume, et Perez revint en France désillusionné, abattu, et le 3 novembre 1611, il mourut dans des sentiments chrétiens.

Revenons maintenant à l'Inquisition.

IV

Lorsqu'on écrit l'histoire d'une institution, voire celle d'un homme, il faut se reporter à l'époque à laquelle a vécu cet homme ou cette institution ; il faut juger l'un ou l'autre d'après le milieu dans lequel ils se trouvaient, d'après les idées de leur époque, et non point d'après nos idées et nos mœurs du XIXe siècle.

Les historiens de l'Inquisition n'ont point tous fait ainsi. Ils ont oublié qu'au moyen âge tout crime contre la religion était en même temps un crime contre la société, et puni en conséquence. Ils ont oublié que le catholicisme était seul considéré comme religion de l'État. Souvent, sur une donnée puisée on ne sait où, ils ont bâti des romans prétendus historiques ; le raisonnement dont ils font parade a fait place à des peintures pleines d'imagination ; ils ont laissé de côté la critique et la philosophie, les documents, les livres sérieux qu'ils devaient consulter ; ils ont écrit avec des idées préconçues et ont fait de l'histoire une arme destinée à défendre un parti.

Il faut reconnaître que l'Inquisition s'était écartée de sa règle primitive de conduite ; que des rigueurs ont été quelquefois commises. Mais, à cette époque où régnait le Conseil de la Suprême, la modération n'était la vertu principale d'aucun parti. Si les catholiques avaient un tribunal, si les rois d'Espagne avaient transformé ce tribunal religieux en tribunal politique, les réformés usaient de moyens encore moins légaux, pendaient et brûlaient sans aucune forme de procès.

Personne n'ignore à quelles violences se sont portés les sectateurs des hérésies nouvelles, non seulement à l'encontre des catholiques, mais encore vis-à-vis de ceux de la religion qui différaient en quelque point des idées du plus fort. L'électeur palatin Frédéric III chassant, en 1563, après avoir abjuré le luthéranisme treize ans plus tard par les mêmes moyens, et le comte Jean-Casimir forçant, en 1583, les habitants du Palatinat à devenir calvinistes; voilà un triste exemple de la modération des réformés.

Que si l'on veut aller plus loin, les déplorables événements qui ensanglantèrent l'Angleterre, sous les règnes de Henri VIII et d'Élisabeth, seront de nouvelles preuves à l'appui de nos assertions. L'histoire contemporaine elle-même ne pourrait-elle point nous montrer des peuples catholiques odieusement persécutés dans leur religion et à cause de leur religion? Nous le répétons : les mœurs du moyen âge excusent, sans les rendre moins odieuses, les violences auxquelles se sont portés les réformés.

Si donc l'Inquisition a eu quelques sévérités — nous verrons tout à l'heure ce qu'elles furent, — elle n'avait fait qu'obéir aux mœurs d'une époque où, malheureusement, les armes temporelles avaient plus de puissance que les armes intellectuelles.

Les peines étaient fort rigoureuses au moyen âge, et cela s'explique facilement. Il est certains crimes que notre civilisation ne regarde plus que comme des peccadilles, le blasphème et l'adultère, par exemple. Louis IX avait ordonné que les blasphémateurs eussent la langue percée d'un fer rouge. En 1532, Charles-Quint publia les lois *Carolines* qui punissaient le blasphème de la peine de mort ou de la mutilation. Dans ces siècles de foi, les blasphémateurs étaient rares, et ces lois ont été rarement appliquées, quoi qu'on en dise. Il semblait aux législateurs que, si l'on punit celui qui offense un souverain, à plus forte raison le criminel de lèse-majesté divine devait-il être châtié plus rudement encore.

Quant à l'adultère, on rit aujourd'hui du mari trompé; on loue la femme coupable, et le complice passe pour un héros. Avouons que l'on avait plus de bon sens autrefois !

Les sorciers étaient condamnés à mort ainsi que les faux monnayeurs, les falsificateurs des poids et mesures, et les voleurs récidivistes. En France, la moindre faute contre la sûreté des chemins, le braconnage, l'insulte faite à un prêtre, entraînaient la peine capitale.

Il ne faut donc pas s'étonner d'une certaine sévérité dans les sentences portées par l'Inquisition. Les lois étaient rigoureuses, elle les appliquait. Si vous tenez à accuser quelqu'un, accusez les législateurs !

Les réformés n'étaient-ils pas aussi sévères ? Calvin fit brûler à petit feu, le 27 octobre 1553, le ministre Michel Servet, qu'il accusait d'être hérétique. Le « doux » Mélanchton approuva cette « exécution. » Valentin Gontilis, Bolsec, Carlstadt, Gruet, Castellis, le conseiller Ameaux, furent bannis, emprisonnés ou exécutés (1). En 1844, un peintre nommé Nilson a été chassé de la Suède, privé de tous ses droits civils et du droit de succession, pour s'être fait catholique. Et l'on vient crier à l'intolérance ! Et l'on blâme l'Inquisition ! Et l'on crie de tous côtés que l'Église a répandu le sang, qu'elle a tué et pillé ! C'est donc là cette logique si serrée à l'aide de laquelle nos adversaires voudraient nous écraser ? Mais, devant les faits, que pourrait-on objecter ? Ah ! Torquemada n'a jamais été cruel comme Henri VIII; l'Inquisition ne peut se comparer aux tribunaux d'Élisabeth, et, certes, le *Parlement croupion* a condamné plus d'individus à mort que tous les tribunaux de la Suprême !

(1) V. Th. Alzog, *Histoire de l'Église*.

Consultons un peu les actes de l'Inquisition.

Ses victimes sont des sorciers et des hérétiques. Le code pénal de l'époque punissait de mort les sorciers, et depuis peu de temps encore la peine a été abolie pour les crimes de sorcellerie. Deux cents ans après Torquemada, le protestant Benoît Cayszor faisait brûler des sorcières. En 1611, le 30 avril, par arrêt du parlement de Provence, Louis Gaufridy, prêtre bénéficié en l'église des Accoules de Marseille, fut condamné pour crime de sorcellerie à « estre ards et bruslé tout vif, sur un buscher qu'à ces fins y sera dressé, iusques à ce que son corps et ses ossements soient consumez et réduits en cendres et icelles après iettées au vent... et sera mis et appliqué à la question ordinaire et extraordinaire (1). » En 1724, un jeune soldat eut la tête tranchée à Kendsbourg, dans le Holstein, pour avoir fait un pacte avec le diable. En 1782, une sorcière fut brûlée dans le canton de Glaris, sur une sentence rendue par un tribunal protestant.

Il ne faut donc pas s'étonner si l'Inquisition a appliqué la peine de mort contre les sorciers et les magiciens, elle n'a fait que mettre en vigueur les lois édictées jusqu'alors.

Jamais l'Inquisition n'a approuvé la peine de mort. L'accusé déclaré coupable était remis au bras séculier, qui prononçait la peine édictée par la loi. Voici une sentence de l'Inquisition citée par Joseph de Maistre : « Déclarons de plus que l'accusé doit être abandonné, ainsi que nous l'abandonnons, à la justice et au bras séculier, *que nous prions et chargeons très affectueusement, de la plus forte manière que nous le pouvons, d'en agir à l'égard du coupable avec bonté et commisération.* » Que deviennent maintenant ces belles phrases sur le « tribunal de sang ? » Que deviennent ces contes absurdes sur la question, la torture, les autodafés et autres engins produits par les ennemis de l'Église ?

Fort souvent, du reste, les Papes conjurèrent les

---

(1) *Des marques des sorciers*, etc., par Jacques Fontaine. *Portefeuille de l'ami des livres.* René Muffat, libraire, Paris, 1867.

inquisiteurs d'être moins sévères dans leurs sentences et d'absoudre le plus grand nombre possible de coupables. En 1518, Léon X ordonna que ceux qui porteraient faux témoignage devant les tribunaux de l'Inquisition seraient punis de mort. En 1519, Charles-Quint, ayant forcé les inquisiteurs à se montrer sévères, Léon X *excommunia* les inquisiteurs de l'Église de Tolède. Pie IV et saint Charles Borromée empêchèrent que l'Inquisition espagnole fût introduite dans le Milanais.

Llorente lui-même avoue que le gouvernement espagnol prenait toujours le parti de l'Inquisition contre la cour de Rome. Ceci démontre clairement que jamais l'Église n'autorisa les sévérités de l'Inquisition. Ces sévérités consistaient à rechercher et à livrer au bras séculier un grand nombre d'hérétiques dont la faute était de peu d'importance, et non point à torturer et à brûler, comme certains *historiens* l'affirment, tous les coupables qu'elle rencontrait. Ces sévérités, nous l'avons déjà dit, avaient un but tout politique, et voilà pourquoi l'Église les blâmait, voilà pourquoi Pie IV et le cardinal Borromée s'opposèrent à laisser pénétrer dans le duché de Milan l'Inquisition *espagnole*.

Quoique, au temps de l'Inquisition, la torture fût d'un usage général, Llorente nous apprend que, dès 1537, elle fut défendue à l'égard des Moresques par le Conseil de la Suprême. Le même auteur, ennemi acharné de l'Inquisition, avoue néanmoins que les cachots destinés à ses prisonniers étaient bien mieux tenus, bien plus propres, plus aérés et plus éclairés que les cachots du gouvernement. Il ajoute que jamais les prisonniers de l'Inquisition n'ont été chargés de fers; que les malades étaient soignés et que les geôliers avaient ordre de traiter les captifs avec humanité. La torture n'a donc pas été fort longtemps appliquée; si elle l'a été, ç'a été par quelques inquisiteurs subalternes, qui trouvaient le moyen d'éluder les ordres de leurs supérieurs, ou par des hommes vindicatifs et cruels, comme il s'en glisse partout. Les peines appliquées par l'Inquisition étaient moins terribles que celles que prononçaient les lois usitées en Europe, les lois *Carolines,* en particulier.

Les précautions les plus grandes étaient prises lorsqu'il s'agissait de prononcer une sentence. Les accusés étaient munis d'un *procurateur* pour les assister dans le procès; il leur était permis de choisir un défenseur parmi les avocats du Saint-Office; l'accusateur devait jurer qu'il n'était poussé par aucune haine personnelle; des théologiens étaient consultés, *même avant l'arrestation de l'accusé,* sur l'hétérodoxie des propositions dénoncées comme hérétiques; l'accusé avait le droit de récuser ses juges et pouvait en faire nommer d'autres; l'évêque diocésain devait assister au procès; l'accusé pouvait en appeler en cour de Rome.

On le voit, rien n'était négligé pour éviter des erreurs judiciaires. Peu de tribunaux actuels s'entourent d'autant de précautions.

Les accusations de procédure secrète, d'exécutions cachées dans l'ombre, de sentences arbitraires, tombent donc d'elles-mêmes.

On pourrait nous opposer quelques faits, mais alors ce seraient des exceptions qui ne feraient que confirmer la règle.

Une autre accusation a été lancée contre les inquisiteurs, on les a accusés d'avidité.

L'on prétend qu'ils ont condamné une foule d'individus afin de s'enrichir de leurs dépouilles. Cette accusation doit être en même temps portée contre les fondateurs de l'Inquisition, sinon elle manque de logique. Que serait-ce, en effet, qu'un tribunal dont les sentences pourraient faire la fortune? Que seraient des juges dont les revenus seraient basés sur les richesses des accusés? Est-il possible de croire que le souverain laissât aux juges la libre possession de tous les biens confisqués?

La réponse à toutes ces questions est facile. Un tribunal composé de juges qui s'enrichiraient des dépouilles des condamnés ne pourrait pas exister. L'amour de l'or corrompt bien des cœurs, et cette mauvaise passion serait l'instigatrice de tant de crimes légaux, que la nation se révolterait immédiatement et contre les tribunaux et contre le souverain. Tout sentiment d'équité serait étouffé dans les cœurs des juges ; il ne resterait plus chez eux que l'idée de s'enrichir au plus vite, en foulant aux pieds les lois et les sentiments de l'humanité. Enfin, le souverain qui supporterait un pareil état de choses, en manquant à tous ses devoirs, blesserait en même temps les lois de la politique.

Aussi, voyons-nous, dans la même sentence que nous avons citée plus haut, que tous les biens du condamné étaient saisis au profit du fisc. Les inquisiteurs recevaient un traitement minime. Chaque église épiscopale abandonnait un canonicat à l'Inquisition, pour qu'elle pût suffire aux frais de son administration. Les embarras financiers dans lesquels se trouvait l'Espagne avaient nécessité ces mesures de confiscation, mesures qui sont du reste communes à la plupart des gouvernements.

Il est donc impossible de croire que l'Inquisition ait jamais eu un intérêt quelconque à condamner quelqu'un. Aucune parcelle de la fortune du condamné ne lui était dévolue.

Il nous reste à prononcer un grand mot, qui effraye bien des gens et qui leur fait passer sous les yeux un vaste bûcher sur lequel brûlent en criant miséricorde des milliers de personnes ; nous voulons parler des *autodafés*.

C'est ici, sans doute, que nous attendent nos adversaires.

En espagnol, *autodafé* signifie *acte de foi*. C'est pourquoi les pseudo-historiens dont nous avons parlé ont supposé que l'on brûlait, dans ces actes de foi, un nombre indéterminé de malheureuses victimes ; ils étaient, en cela, fidèles à leur système, à leur logique : le système consiste à attaquer l'Église ; la logique, à se servir des calomnies les plus aisées à confondre, ce qui nous fait présumer que ni l'un ni l'autre ne valent grand'chose. L'Inquisition n'a jamais brûlé personne. Les actes de foi, les *autodafés* n'étaient qu'une amende honorable, fort humiliante, sans doute, mais pas le moins du monde sanglante ; on déclarait ensuite parfaitement libres ceux ou celles qui s'y étaient soumis. Llorente parle d'un autodafé qui eut lieu à Tolède le 12 février 1486, et où furent punis sept cent cinquante coupables ; le 2 avril de la même année, neuf cents coupables furent compris dans un second autodafé ; le 1er mai et le 10 décembre suivants, nouveaux autodafés dans lesquels figuraient mille sept cents accusés. Cela fait bien trois mille trois cents « victimes » dont *pas une seule* ne fut mise à mort.

Il y eut pourtant à Tolède *vingt-sept* individus condamnés à mort, mais cela n'étonnera personne, lorsque nous dirons quels crimes le gouvernement espagnol avait chargé les inquisiteurs de juger. Llorente cite encore un autodafé de deux cent cinquante Espagnols, qui eut lieu à Rome. Ces braves gens furent tenus de faire quelques exercices de pénitence, après quoi ils retournèrent tranquillement chez eux. Toussend conte qu'il assista à un autodafé, qu'il rapporte comme un exemple terrible de la cruauté inquisitoriale : un charlatan avait débité des philtres, il fut justement battu de verges et condamné à une pénitence ecclésiastique : voilà cet effroyable exemple ! En somme, tout ceci aboutit à prouver que si l'on brûlait quelque chose dans les autodafés, c'était les cierges que chaque pénitent portait à la main. Il n'y a pas là de quoi crier si haut !

L'Inquisition n'avait malheureusement pas que des crimes d'hérésie à punir. On avait soumis à sa juridiction certains crimes que l'on ne peut nommer, puis la polygamie, la bigamie. Elle avait à juger les ecclésiastiques qui se mariaient, les blasphémateurs, les voleurs sacrilèges, les usuriers, les rebelles, les sorciers, les enchanteurs et les magiciens. Or, ces derniers étaient nombreux. En quatre ans, l'on brûla, à Nordlingen, sur une population de six mille âmes, *trente-cinq* sorciers ou sorcières.

Llorente assure que l'Inquisition fit mettre à mort trente mille personnes en trois cent trente ans ; cela ne donne qu'un individu par cent individus et par an ; si l'on soustrait de ces cent personnes tous les criminels *civils,* il restera fort peu de gens condamnés pour le seul crime d'hérésie. Nous avons dit combien les constitutions pénales du moyen âge étaient sévères. Il n'y a rien de bien étonnant à ce que l'on ait mis à mort, *dans toute l'Espagne,* cent personnes par année. Qui nous dit maintenant que Llorente ne donne pas un chiffre exagéré? Cet écrivain, fort peu consciencieux, ignorant, homme de parti, se contredit souvent. Il est en désaccord formel avec Mariana, avec Marines Siculo (1), avec Fernand de Bulgar (2). Llorente a *sextuplé* le nombre des individus condamnés par le tribunal de Séville, et *quintuplé* celui des Juifs bannis de l'Espagne. On peut donc supposer qu'il a exagéré de même le nombre des « victimes. »

Voilà donc quels sont les faits effroyables, horribles, monstrueux ; quels sont les excès inouïs, les violences sans bornes dont on accuse l'Inquisition !

Tout cela se réduit à peu de chose, lorsqu'on examine consciencieusement la question. Autodafés, tortures, tout cela n'a jamais existé, les faits le prouvent et la raison humaine se refuse à le croire. Rien n'est donc vrai dans ce que l'on a dit contre cette institution remarquable, qui fut un des principes civilisateurs de l'Espagne.

L'on ne manquera pas, sans doute, de se récrier de nouveau et de nous accuser d'exagération. On nous a déjà reproché d'essayer des réhabilitations historiques, en nous objectant que, « l'opinion populaire étant formée depuis longtemps, » il est inutile d'essayer de la changer ; on a

---

(1) *Cosas memorabiles.*
(2) *Eronica de los reges catolicos.*

même assuré qu'il serait maladroit de notre part de repousser certaines calomnies. Ces gens qui nous faisaient ces reproches sont les mêmes qui demandent l'instruction obligatoire : ils voudraient, sans doute, que l'histoire ne fût point expurgée de toutes les erreurs qu'ont répandues leurs bons amis, nos adversaires; ils trouveraient commode d'enseigner comme quoi Grégoire VIII, Innocent III, Innocent VIII, Alexandre VI et Jules II, furent d'infâmes débauchés et des bourreaux; Charles IX, un meurtrier, Marie-Antoinette, une mauvaise mère, Louis XVI, un tyran; comme quoi Philippe II fut un assassin, Marie Tudor, une femme sanguinaire. Mais ils nommeront volontiers Henri VIII un grand roi, Catherine II une grande reine, Élisabeth la reine vierge !

Non ! Nous voulons que l'histoire soit à jamais débarrassée de ces ignominies; nous voulons que la vérité se fasse jour; nous voulons que l'on juge plus sérieusement les hommes et les choses.

A l'époque où l'Inquisition prit naissance, les sciences commencèrent à fleurir en Espagne. L'imprimerie y fut introduite; des universités furent fondées, en 1208, à Palencia; en 1233, à Salamanque, et en 1483, à Palma; les beaux-arts et la poésie firent leur apparition dans la Péninsule; d'illustres savants furent appelés en Espagne; la noblesse se mit à encourager les sciences, et un immense mouvement scientifique agita tous les esprits.

En 1492, la découverte de l'Amérique, par Christophe Colomb, acquit à la couronne d'Espagne des possessions incommensurables, et sema dans les Castilles l'or à profusion. Puis vinrent ces immortels poètes : Miguel de Cervantes, Lope de Vega et Calderon; ces historiens consciencieux et pleins de foi : Fernand de Pulgar et Zurita; ces hommes politiques dont le génie a sauvé tant de fois l'Europe, Ximénès et le duc d'Albe.

Certes, ce ne fut point l'Inquisition qui amena ces splendides résultats. Mais elle encouragea le mouvement des esprits; elle autorisa l'impression des livres destinés à le répandre ; elle fut la protectrice des poètes et des savants. Llorente cite volontiers une centaine de savants persécutés par elle, mais il paraît que cette affreuse persécution ne fut pas trop dangereuse pour leur vie, puisqu'il avoue un peu plus loin qu'on ne toucha pas un cheveu de leur tête.

Faut-il maintenant citer ici les jugements portés sur l'Inquisition par les auteurs espagnols les plus dignes de foi ? Ce serait, croyons-nous, utile ; car, si l'on attaque nos opinions, notre réponse sera faite d'avance.

Mariana, qui fut lui-même poursuivi par l'Inquisition, dit qu'elle a été « *reipublicæ universæ majori commodo... præsens remedium adversus impendentia mala, quibus aliæ provinciæ exagitantur, cœlo datum ; nam humano consilio adversus tanta pericula satis caveri non potuit.....* » (Liber XXIV, caput XVII.)

Pierre Martyr, dont Llorente lui-même loue la franchise, appelle l'Inquisition « *præclarum inventum et omni laude dignum opus.* » Ce qui ne l'empêchait point de porter des jugements fort sévères sur l'inquisiteur Lucero et sur sa conduite.

Zurita, de qui Prescott dit qu'il ne s'est jamais laissé entraîner par des « préjugés religieux, » et que Llorente appelle un homme digne de foi, appelle l'Inquisition un *bienfait*.

Geronimo Blancas, dans ses *Commentarii rerum aragonensium*, dit que l'Inquisition est une « institution dont l'utilité et le mérite sont reconnus, non seulement en Espagne, mais encore dans tout le monde chrétien. »

Quant à Llorente, nous avons déjà dit ce que nous en pensions.

« Ce sont ces épouvantables tragédies, dit le savant chanoine Martinet, de Moûtiers (1), ces énormes pâtés de sang humain qui souillent l'histoire, que l'Église voulait prévenir par l'établissement de l'Inquisition.

(1) *Solutions de grands problèmes, mises à la portée de tous les esprits*, par l'auteur de *Platon Polichinelle*, t. II, chap. LVI.

Renfermer dans une prison quelques vauriens, ne rien négliger pour les reconquérir à la vérité et à la vertu, en cas d'incorrigibilité les abandonner au bûcher, lui paraissait chose préférable à des guerres d'extermination, où des millions de dupes et d'innocents périraient pour la gloire de deux ou trois scélérats. Ses vues ont reçu des événements la plus éclatante justification : *les peuples ont vécu tranquilles et heureux dans les pays d'inquisition,* tandis que des torrents de sang ont coulé au milieu des montagnes de ruines, là où l'hérésie n'a pas rencontré ce frein salutaire. »

Rien n'est plus vrai. Si l'on doit accuser quelqu'un d'intolérance, ce ne sont pas les catholiques. « Il est dans l'histoire de la Réforme telle année pendant laquelle il a plus coulé de sang que pendant les trois cent et trente années qu'a duré l'Inquisition. »

Encore une citation et la chose sera jugée.

Il est un homme dont le nom vivra tant que durera le monde, parce qu'il fut de bonne foi, parce qu'il fut catholique, parce qu'il aima la vérité. Son témoignage est irrécusable, ses paroles ne peuvent supporter aucun contrôle. Cet homme, c'est Joseph de Maistre, et voilà comment il s'exprime, au sujet de l'Inquisition, dans la seconde de ses *Lettres à un gentilhomme russe* :

« Depuis quand est-il donc permis de calomnier les nations? Depuis quand est-il permis d'insulter les autorités qu'elles ont établies chez elles? de prêter à ces autorités des actes de la plus atroce tyrannie, et, non seulement sans être en état de les appuyer sur aucun témoignage, mais encore contre la plus évidente notoriété? En Espagne et en Portugal comme ailleurs, on laisse tranquille tout homme qui se tient tranquille; quant à l'imprudent qui dogmatise ou qui trouble l'ordre public, il ne peut se plaindre que de lui-même. Vous ne trouverez pas une seule nation, je ne dis pas *chrétienne,* je ne dis pas *catholique,* mais seulement *policée,* qui n'ait prononcé des peines capitales contre les atteintes graves portées à sa religion. Qu'importe le nom du tribunal qui doit punir les coupables ! partout ils sont punis, et partout ils doivent l'être. »

Ces énergiques paroles suffisent à dire tout ce que nous aurions pu dire nous-même.

Si l'on veut savoir où nous avons puisé nos données sur l'Inquisition, que l'on consulte les notes de cette étude, et l'on verra que c'est à tous les partis que nous avons demandé des éclaircissements.

FIN

TABLE DES MATIÈRES

L'antipape Félix	5
La conquête de Chypre et la maison de Savoie	51
La première ambassade de Bayard	77
Les collaborateurs de Christophe Colomb	105
Histoire d'un Archevêque	127
La jeunesse de Richelieu	149
Philippe II, Antonio Perez et l'Inquisition	214

— Lille. Typ. J. Lefort. 1889 —

www.ingramcontent.com/pod-product-compliance
Lightning Source LLC
Chambersburg PA
CBHW062020180426
43200CB00029B/2200